普通高等学校"十四五"规划旅游管理专业类精品教材
国家级一流本科专业建设旅游管理类特色教材

文化经济学

Introduction to Intercultural Economics

主　编 ◎ 邵婧博
副主编 ◎ 吴佳妮

华中科技大学出版社
http://press.hust.edu.cn
中国·武汉

内容提要

本书旨在系统性地探讨与解析文化经济学的理论内涵、框架、实践应用及其未来发展趋势。在内容编排上,本书主要分为三大核心部分:第一部分(第一章至第二章)为文化经济学基础篇,全面介绍了文化经济学的核心概念、研究方法,以及文化与经济的基础性关系,同时阐述了文化生产的性质、特征与价值理论;第二部分(第三章至第五章)为文化经济学深化篇,深入探讨了文化消费的基本特征、作用与决定因素,详细分析了文化供求及均衡调节机制,并阐述了文化市场的划分、特点、理论及宏观调控策略;第三部分(第六章至第八章)为文化经济学实践与管理篇,探讨了文化商品及其价值、价格,对国际文化贸易及其保护以及文化经济增长与管理进行了深入分析,提供了相应的实践案例与管理策略,并介绍了相关领域的最新发展趋势。

本书既有理论分析,又有案例研究,具有较强的可读性和自学指导性。本书既可以作为高等院校旅游管理类专业的教学用书,也可以作为参加自学考试的相关文化产业从业人员的参考用书,此外,本书在理论研究以及实际工作等方面也具有实用性和参考价值。

图书在版编目(CIP)数据

文化经济学 / 邵婧博主编. -- 武汉:华中科技大学出版社,2024.11. -- ISBN 978-7-5772-1401-6

Ⅰ. G05

中国国家版本馆CIP数据核字第2024XQ7558号

文化经济学
Wenhua Jingji Xue

邵婧博　主编

策划编辑:王雅琪　王　乾	
责任编辑:胡弘扬　聂筱琴	
封面设计:原色设计	
责任校对:张会军	
责任监印:周治超	

出版发行:华中科技大学出版社(中国·武汉)　　　电话:(027)81321913
　　　　　武汉市东湖新技术开发区华工科技园　　　邮编:430223
录　　排:孙雅丽
印　　刷:武汉科源印刷设计有限公司
开　　本:787mm×1092mm　1/16
印　　张:13.25
字　　数:270千字
版　　次:2024年11月第1版第1次印刷
定　　价:49.80元

本书若有印装质量问题,请向出版社营销中心调换
全国免费服务热线:400-6679-118　　竭诚为您服务
版权所有　侵权必究

普通高等学校"十四五"规划旅游管理类精品教材
国家级一流本科专业建设旅游管理类特色教材

出版说明

为深入落实全国教育大会和《加快推进教育现代化实施方案(2018—2022年)》文件精神,贯彻落实新时代全国高校本科教育工作会议和《教育部关于加快建设高水平本科教育全面提高人才培养能力的意见》、"六卓越一拔尖"计划2.0系列文件要求,推动新工科、新医科、新农科、新文科建设,做强一流本科、建设一流专业、培养一流人才,全面振兴本科教育,提高高校人才培养能力,实现高等教育内涵式发展,教育部决定全面实施"六卓越一拔尖"计划2.0,启动一流本科专业建设"双万计划",并计划在2019—2021年期间,建设143个旅游管理类国家级一流本科专业点。

基于此,建设符合旅游管理类国家级一流本科专业人才培养需求的教材,将助力旅游高等教育专业结构优化,全面打造一流本科人才培养体系,进而为中国旅游业在"十四五"期间深化文旅融合、持续迈向高质量发展提供有力支撑。

华中科技大学出版社一向以服务高校教学、科研为己任,重视高品质专业教材出版,"十三五"期间,在教育部高等学校旅游管理类专业教学指导委员会和全国高校旅游应用型本科院校联盟的大力支持和指导下,率先组织编纂出版"普通高等院校旅游管理专业类'十三五'规划精品教材"。该套教材自出版发行以来,被全国三百多所开设旅游管理类专业的院校选用,并多次再版。

为积极响应"十四五"期间国家一流本科专业建设的新需求,"国家级一流本科专业建设旅游管理类特色教材"项目应运而生。本项目依据旅游管理类国家级一流本科专业建设要求,立足"十四五"期间旅游管理人才培养新特征进行整体规划,邀请旅游管理类国家级一流本科专业建设院校国家教学名师、资深教授及中青年旅游学科带头人加盟编纂。

该套教材融入思政内容,助力旅游管理教学实现立德树人与专业人才培养有机融合;引导学生充分认识专业学习的重要性,培养学生的专业技能,并使其个人职业发展与国家建设紧密结合,树立正确的价值观。同时,本套教材基于旅游管理类国家级一流本科专业建设要求,在教材内容上体现"两性一度",即高阶性、创新性和挑战度的高质量要求。此外,依托资源服务平台,打造新形态立体教材。华中科技大学出版社紧抓"互联网+"时代教育需求,自主研发并上线了华中出版资源服务平台,为本套系教材提供立体化教学配套服务,既为教师教学提供教学计划书、教学课件、习题库、案例库、教学视频等系列配套教学资源,又为教学管理构建集课程开发、习题管理、学生评论、班级管理等于一体的教学生态链,真正打造了线上线下、课内课外的新形态立体化互动教材。

本项目编委会力求通过出版一套兼具理论与实践、传承与创新、基础与前沿的精品教材,为我国加快实现旅游高等教育内涵式发展、建成世界旅游强国贡献一份力量,并诚挚邀请更多致力于中国旅游高等教育的专家学者加入我们!

前言
QIANYAN

　　文化经济学分为狭义文化经济学和广义文化经济学。狭义文化经济学以文化产业、文化产品和文化市场为核心进行经济学分析,其方法论倾向于个人主义。而广义文化经济学则主要研究文化是如何影响经济思想、行为及绩效的,并将文化视为影响经济系统运行的关键变量。在发展方向上,狭义文化经济学逐渐从理论和经验研究转向政策研究,而广义文化经济学则与新制度经济学在理论框架上呈现融合趋势。随着人们收入水平的提高,人们对文化消费的需求也在逐渐增加。从经济学角度看,满足人民日益增长的文化需求是现代文化市场体系建设的关键,而文化消费的满足则是其最终体现。因此,扩大文化消费成为社会主义文化建设不可或缺的一部分。在世界经济不景气的背景下,由于外需疲软,扩大内需则成为中国经济持续健康发展的核心动力。要想实现国民经济的可持续发展并避免经济周期的过度波动,内需的拉动作用至关重要。随着经济的发展和国民收入的增加,消费结构正在不断升级,文化消费在内需中的地位日益提升。目前,城乡居民在文化消费上的支出占比逐年上升,使文化消费成为促进内需的关键点。文化消费的扩大和文化产业的快速发展不仅推动了中国经济的转型升级,还为提升内需提供了有力的就业支持。

　　尽管我国的文化消费潜力巨大,但当前的文化消费总量仍有待提升,文化消费结构仍有待改善。其根本原因在于文化消费的两端——文化供给与文化需求之间存在不匹配的问题。这种不匹配主要是缘于文化供给未能跟上文化需求的步伐,具体表现为文化供给的规模与结构不合理,以及产品和服务缺乏足够的创新性,无法满足居民多样的文化消费需求。因此,要想扩大文化消费,我们应基于供给经济学的理论框架,从文化产品和服务的供给端出发,致力于改善供给,以更好地满足、引导和增加文化需求,从而实现文化消费的实质性增长。

强化文化经济学理论研究的意义深远,具体体现为以下几个方面。

首先,它有助于我们更为深入和全面地探讨文化产业的发展,推动文化产业实现高质量发展,进而不断增强我国的综合国力及国际竞争力。在当前世界背景下,各国在壮大经济实力、科技实力和国防实力等硬实力的同时,也在积极提升文化软实力,其中发展文化产业是关键一环。自改革开放以来,我国的文化产业虽然在影视、文艺演出、文化旅游和新闻出版等领域取得了显著进步,但仍有较大的提升空间。

其次,强化文化经济学理论研究有助于提升文化产业从业者的专业知识水平,使他们能更准确地掌握文化经济发展的规律,提高文化企业的管理水平,从而避免或减少知识不足所导致的决策失误。要想实现文化产业的持续健康发展,培养和引进既熟悉文化发展规律,又掌握文化经济和市场经济规律,且擅长经营管理的高素质人才是必不可少的。同时,加强文化经济学的学习和研究对于提升相关人员的素质至关重要。

最后,强化文化经济学理论研究也有助于丰富我国高校文化产业管理专业的教学内容,优化学生的知识结构,从而培养出更多符合文化产业发展需求的人才。目前,我国已有近百所高校开设了文化产业管理专业。我国需要加强文化经济学的理论研究,助力高校培养出具备创新能力的高素质人才。而文化企业应积极引进和培养具备扎实的理论基础和广阔的学科视野的人才,从而更好地适应文化产业的快速发展。

本书紧密结合我国文化产业发展的实际情况,系统地阐述了文化经济学的基本理论、方法和实践,旨在为推动文化产业的高质量发展提供坚实的理论支撑和实践指导。本书共分为八章,内容主要包括文化生产,文化消费,文化供求及均衡调节,文化市场,文化商品及其价值、价格,国际文化贸易及其保护,文化经济增长与管理等。本书既有理论分析,又有案例研究,具有较强的可读性和自学指导性。本书既可以作为高等院校旅游管理类专业的教学用书,也可以作为参加自学考试的相关文化产业从业人员的参考用书,此外,本书在理论研究以及实际工作等方面也具有实用性和参考价值。感谢对本书进行审定的吴佳妮教授、高雅杰教授,借此,编者也对支持本书出版的编审团队表示衷心的感谢。欢迎全国高校相关专业师生和社会人士选用本书,并提出宝贵意见,以便本书逐步完善。

编者

2024 年 7 月

第一章　导论 /001

第一节　文化经济学概述 /001
一、文化的内涵 /002
二、文化经济的内涵 /004
三、文化经济学研究对象 /004
四、文化经济学研究方法 /007

第二节　文化与经济的基础性关系 /008
一、文化增长与经济总量增长 /009
二、文化与文化经济在国民经济增长中的作用 /012

第三节　文化的经济化和经济的文化化 /015
一、文化的经济化 /015
二、经济的文化化 /016

第二章　文化生产 /018

第一节　文化生产的相关概念 /019
一、文化资源 /019
二、文化生产 /022

第二节　文化生产的性质和特征 /023
一、文化生产的性质 /023
二、文化生产的特征 /026

第三节　文化产品价值 /029
一、文化产品价值构成 /029
二、文化产品价值属性 /030
三、价值规律在文化生产中的应用 /031

第四节　文化生产理论　　　　　　　　　　　　　　　　　　　　　　/032
一、文化生产要素　　　　　　　　　　　　　　　　　　　　　　/032
二、文化生产函数　　　　　　　　　　　　　　　　　　　　　　/034
三、长短期文化生产理论　　　　　　　　　　　　　　　　　　　/037
四、文化生产方式　　　　　　　　　　　　　　　　　　　　　　/043

第五节　文化生产的意义和未来展望　　　　　　　　　　　　　　　　/045
一、文化生产的价值与意义　　　　　　　　　　　　　　　　　　/045
二、文化生产的未来展望　　　　　　　　　　　　　　　　　　　/045

第三章　文化消费　　　　　　　　　　　　　　　　　　　　　　　　　　/047

第一节　文化消费的基本特征和作用　　　　　　　　　　　　　　　　/048
一、文化消费的基本特征　　　　　　　　　　　　　　　　　　　/048
二、文化消费的作用　　　　　　　　　　　　　　　　　　　　　/050
三、文化消费的全球化　　　　　　　　　　　　　　　　　　　　/050

第二节　文化消费者行为理论　　　　　　　　　　　　　　　　　　　/051
一、基数效用论和文化消费者行为　　　　　　　　　　　　　　　/051
二、序数效用论和文化消费者行为　　　　　　　　　　　　　　　/055
三、替代效应和收入效应　　　　　　　　　　　　　　　　　　　/058
四、不确定性条件下的文化消费者行为　　　　　　　　　　　　　/061

第三节　文化消费的决定因素　　　　　　　　　　　　　　　　　　　/062
一、社会因素　　　　　　　　　　　　　　　　　　　　　　　　/062
二、经济因素　　　　　　　　　　　　　　　　　　　　　　　　/063
三、时间因素　　　　　　　　　　　　　　　　　　　　　　　　/064

第四节　文化消费水平　　　　　　　　　　　　　　　　　　　　　　/065
一、文化消费水平的内容和分类　　　　　　　　　　　　　　　　/065
二、文化消费水平的差异　　　　　　　　　　　　　　　　　　　/067

第五节　文化消费水平的提高路径　　　　　　　　　　　　　　　　　/068
一、健全文化消费体系和制度　　　　　　　　　　　　　　　　　/068
二、提高居民可支配收入和教育水平　　　　　　　　　　　　　　/069
三、注重文化产品的优化和创新　　　　　　　　　　　　　　　　/070

第四章　文化供求及均衡调节　　　　　　　　　　　　　　　　　　　　　/071

第一节　文化需求　　　　　　　　　　　　　　　　　　　　　　　　/073
一、文化需求与文化需求价格　　　　　　　　　　　　　　　　　/073

二、文化需求的表示方法　　　　　　　　　　　　　　　/073
三、文化需求原理　　　　　　　　　　　　　　　　　　/075
四、影响文化需求的因素及主要影响因素分析　　　　　　/077
五、文化需求弹性及其应用　　　　　　　　　　　　　　/082
第二节　文化供给　　　　　　　　　　　　　　　　　　　/090
一、文化供给与供给价格　　　　　　　　　　　　　　　/090
二、文化供给的表示法　　　　　　　　　　　　　　　　/092
三、文化供给原理　　　　　　　　　　　　　　　　　　/093
四、影响文化供给的因素　　　　　　　　　　　　　　　/094
五、文化供给弹性及其应用　　　　　　　　　　　　　　/097
第三节　文化商品供求均衡理论及其均衡调节　　　　　　　/100
一、文化商品供求均衡理论　　　　　　　　　　　　　　/100
二、文化供求均衡调节　　　　　　　　　　　　　　　　/104

第五章　文化市场　　　　　　　　　　　　　　　　　　　　/112

第一节　文化市场的划分及特点　　　　　　　　　　　　　/113
一、文化市场的划分　　　　　　　　　　　　　　　　　/113
二、文化市场的特点　　　　　　　　　　　　　　　　　/114
第二节　文化市场理论　　　　　　　　　　　　　　　　　/115
一、完全竞争市场　　　　　　　　　　　　　　　　　　/115
二、完全垄断市场　　　　　　　　　　　　　　　　　　/121
三、垄断竞争市场　　　　　　　　　　　　　　　　　　/125
四、寡头垄断市场　　　　　　　　　　　　　　　　　　/129
五、不同文化市场的经济效率比较　　　　　　　　　　　/129
第三节　文化市场的宏观调控　　　　　　　　　　　　　　/131
一、宏观调控的必要性　　　　　　　　　　　　　　　　/131
二、宏观调控文化市场的经济手段　　　　　　　　　　　/132
第四节　文化市场开拓　　　　　　　　　　　　　　　　　/133
一、文化市场的拓展　　　　　　　　　　　　　　　　　/134
二、文化市场的开发　　　　　　　　　　　　　　　　　/135

第六章　文化商品及其价值、价格　　　　　　　　　　　　/137

第一节　文化商品　　　　　　　　　　　　　　　　　　　/138
一、文化商品的内涵　　　　　　　　　　　　　　　　　/138

二、文化商品的属性　　/139
　　三、文化商品的特征　　/140
第二节　文化商品的价值　　/142
　　一、文化商品价值的两重性　　/143
　　二、文化商品的价值实现　　/146
第三节　文化商品的价格　　/147
　　一、文化商品的价格构成　　/147
　　二、影响文化商品价格变动的因素　　/149
第四节　文化商品价格的制定　　/152
　　一、文化商品价格制定的依据　　/152
　　二、文化商品价格制定的目标和策略　　/154

第七章　国际文化贸易及其保护　　/158

第一节　国际文化贸易　　/158
　　一、文化折扣与文化多样性　　/158
　　二、国际文化贸易概述　　/160
第二节　国际文化贸易保护　　/162
　　一、文化软实力　　/163
　　二、文化贸易保护的措施　　/163
　　三、文化贸易战略　　/165
　　四、我国文化贸易发展路径　　/169

第八章　文化经济增长与管理　　/175

第一节　文化经济增长　　/176
　　一、文化经济增长相关理论　　/176
　　二、文化经济增长机制　　/181
　　三、文化经济增长的制约因素　　/186
第二节　市场经济下的文化经济管理体制　　/187
　　一、完善文化经济管理职能分工　　/187
　　二、完善文化经济管理机构设置　　/188
　　三、完善文化经济管理调控手段　　/190

参考文献　　/193

第一章 导　论

本章概要

文化经济学是一门研究文化与经济的相互关系的学科。本章探讨了文化作为一种产业在经济中的地位和作用，以及文化因素是如何影响经济发展的。通过了解文化经济学的基本概念、研究对象和研究方法，我们可以更好地理解文化与经济的互动关系，以及文化产业的发展潜力及其在经济发展中的重要性。

知识导图

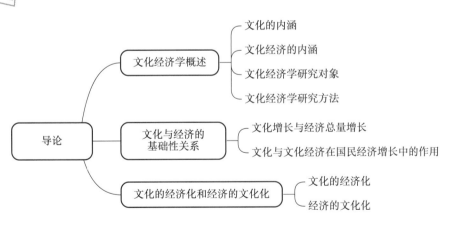

第一节　文化经济学概述

文化经济学是一门交叉学科，旨在研究文化与经济之间的相互关系和影响。它涉及文化、艺术、媒体、娱乐等多个领域，与经济学、社会学、政治学等多个学科有着紧密的联系。文化经济学的研究范围广泛,包括文化产业的经营与管理、文化市场的消费行为、文化政策的制定与实施等。

一、文化的内涵

文化的界定较为复杂,涉及多个维度。正如美国人类学家罗伯特·博罗夫斯基(Robert Borofsky)所言,将文化"关入笼中"的努力如同捕捉风一样难以实现。这一观点凸显了文化的复杂性和难以捉摸的本质。从起源角度来看,"文化"一词的英文"Culture"源于拉丁语"Cultura",最初与耕种、培育土地有关,这反映了人类对自然环境的积极改造和对物质生活的关注。随着时间的推移,尤其是到了16世纪,这一词的内涵逐渐演化为对心灵和智力的培养,强调了人类精神层面的成长和提升。进入19世纪,文化的内涵得到进一步扩展和深化。它不再局限于个体或某一特定群体,而体现为整体上的智力文化的进步和精神文明的发展。这种较为宽泛、具有包容性的定义使得"文化"这一概念具有更丰富的内涵和更广泛的外延,涵盖社会、历史、艺术、哲学、科技等多个领域。值得注意的是,随着全球化和跨文化交流的加速,文化的定义也在不断演变。它不仅涉及传统的习俗、信仰和艺术形式,还涉及现代社会的价值观、生活方式和科技进步等方面。在这种背景下,对文化的理解需要更加开放和包容的态度,以充分认识文化的多样性,尊重不同文化的独特性。文化概念的界定是一个持续不断的过程,它的定义随着时代和社会的发展而演变。正因为如此,我们应当保持一种开放和多元的视角,去探索和理解文化的多样性和复杂性,以促进不同文化间的交流与理解。

界定文化概念是进一步界定文化经济相关概念的前提。国内外学者对文化概念的定义众多。1871年,英国人类学家爱德华·伯内特·泰勒在《原始文化》(Primitive Culture)一书中提出,文化或文明,从其广泛的民族学意义来讲,是包括全部的知识、信仰、艺术、道德、法律、风俗以及作为社会成员的人所掌握和接受的任何其他的才能和习惯的复合体[1]。这一经典定义对后来的文化研究产生了深刻的影响。1944年,英国功能学派人类学者马凌诺斯基在《文化论》(The Scientific Theory of Culture)一书中指出,文化包括一套工具和一套风俗,它们都直接或间接地满足了人类的需要。马凌诺斯基还进一步将文化分为三个层次,即器物层次、组织层次和精神层次[2]。1981年,英国文化理论家Williams在《文化》(Culture)一书中,从传播角度,将文化界定为"意义表达的实践"。White(1959)从符号学角度提出,文化依赖于符号,符号的产生使文化得以存在,符号的使用使文化不朽。这也就是说,符号是文化的载体和表现形式。Throsby(2001)从两个层面对文化的含义进行了梳理,即在人类学和社会学框架下,"文化"一词是用来描述某一群体所共有或共享的态度、信仰、传统、习俗、价值观和惯例。

---

① 爱德华·伯内特·泰勒. 原始文化[M]. 连树声, 译. 桂林: 广西师范大学出版社, 2005.
② 马凌诺斯基. 文化论[M]. 费孝通, 译. 北京: 华夏出版社, 2002.

随着文化经济活动的日益活跃，一些学者开始关注经济领域中的文化实践。Dowling(1997)指出，"文化经济活动"中的"文化"是一个能带来经济效益、提高人民生活质量的包含各种元素的广义概念，其内涵不仅包括诸如歌剧、舞蹈、艺术等所谓的"精英文化"，还包括大众文化，如消费行为。赫斯蒙德夫(2007)①认为，应该把文化定义成社会秩序得以传播、再造、体验以及探索的一个必要（虽然并非唯一）的表意系统，使得其与文化产业更贴切②。Scott(2000)和Santagata(2002)将文化看作一种资本，认为它以观念价值的形式蕴含在实物或服务的使用价值之中，甚至比使用价值更能决定产品的价值。作为某一群体的共同价值观，文化可以强化群体认同。因此，实物或服务中的文化将极大地影响消费者对该实物或服务的价值的主观评价。爱德华·伯内特·泰勒认为文化是整个生活方式的总和，应该包括习俗、艺术、法律、信仰、知识等。爱德华·伯内特·泰勒对文化的定义为其他学者从不同领域对文化内涵进行完善奠定了理论基础。斯宾格勒在《西方的没落》(*The Decline of the West*)中将文化看作一个有机体，他用诗化的语言对文化的兴衰进行了描述③。塞缪尔·亨廷顿和劳伦斯·哈里森在《文化的重要作用：价值观如何影响人类进步》(*Culture Matters: How Values Shape Human Progress*)中对文化的含义进行了探讨，认为文化是一个社会的知识、音乐、艺术和文学成品，即社会的"高文化"④。如果从人们主观的角度定义文化，文化是指人们普遍持有的见解及人们所处社会的价值观、信念和态度等。胡适把文化定义为"人们生活的方式"。梁漱溟将文化定义为"生活的样法"。戴佳朋从科学的角度解释了中国特色社会主义文化，等等。

学界对文化的定义纷繁多样，在研究中须针对不同的语言环境对文化进行界定。目前，一种把文化分为广义的文化、狭义的文化和介于二者之间的文化的分类方法相对客观。其中，狭义的文化是指精神生产能力和精神产品，包括社会科学、文学艺术、自然科学、技术科学、社会意识形态、各类教育知识等。广义的文化是指人类在社会发展过程中所创造的物质财富和精神财富的总和，是物质文明和精神文明的总称，等同于人类的一切创造。而介于广义与狭义之间的文化主要是指一切意识形态部门及其派生部门，包括文化艺术、娱乐、教育、科学研究部门提供的精神财富。基于以上分析，人们的创造属于广义的文化范畴，如政治、经济和军事等，本书所讨论的"文化"包括狭义的文化和介于广义与狭义之间的文化。

---

① 大卫·赫斯蒙德夫. 文化产业[M]. 张菲娜, 译. 北京：中国人民大学出版社, 2007.
② Williams R. Culture[M]. New York: SchocKen Books, 1981.
③ 娄林. 斯宾格勒与西方的没落[M]. 北京：华夏出版社, 2018.
④ 塞缪尔·亨廷顿, 劳伦斯·哈里森. 文化的重要作用：价值观如何影响人类进步[M]. 北京：新华出版社, 2010.

二、文化经济的内涵

　　文化经济是一种新型经济,其基础是精神生产,其表现形态为文化产业,主要提供文化服务和生产文化产品。其中,"精神生产"是指文化经济以信息、知识和精神力量为基础来制作产品和提供服务。文化经济不是独立于物质世界之外的存在,文化生产离不开物质载体,其通过物质载体传达出一种精神文化内涵。"表现形态为文化产业"是指文化经济不断发展,逐步产业化,体现出更高的经济社会发展水平。随着人类文明的延续,精神生产逐渐脱离出来,并在流通市场发生交换时产生文化经济,因此,文化经济是一个历史范畴,其表现形式在不同的发展阶段并不相同。作为文化发展过程中的社会机制,文化的经济因素与经济的文化因素伴随着人类独立于生物界而同时产生,因而是一种久远的、人的另一种与之相适应的发展的需要。随着社会生产和社会分工的迅速现代化,以及现代化的宽领域发展,文化与经济之间由对立转向交融的趋势越来越明显。文化发展中的经济问题,以及经济发展中的文化问题,逐渐引起全社会的关注和思考,这是文化经济学产生的社会学基础。国际学术界关于文化经济问题的探讨逐渐深入,加之我国文化体制改革不断深化、文化市场逐渐兴起,文化的经济问题日渐突出。著名经济学家于光远在1985年召开的上海文化发展战略研讨会上率先提出应建立中国自己的文化经济学的主张。此后,全国不少地方也纷纷举行大型的文化发展战略研讨会,一批关于文化经济研究的学术成果相继问世。所有这些,不仅推动了对文化领域的一些经济和管理的现实问题的探讨,而且直接为我国文化经济学的理论研究和学科建设做了素材积累和理论动员的准备。1993年,我国第一个以"文化经济"为专业方向的四年制本科专业——"文化艺术事业管理"在上海交通大学设立,这标志着文化经济学的理论研究、高级专门人才培养和学科建设,由此迈入正轨。

　　总之,文化经济学主要探讨文化产业的发展规律及经济贡献、文化产品的价值形成与传播等问题,旨在揭示文化与经济的内在联系,为文化产业的发展提供理论支持和实践指导。我国学术界对于文化经济的概念还没有形成比较统一的界定。国外研究对文化经济的定义有狭义和广义之分。狭义的文化经济主要研究文化艺术产业、文化市场和文化商品,广义的文化经济主要研究文化与经济发展之间的相互关联①。国内对于文化经济的研究没有广义和狭义之分,因此很有必要对文化经济相关理论进行梳理和完善,通过准确界定文化经济的内涵等,为指导实践奠定基础。

三、文化经济学研究对象

　　文化,是一个不断拓展的概念,适用于社会科学和自然科学领域。与许多学科的

---

① 梁碧波.文化经济学:两种不同的演进路径[J].学术交流,2010(6).

基本概念一样,"文化"这一概念也经历过漫长的、含义模糊的古典阶段。发展到近代,随着人们思维方法的科学化和研究的精密化,它逐步从不确定走向比较确定。这个过程,不仅反映了人们对客观事物认识的深化和归纳的科学化,而且反映了随着历史的发展、文化内容的日益丰富,人们对文化的理解和把握不断地随着人的自我层次的递升而逐渐深化。正由于随着科学的发展,人们对客观事物认识的深化,"文化"这个概念的内涵和外延不断获得新的拓展和更高层次的界定,关于文化的定义较有影响的就有上百种。其中较为著名的有1971年英国文化学家爱德华·伯内特·泰勒在《原始文化》(Primitive Culture)一书中将文化定义为一个复杂的总体,包括知识、信仰、艺术、道德、法律、风俗,以及人类在社会生活里所获得的一切能力与习惯。1952年美国文化人类学家克罗伯(Krober)和克拉柯亨(Kluckholm)在《文化:概念和定义的批判性回顾》(Culture:A Critical Review of Concepts and Definitions)一书中认为文化包括各种外显或内隐的行为;通过符号的运用,人们习得、传授文化,并形成人类群体的显著成就,包括体现于人工制品中的成就;文化的基本核心包括因历史衍生及选择而形成的传统观念,尤其是价值观念;文化体系虽可被认为是人类活动的产物,但也可被视为限制人类进一步活动的因素。还有学者认为文化是人们在社会发展过程中所创造的物质财富和精神财富的总和。我国《辞海》(上海辞书出版社,1989年)吸收了《苏联大百科全书》(人民出版社,1954年)的说法,从广义和狭义两个不同的角度为"文化"下了定义:在广义上,文化是指人类社会历史实践过程中所创造的物质财富和精神财富的总和。在狭义上,文化是指社会的意识形态,以及与之相适应的制度和组织机构。文化是一种历史现象,每一社会都有与其相适应的文化,并随着社会物质生产的发展而发展。

然而,文化经济学的研究对象并不是文化本身,而是生产文化、供应文化和使用文化的活动过程中表现出来的经济现象,是从文化理论与经济理论的互相结合的角度来研究文化商品的变化和发展的客观规律。"科学研究的区分,就是根据科学对象所具有的特殊的矛盾性。因此,对于某一现象领域所特有的某一种矛盾的研究,就构成某一门科学的对象"①。由于文化经济的形成是现代社会经济迅速发展的产物,对于文化经济的对象性研究既可以是经济学的,如文化经济学、文化市场学,又可以是社会学的,如文化社会学,还可以是管理科学的,如文化管理学、文化行为学等。

我们对文化经济学的研究,是从经济学的角度来考察文化经济的形成和发展、变化,侧重从一般经济学的基本理论、基本原则方法来考察文化产业中的文化活动和文化现象,并力图通过分析这些问题,从较深的层次上揭示文化经济活动的特征、相互关系、变化趋势和客观规律,并且结合文化理论和管理科学的研究方法和基本原理,从更大范围内和更深层次上去揭示社会经济活动中文化的经济运行机制和调控机制的客观存在,确立文化经济在国民经济中应有的地位。因此,文化经济学的对象性研究范

---

① 石仲泉.论毛泽东思想的理论来源、实践本源和文化资源[J].中共党史研究,2023(2).

围,主要是指与物质文化密切相连的精神文化的生产、流通、分配和消费,包括文学艺术、广播电视、图书出版、文化娱乐、音像制品、文化旅游,以及与之相适应的设施和组织机构,如艺术表演团体、出版社、影院剧场、影视制作公司、书店、图书馆、美术馆、博物馆、群众艺术馆、文化馆等。

文化经济学是一门应用性较强的文化科学和应用经济学,它按照政治经济学所揭示的国民经济运行变化的一般规律性,探寻文化产业发展的特殊矛盾关系以及文化的生产、流通、分配、消费等环节的运行机制和运动规律,以求在文化的现代化和市场经济的发展中,按照文化产业运动的特殊规律性,制定科学的文化产业和文化经济的政策,促进文化产业的发展。因此,文化经济学要把关注点集中于对文化生产力诸要素的合理配置、文化经济结构的有效调整和文化经济运动规律的考察上,并通过对文化供求、文化生产、文化消费、文化市场、文化商品、文化经济增长等一系列主要范畴的具体分析,深刻地揭示文化经济自身矛盾运动和发展变化,从而在根本上把自己同其他经济学分支和文化学分支区别开来。

文化经济学的内容包括:①文化作为生产力要素(文化力)的特征、功能以及结构体系。②文化市场的结构运动、功能以及文化市场价格变动的规律。③价值规律和文化规律在文化艺术产品的生产和流通中的特殊作用。④文化产业化对现代社会经济的影响及文化产业化的发展趋势,分析文化产品的价值形成与传播形式,研究文化产品的价值构成、价值评估以及传播方式,分析文化产品在市场中的竞争力和影响力。⑤文化产业的经济规模及其结构变动的规律,即文化产业的发展规律,研究文化产业的发展历程、发展现状和发展趋势,分析影响文化产业发展的各种因素,揭示文化产业的发展规律。⑥文化经济在国民经济中的地位和作用,即文化产业的经济贡献,研究文化产业在对经济增长的贡献、对就业的拉动以及对社会福利的改善等方面的作用,评估文化产业的经济效益。⑦文化产业同其他国民经济部门,特别是同社会经济部门发展之间的关系。⑧文化政策与法规,研究政府对文化产业的管理和政策支持,分析政策对文化产业发展的影响,探讨如何制定更加科学合理的文化政策。⑨国际文化产业,研究国际文化产业的发展趋势、国际市场竞争格局以及国际文化交流与合作等,为我国文化产业走向世界提供借鉴和参考,等等。

文化经济是独立的、涉及面相当广的、兼有文化和经济双重特性的领域,它有自身的矛盾运动及其发展变化的规律,并在自己的活动领域中表现出种种特殊的矛盾性。文化产业各部门间,如电影和电视间的对立和联系、文化产业组织中的竞争和垄断、文化产业发展中的均衡和非均衡等,都会在文化经济的生长过程中发生深刻的作用。而在这当中表现出来的种种矛盾的消长、对立和转化,都会使文化经济发展运动呈现出特殊的规律性。文化经济学的任务,就是通过对上述矛盾特殊性的研究,揭示文化经济发展运动的规律性。

四、文化经济学研究方法

文化经济学作为一门新兴的文化学和经济学的边缘学科,应该运用现有的各种成熟的研究方法,探讨文化经济运动中的特殊矛盾和典型问题。

(一)理论与实际分析相结合

任何一门科学,要想从生动直观的对象中形成科学的理论,都离不开科学抽象的方法。文化经济学属于人文社会科学。研究文化经济现象不能像研究自然科学和工程技术科学那样采用实验的方法,直接综合实验结果找出对象内在的规定性。分析经济形式,既不能用显微镜,也不能用化学试剂,而是需要用抽象力来代替[1]。这种方法以实践为基础。通过现实文化领域中对经济现象的调查研究,详细地收集材料,通过对典型案例的深入剖析,总结文化产业的发展经验和教训,为类似的文化产业发展提供借鉴。然后运用分析综合、比较概括等思维活动,对丰富的感性材料进行去粗取精、去伪存真、由此及彼、由表及里的加工,构成概念系统,形成理论概括,最终上升为科学。

(二)静态与动态分析研究相结合

文化的经济现象是互相联系、相互制约、不断发展变化的。研究文化经济学,必须运用系统分析方法将静态分析研究与动态分析研究相结合,注重从整体与部分之间、内部与外部环境的互相联系中综合地、精确地考察对象,从整体的联系和过程的联系中认识对象,从而达到最优化地分析和研究问题。应运用经济学、社会学、政治学等多个学科的理论和方法,对文化产业进行多角度、多层次的研究。文化产业是国民经济的有机组成部分。对于文化经济现象中一系列问题的分析研究,如文化产业结构、文化发展战略等,都应当将其置于整个国民经济的大系统中,与整个国家社会经济的发展联系起来,进行分析论证。在这个过程中,既要坚持目的性原则、整体性原则,也要坚持相互联系、相互制约和最优化的原则。文化经济是运动着的文化现象和经济现象,文化产业运动的规律性只有在运动过程中才能生动地表现出来。文化经济学既然要研究文化经济发展运动的规律性,就应该对文化经济、文化产业做动态的考察,用发展的视角分析文化经济问题。文化经济理论的研究还处于起步阶段,对于发展中的对象,文化经济理论研究不仅要研究文化事业的过去和现在,而且要着眼于其发展趋势,加强预见性研究,紧密联系一定时期的社会生产力发展水平和一定的生产关系,对影响文化经济活动的各种因素的发展变化情况进行分析研究,以期从对象的动态活动中做出正确的判断。

---

[1] 李炳炎. 马克思恩格斯论社会分工[M]. 太原:山西经济出版社,2022.

(三) 规范研究与实证分析相结合

文化经济学是一门理论性和应用性都较强的学科,在研究方法上还要把规范研究与实证分析结合起来。规范研究,就是在揭示文化经济运动规律的同时,依据对象运动的内在逻辑性,指明文化经济应该如何运行、产业结构应当如何调整、文化资源应该如何配置的理论,因此,规范研究所要陈述和解决的是对象"应当怎样"的命题,通常是根据一定的价值标准,运用逻辑思维进行科学的推理论证,从而确立相应的原则。实证分析,旨在判明文化经济及其结构、组织、资源、投资等在一定条件下是如何运行、如何重组的,通常运用统计分析和比较的方法,对对象的运动趋势做出判断和描述,阐明客观对象"是怎样"的命题;通过对实际数据的收集和分析,揭示文化产业的发展规律和文化产品的市场表现。

(四) 定性与定量分析相结合

任何文化经济现象都是质与量的统一。既有对象的本质规定,又有一定的数量体现。运用定性和定量分析的方法,就是在对文化经济范畴、概念进行逻辑推理的基础上,对所研究的对象做出质的判断和量的评估。其中,定性分析是基础,只有将定性分析与定量分析相结合,并以定性分析为前提,才能充分说明问题。若是把握不住质的规定性,定量分析再仔细也无济于事。因此,弄清楚对象的性质具有特别重要的意义。同时,对象的一定的质又总是蕴含在一定的量当中。文化经济现象有数量界限,文化经济规律有数量表现,完全离开数量分析而全靠逻辑推论很难准确把握对象的本质及规律,如制定文化发展战略以及调整投资结构和产业结构,都存在规模适度和比例恰当的问题。只有把定性与定量分析有机地结合起来,对对象进行系统分析和理性把握,才能获得关于对象的科学认识。

第二节 文化与经济的基础性关系

我国将文化产业发展放在相当重要的位置上。2017年,党的十九大报告中提出,"我国经济已由高速增长阶段转向高质量发展阶段"。2017年,中央经济工作会议提出,"加快形成推动高质量发展的指标体系、政策体系、标准体系、统计体系、绩效评价、政绩考核"。2018年,全国宣传思想工作会议提出,"以高质量文化供给增强人们的文化获得感、幸福感"。2019年,十九届四中全会提出,"完善以高质量发展为导向的文化经济政策"。2020年,《政府工作报告》中提出,"坚持新发展理念,坚持以改革开放为动力推动高质量发展"。十九届五中全会提出,"以推动高质量发展为主题","健全现代文化产业体系"。党的二十大报告中明确提出,"坚持以推动高质量发展为主题","健全现代文化产业体系和市场体系,实施重大文化产业项目带动战略"。文化产业发展成为国民经济重要的、新的增长点之一。早在1993年,美国以文化产业为核心的版权业产值达2386亿美元,占国内生产总值(GDP)的3.7%。20世纪90年代后期,英国文化产业年产值接近600亿英镑,平均发展速度是国民经济增长率的两倍;澳大利亚文化产业年产值约占国内生产总值的2.5%。这些数量关系展现出了文化经济在国民总收入增长中的分量,文化增长在经济增长中的比例关系的重大变化,以及这种变化所体现的历史发展趋势,使得作为知识价值存在形态的文化的经济价值被人们普遍地发现了。20世纪90年代起,国际社会普遍加大了对文化产业政策和文化产业结构的调整力度,制定了文化产业发展战略。1997年由美国、加拿大和墨西哥三个北美国家共同开发和维护的产业分类标准《北美行业分类系统》(NAICS),突出强调美国以信息为依托的经济战略,出版、电影、音像录制、有线电视节目分销等当代文化产业的核心成分全部包括在内。1997年,作为欧盟轮值主席国的芬兰,成立了文化产业委员会,并于1999年发布《文化产业的最终报告》(*Cultural Industry Final Report*)。2000年,在芬兰的倡议下,欧洲文化产业发展的框架性合作计划启动①。2001年,第九届全国人民代表大会第四次会议批准《中华人民共和国国民经济和社会发展第十个五年计划纲要》,该文件明确提出"推动有关文化产业发展",以知识经济的扩张为主要内容的文化产业经济成为国民经济新的增长点,成为转变当代经济增长方式的重要力量。

一、文化增长与经济总量增长

文化产业的发展与经济的增长之间存在着密切的关系。随着经济的发展和人们生活水平的提高,人们对文化商品的需求不断增加,这促进了文化产业的发展。同时,文化产业的发展也反过来促进了经济的增长。文化产业的发展可以创造就业机会、增加税收和促进技术创新等。文化增长是在现代文化经济背景下发展起来的文化概念和经济概念,它既体现了文化经济总量的增长,也体现了经济增长方式的转变,因而是综合性很强的集合概念,更深刻地反映了文化与经济的关系。任何形态的文化增长是对人类在精神层面上所获得的一种历史整体性提升的趋势,以及其所达到的文明高度的描述,这种增长可以给社会带来直接的经济数量的增长,具体表现包括文化自身的物化成果所创造的价值,以及文化增长可以提升人力资源整体素质,从而提高生产力(实质上是对生产力主体的结构性革命),进而创造价值。这就使得文化增长具有双重属性。文化经济总量增长与文化力水平密切相关,是指以文化产品的生产、流通、分配和消费为核心内容的文化产业所创造的经济价值在增长过程中所反映的数量比例关

---

① 沈壮海.文化图强的世界图景[J].武汉大学学报(哲学社会科学版),2022(3).

系。这种数量比例关系反映的是文化经济增长在国民总收入中所占的比例,以及由这种数量的比例关系所揭示的文化经济发展趋势。

  主流的新古典经济学理论注重劳动力、资本和原材料的投入,认为知识和技术等文化要素和文化力量的投入对生产的影响是外在的。20世纪50年代,美国麻省理工学院教授索洛通过实证研究证明了技术进步是经济增长的主要动力源泉;经济学家威廉·阿瑟·刘易斯(William Arthur Lewis)在《经济增长理论》一书中首次系统地提出了知识的增长和运用是经济增长和发展的直接原因的新增长理论。新增长理论指出知识可以提高投资回报率,而这反过来又可以增进知识的积累。知识可以通过溢出效应,在几乎不增加额外投资的情况下反复利用,以减轻资金短缺对经济增长的压力。这就为经济增长方式的现代转变提供了全新的理论模型,即经济的增长主要不是依靠投资和就业的增加,而是依靠技术和知识的投入。而文化经济无论是作为技术样式的存在(数字艺术),还是作为知识形态的存在,都显示出其在经济增长方式转变中的特殊地位和作用。文化附加值被普遍看作提高产品和服务的投资回报的重要手段。文化经济成为衡量新经济增长形态的重要指标体系之一。经济增长方式由以外延增长为主,向以内涵增长为主转化,这一转化成为经济增长方式的当代形态和当代趋势。与经济增长一样,文化增长属于社会运动过程中的自我发育现象,体现了一定国家在一定历史时期的综合国力的发展。当代意义上的国际竞争的实质是综合国力的较量,文化力是综合国力的重要标志之一。在西方有关综合国力的各种研究理论中,无论是美国学者克莱因提出的综合国力方程,还是日本经济企划厅提出的测定日本综合国力的三大要素(国际贡献能力、生存能力和强制能力),无论是主张按具体要素来区分,还是主张按实力的形态来区分,文化作为体现"战略意图""国家意志""国民意志"的"精神要素"和"软实力",是一个重要的指标系统①。因此,要想增强综合国力,不但要加强经济实力,而且要提高文化力,要加大文化增长在整个国民经济增长中的速度和力度。文化增长既与原有的文化传统、文化积累和文化经济基础有关,也与经济的投入与产出的比例有关;既与经济发展的速度、规模等有关,也与一定时期的文化经济政策有关。研究文化增长,必须综合考察各种相关因素。我国和其他国家文化和经济发展的历史表明,文化增长与经济总量的增长基本上呈同步增长的趋势,一个国家或地区,当人均GDP突破3000美元时,不仅经济结构得到了优化,经济增长与文化产业的发展也出现较强的正相关关系。据有关统计,20世纪80年代前期人均GDP在3000美元以下的国家和地区,恩格尔系数大多在50%左右;人均GDP在5000—8000美元时,恩格尔系数大多在30%左右②。用于文化消费可供支配的收入的增加,必然刺激和带动文化消费品的供给,从而极大地推动了文化产业的发展和文化经济总量的增长。因此,经

---

① 贺耀敏.中国话语体系的建构[M].北京:中国人民大学出版社,2021.
② 胡慧林,李康化.文化经济学[M].太原:书海出版社,2011.

济增长水平决定了文化投资总量的水平,经济总量的增长制约着文化经济总量的增长。

影响文化增长和经济增长的一个重要因素是文化投资总量。经济的增长或经济总量的增长,是指国民财富的增长和国家经济实力的增强。文化增长或文化经济总量的增长,是指一国综合文化力的增长,它包括文化设施建设规模、文化产业生产能力、文化消费水平以及其他文化力的发展水平,这些都直接反映了一国的经济总量增长情况及其文化投资总量。因此,在一国的文化力和拥有的文化资源量不变的条件下,经济总量增长水平的高低在相当大的程度上直接决定了文化投资总量水平的高低。经济发展程度对文化投资总量控制率的大小,是影响文化增长速度的基础性因素,因而具有特别重要的意义。文化相关部门是以特殊的生产方式为社会创造财富的国民经济部门。在很长的一段时间内,我国文化与经济的关系的一个重要表现就是文化与财政的关系,即国家财政对文化发展的投资。国家财政对文化发展投入资金的多少,既影响了文化发展和增长的速度和结构,也制约了文化增长对经济增长的影响力的大小。而财政对文化发展的投资比例和结构,除了取决于国家文化经济政策的宏观指导,国民经济总量的增长情况也是起决定性作用的因素,这可以从区域文化经济发展的不平衡状况中得到充分的证明。

产业结构的构成比例及增长状况也是影响文化增长与经济增长关系的重要因素。一般来说,对于能够提供大量投资同时也需要以大量投资装备自己的产业,使这种产业在国民经济中所占的比重提高,那么该国的经济总量的增长量就大。换句话说,如果一个产业需要大量的投资来发展,并且这个产业本身在获得投资后,也会以大量的投资来装备和提升自己,那么这个产业在国民经济中的地位(或者说它所占比重)就会逐渐提高。当这样的产业在国民经济中越来越重要时,整个国家的经济总量(也就是国家的整体经济实力)就更容易实现较快的增长。反之,该国的经济总量增长量就小。此外,一国经济总量的增长能力最终要受其投资品的供给能力的制约,而投资品的供给能力又取决于现存的产业结构,因此,产业结构不仅制约着投资总量的大小,还制约着投资在各产业部门的分配,即投资的产业结构。文化属于第三产业,在计划经济体制下,我国的经济政策和发展战略是重第一、第二产业,轻第三产业,因此,无论是在产业结构还是在投资规模上,文化产业的增长都远远低于第一、第二产业的增长。改革开放后,第三产业开始受到重视,发展速度有所加快,高于国民总收入的增长速度,但是从总体上看,仍然处于比较落后的状态,包括文化在内的第三产业在国民经济中的相关比重较低。1978年我国第一、第二、第三产业的增加值之比为27.7∶47.7∶24.6,劳动力结构之比为28.3∶6.9∶4.9;2022年我国第一、第二、第三产业的增加值之比为7.3∶39.9∶52.8,劳动力结构之比为17.6∶21.1∶34.6,通过数据可以看出,第三产业的发展情况在这些年已经有了较大改善。1978年我国的教育、文化艺术和广播电视业的劳动力总和占第三产业从业人员总数的比重为2.72%,到2022年增长到6.83%,而批发零售出口额和餐饮业营业额占第三产业增加值的比重从1978年的2.84%增长为2022年的7.02%,这表明经济总量增长结构与产业结构得到了优化升级,经济总量增长结构影响了产业结构的变化方向。如图1-1所示,2018—2022年文化产业资产和文化产业营业收入逐年增长,文化产业营业收入占国民总收入的比重整体上呈现递升趋势。现存的文化产业结构是过去国民总收入分配的结果,而目前的国民总收入分配结构又决定了未来的文化产业结构和国民经济增长形态。

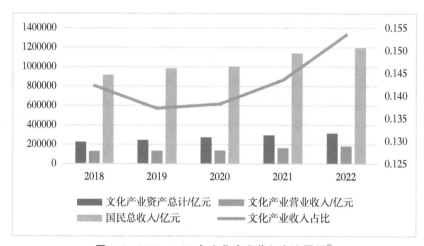

图1-1　2018—2022年文化产业收入占比图示①

因此,在经济增长的前提下,结合国家经济结构的战略性调整,加大对文化产业的投入,调整文化经济的内部结构和投资结构,便成为发展我国文化经济、加快文化增长速度的关键。因为经济增长的状况制约着文化增长,所以在经济增长过程中,由生产方式内部矛盾运动的周期性波动所造成的经济增长的周期性波动,必然会给文化增长带来波动。特别是当科学技术的革命周期明显地影响了经济增长的周期性波动,而科学技术成果又成为影响现代文化发展形态的重要动力的时候,研究经济增长和文化增长的周期性变动规律便成为现代文化经济学研究的一个重要而崭新的课题。苏联经济学家尼古拉·康德拉季耶夫提出的长波周期理论和美籍奥地利经济学家约瑟夫·熊彼特的创新理论,对于我们深入研究文化增长与经济增长的关系具有重要的理论借鉴意义。

二、文化与文化经济在国民经济增长中的作用

文化产业在国民经济增长中发挥着越来越重要的作用。随着人们对文化商品的需求不断增加,文化产业在经济增长中的贡献率也在不断提高。在一些发达国家,文化产业已经成为国民经济的支柱产业之一,对经济增长的贡献率超过了传统产业。文

---

① 数据来源:2018—2022年的中国统计年鉴。

化活动及其成果,构成人类所需要的发展资料的一部分和享受资料的重要部分,文化产业在国民经济体系中属于第三产业。1985年,国务院办公厅转发了国家统计局《关于建立第三产业统计的报告》,把文化艺术业列入第三产业的行列之中,从而在整个国民经济体系中确认了文化的经济学地位和文化经济在国民经济发展中的作用。

文化产业是以知识和智力密集为主要特征的产业,它的形成和发展,在微观上表现为单位产品的价值构成中,物质、能源消耗的比重减少,而文化产品和文化服务的比重急剧增加;在宏观上表现为文化产业在国民总收入中所占的比重和从事文化工作的劳动者在全社会就业人员总数中所占比重的迅速提高。如图1-2所示,2018—2022年,文化文物从业人员数和文化文物机构数整体呈递增趋势;2022年,我国文化文物为社会创造了448万余个就业岗位,文化文物机构数超32万个[①]。由文化产业作为参与主体的各类艺术节和大型文化活动的开展,带来了直接的经济效益。1989年山东潍坊国际风筝会把放风筝与文化旅游、民间艺术的贸易洽谈结合起来,投资100多万元,收入超2亿元。武汉市1992年、1993年分别举办了杂技节和渡江节,大批境外客商云集武汉。文化成为推动经济发展、拉动内需不可替代的重要力量。作为知识和智力密集型产业,文化产业是起重要作用的经济因素。作为新经济形态的文化产业迅速发展,逐渐成为推动国民经济发展的重要力量,这种力量将使世界的经济秩序和文化秩序发生深刻的变化。

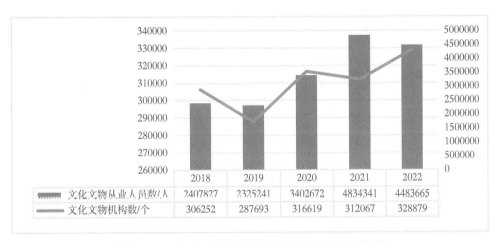

图 1-2 2018—2022年文化文物从业人员数及机构数

扫码
看彩图

文化的经济因素及文化在国民经济发展中的杠杆作用,使文化日益成为国民经济和社会持续稳定协调发展的重要因素。要想使国民经济稳定协调发展,务必求得总量平衡,即社会总需求与总供给的平衡。对于文化经济而言,社会总需求是由文化投资需求和文化消费需求两部分组成的,这两个方面的任何一方的失衡,都会导致文化经

---

① 国家统计局.中国统计年鉴[M].北京:中国统计出版社,2023.

济增长的大起大落，造成国民经济比例的严重失调。如果投资过低则无法满足社会整体对文化投资的需求，当然也就无法满足人们日益增长的精神文化需求。同时，文化投资不仅是一种需求，而且能够转化为供给。文化投资促进了固定资产和生产能力（体现为文化设施效益）的形成，生产出产品并供应给市场，从而增加社会总供给。当文化的社会总需求超过总供给时，除了从宏观上控制和压缩总需求，关键还在于大力增加有效供给。对于任何一个实行纸币币制的国家或地区而言，人们手中的货币数量越多，意味着社会潜在的购买力越大。无论人们是否把它储存在银行里，它都可以随时被投入市场进行流通。如果市场上的货币总量超过了市场上的商品供给总量，就会造成供不应求，引起通货膨胀，进而使得市场秩序变得紊乱。因此，无论从国民经济的发展需要的角度，还是从文化产业自身的发展角度来看，通过增加文化总供给，满足人们日益增长的文化消费需求，可以改变人们手中货币的投向，分泄对社会总供给的压力，因此，文化是促进市场稳定繁荣和国民经济协调发展的一个重要因素。

文化对国民经济发展的另一个作用，就是它对基础的"软化"。当代世界经济结构发展的一个显著特征，就是世界经济模式正由过去的刚性结构逐步向柔性结构转化，即从以生产重、厚、长、大的重型化的硬件产品为主的时代，向以提供高效的、智能化的信息服务活动等为主的时代过渡。文化产业是以精神服务活动等的无形性和智能化为主要特征的软产业。在现代商品生产中，文化因素在经济发展中的一个显著作用就是增加现代商品中的文化含量和文化附加值，降低能源、财力等的有形投入，即"硬投入"，提高文化、艺术等的无形投入，即"软投入"。致力于通过文化与艺术的深度融合，精心塑造企业形象，打造独具特色的商品品牌，构建底蕴深厚的企业文化等，这些已成为当代企业增强竞争力的关键路径，同时也有助于促进整个社会经济持续增长。传统产业内部的生产性功能比重下降，而诸如信息、研究、公共关系、形象策划、品牌创意等文化的"软功能"比重不断增加。以企业形象策划（CIS）为主要标志，企业在无形资产投入方面的比重越来越高，"现代的销售不仅仅是推销产品本身，还在于传递一种附属的文化价值"，这一理念已经成为当今世界一些富有远见的企业家的共识。由于无形投入的比重不断加大，就业结构也发生了变化：从事文化营销、企业形象创意策划、文化发展和企业文化发展战略研究、新产品的开发和包装、文化咨询服务等所谓"软职业"的白领劳动者所占的比例越来越大。文化产业经济在迅速发展的同时，拉动了物质产业结构的调整重组。广播、电影、电视、书刊、文化娱乐等文化生产和消费的迅速普及，促使通信卫星、广播器材、音响音像器材、出版业、印刷业、文化金融业、文化贸易等第三产业迅速崛起和蓬勃发展，从而为进一步改善投资结构和投资环境起到了深度"软化"的作用。我国大连市开放初期，曾大量投资建设国际机场、一级公路、高级宾馆等"硬"项目，但并未获得预期效果，外商"抱怨"的内容主要是包括法规、信息渠道等在内的文化"软"环境的不尽如人意。为此，大连市采取有力措施，大力加强"软"投资，努力改善文化"软"环境，以优惠的政策、极高的效率和良好的信息文化服务赢得了国际信誉,吸引了大量外商来投资项目。某位柏林展览公司的经理曾对中国记者说:"到中国旅游的欧洲人,大部分是受过良好教育的,他们对异国的文化特别感兴趣。如果是单纯为了玩乐享受,相比于来中国,德国人会偏向于选择去西班牙,或是地中海地区。"所以,大力发展民族文化,开发传统文化资源,兴建中国特色民族传统文化产业,对于改善国内投资环境,并由此构成良好的文化经济的生态环境具有积极作用。可见,文化对经济基础工程的"软化"作用是其他产业所不能替代的,而且文化建设和文化发展是社会主义精神文明建设的重要组成部分。在这一塑造人的工程中,文化有其他产业形态所无法相比的巨大的凝聚力量、动员力量、鼓舞力量和推动力量。无论是消费还是生产,是投入还是产出,文化是从精神角度"塑造"人的。接受文化培训,是为了再生产出具有新文化理念和掌握新科技的劳动力;从事文学艺术娱乐活动的文化消费,是为了通过这种鉴赏性、娱乐性的审美休息,解除疲劳,调节人体生理机制,以再生产出充沛的劳动力,通过提高全体劳动者的文化素质,为整个社会主义经济的发展,源源不断地提供高质量的劳动力。国力的强弱,取决于劳动者的素质,取决于知识分子的数量和质量。当代国际经济竞争的实质是综合国力的较量,核心是包括教育和科学发展在内的文化竞争。

第三节 文化的经济化和经济的文化化

随着全球化和信息时代的到来,文化与经济之间的界限逐渐模糊,出现了文化的经济化和经济的文化化趋势。这种趋势的出现,既反映了人们对于文化和经济相互关系的认识不断深化,也反映了经济发展的新趋势和时代特征。文化的经济化是指文化进入市场,文化中渗透经济的要素,并成为社会生产力中的一个重要组成部分。

一、文化的经济化

文化的经济化是指在文化发展中不断融入经济因素,使文化进入市场、进入产业,文化中渗透经济要素、商品要素,使文化具有经济力,成为社会生产力中的一个重要组成部分。这一过程中,文化资本向经济资本转化,文化资本显现其经济价值,形成文化产业①。文化的经济化主要表现为科技信息产业、休闲娱乐产业和大众传媒产业在现代经济结构中的比重显著提高。同时,随着经济与文化日益融合,几乎所有的经济活动和物质产品都包含文化因素和文化内涵,经济借助文化的力量急剧扩张,成为当代

---

① 谢传仓.文化经济化的价值取向比较分析[J].江海学刊,2015(3).

社会生产力的原发性因素和经济增长的基本推动力量。文化的经济化具体表现为以下几个方面。

首先,文化产业的发展。文化产业的发展推动了文化的商品化和市场化。随着人们对精神文化需求的增加,文化产业逐渐成为全球经济的重要组成部分。文化产业涵盖了出版、影视、音乐、广告、设计、艺术品等多个领域,为社会创造了巨大的经济效益。文化产品通过生产、流通、交换和消费等市场活动,实现了文化资源的产业化经营,创造了巨大的经济效益。文化产业的发展推动了文化的商品化和市场化,成为国家经济增长的重要引擎。

其次,文化与科技的融合。文化与科技的融合推动了文化产业的数字化和智能化。科技的进步为文化产业的发展提供了强大的支撑。数字技术、人工智能技术等新技术的应用,使得文化产业的生产效率得到提高,同时拓展了文化消费市场和消费方式。文化与科技的融合,催生了新的产业形态(如数字音乐产业、网络视频产业、虚拟现实产业等)和商业模式。

最后,文化的国际交流与合作。文化的国际交流促进了国际文化产业的发展。在全球化背景下,文化的国际交流与合作成为国际文化产业发展的重要动力。各国之间的文化交流促进了不同文化的相互了解和融合,推动了国际文化产业的发展。通过文化出口和对外投资等途径,国际文化产业在推动全球经济增长、促进文化交流和提升国家文化软实力方面发挥了重要作用。

二、经济的文化化

经济的文化化是指经济蕴含文化元素,是文化对经济的渗透、引领,也体现了文化与经济的融合。经济的文化化主要表现为以下几个方面。

首先,消费需求的变化。随着经济的发展和生活水平的提高,消费者对商品的需求从物质需求向精神需求转变。消费者更加注重商品的符号价值和文化内涵,追求个性化、时尚化和品位化的消费体验。这种变化促使企业更加注重品牌塑造、产品设计和文化营销等方面,以满足消费者的精神需求。

其次,知识经济的发展。知识、创意和创新成为推动经济增长的重要动力。这些要素的发挥需要依托于文化产业的发展,如设计行业、广告行业、媒体行业和娱乐行业等。经济的文化化推动了知识经济的发展,为经济增长提供了新的动力源泉。

最后,可持续发展理念的实践。随着环境问题的日益严重,可持续发展成为经济发展的重要方向。我国部分地区面临生态环境问题,并且部分地区生态环境的恶化在未来难以恢复。这显示出传统的经济发展方式对环境资源的影响已经到达了一个临界点。我们必须认识到,单纯的资源消耗型发展是不可持续的。考虑到资源的有限性和环境的承载能力,我们迫切需要转向更环保的生产方式。环境保护不仅是民众的期望,也是参与国际竞争的必要条件。文化经济作为一种特殊的经济形态,它以有形和无形的文化产品与服务为核心。这种经济模式在生产过程中对物质资源的消耗极低,甚至无消耗,因此被视为一种环保、可持续的经济模式,与生态文明建设和绿色能源的发展方向相一致。企业在追求经济效益的同时,需要关注社会责任和文化传承等方面的问题。经济的文化化要求企业将可持续发展理念融入经营活动,实现经济、环境和社会效益的协调发展。

综上,文化的经济化和经济的文化化是相互关联的两个方面。在经济发展过程中,既要充分发挥文化产业的支撑作用,也要注重经济与文化的融合发展,推动经济与文化的共同繁荣。

复习与思考

案例分析

一、重点概念

文化;文化经济

二、思考题

1. 文化经济学的研究对象和研究方法是什么?
2. 怎样理解文化与经济的基础性关系?
3. 怎样理解文化的经济化和经济的文化化?

第二章 文化生产

本章概要

文化生产是文化产业发展的重要方面,涉及文化商品和服务的生产、分配、交换和消费等各个环节。在文化生产的相关研究中,坚实而深厚的理论基础扮演着至关重要的角色。本章以生产理论为基础,通过对文化生产的研究,深入了解文化产业的发展规律、市场趋势和政策制定等方面的问题。深入研究文化经济的首要任务是探索特定社会发展背景下的文化生产方式及其产品形态。这种特定的文化生产不仅是塑造文化经济形态和运行机制的驱动力,还是文化产品得以物化并展现其形态的基础。简而言之,文化生产不仅是文化经济形成的前提,还是推动其持续发展的根本动力。

知识导图

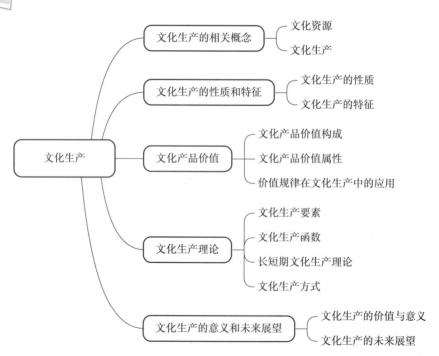

第一节　文化生产的相关概念

一、文化资源

（一）文化资源的概念内涵

文化资源的概念内涵在学术界有着多种解读。

周正刚（2004）对文化资源的界定强调了其形成文化实力的潜力，包括历史文化遗产、现代社会创造的文化信息和作为文化活动实施与手段的文化载体。

吴圣刚（2005）则强调文化资源的精神要素，认为文化资源以满足人类生存发展需要为核心。

吕庆华（2006）认为文化资源是人类劳动的产物，涵盖物质、精神成果及其转化。

何频（2007）则从地域性、民族性和多样性的角度定义文化资源，涵盖历史和现代的文化财富、文化信息以及活动介体。

丹增（2007）将文化资源定义为含有文化意味的成果以及承载着一定文化意义的活动、物质、事件以及名人、名城等。

严荔（2013）从文化资源产业化的角度，将文化资源视为从事文化生产活动时所利用的、具有文化要素特征和内涵的各类资源。

林明华和杨永忠（2013）则从创意企业产品开发的角度，提出"文化资源"是具有文化内涵并能够为创意企业所利用的各种资源。

高书生（2022）认为，我国文化资源主要聚集在两个地方：一是公共文化机构，包括图书馆、美术馆、博物馆、纪念馆、文化馆以及档案馆等；二是文化生产部门，包括广播电台、电视台、电影制片厂、出版社以及唱片公司等。对这些文化资源进行系统性整理，并实现数字化、再碎片化、标签化，就可以形成"中华文化素材库"。

关于文化现实资源，一些艺术家提出：凡能表达当代文化水准与科技的、能够佐证这个时代的一个物证，都可以称其为"新文物"，即今天的东西也是文物。

综上所述，"文化资源"这一概念的定义因为研究角度和背景的不同而有所差异。但总体而言，相关研究都强调了文化资源的价值、意义和可利用性，突出了文化资源作为人类精神、物质成果和文化活动的载体的重要地位。

（二）文化资源的特征

相对于自然资源，文化资源具有以下显著特征。

1. 无形性

大多数文化资源以观念形态存在,如理念、精神等。尽管人们可以感知、认识和理解这些资源,可以通过语言表达它们,但人们很难明确描述它们的物理形态,如形状、大小或颜色。然而,人们能够真切地感受到文化资源的影响,并对不同的文化资源进行主观评价。

2. 传承性

每个民族的文化都是该民族历史的积淀,代表着该民族的独特性。这种特性是通过长期的文化创造逐渐形成的。文化的发展和创新都需要建立在尊重和吸收传统的基础之上,不能脱离历史和传统。否则,文化可能失去其根源和实质。

3. 稳定性

作为经过长期历史积淀所形成的观念形态,文化资源一旦形成便具有一定的稳定性。特别是民族文化的精髓部分,相当稳定。虽然人们可以丰富、发展甚至创新文化资源,但文化资源的核心价值往往保持不变。

4. 地域性

大部分文化资源存在于特定的地理区域范围内,这使得区域之外的人们可能无法知晓其存在。然而,随着人们交往频率的增加和活动范围的扩大,一些文化资源逐渐突破原有的地域限制,被更多人了解。

5. 共享性

尽管文化资源存在产权归属,但其产权拥有者并不一定对其独占独享。相反,任何文化资源一旦产生,便成为民族的,乃至全世界的共同资源和财富。在信息时代,文化的共享水平得到了极大的提高,例如,美国好莱坞利用中国的历史文化资源"花木兰"和自然文化资源"大熊猫"制作了动画大片并取得了巨大的商业成功。

(三)文化资源的分类和认同

1. 文化资源的分类

关于文化资源的分类,目前并没有统一的标准,以下介绍一些常见的分类标准。

(1)根据存在形式进行分类。

根据存在形式的不同,文化资源可分为有形文化资源和无形文化资源。有形文化资源是指那些看得见、摸得着的文化实体,如博物馆、图书馆、艺术品等;无形文化资源则是指那些无形的、抽象的文化要素,如语言、信仰、价值观等。

(2)从历史性的角度进行分类。

从历史性的角度,文化资源可分为文化历史资源和文化现实资源。文化历史资源是指那些已经形成并经过了长时间积淀的文化遗产,如古迹、历史文献等;文化现实资源则是指当前社会中存在的各种文化现象和文化活动。

(3) 从可持续发展的角度进行分类。

从可持续发展的角度,文化资源可分为可再生文化资源和不可再生文化资源。可再生文化资源是指那些可以在一定时间内自然生长、自我更新的文化资源,如某些民族的传统艺术;不可再生文化资源则是指那些一旦消失就无法再生的文化资源,如某些古老的建筑或传统工艺。

(4) 从物质性的角度进行分类。

从物质性的角度,文化资源可分为物质文化资源和精神文化资源。物质文化资源是指那些具有物质形态的文化资源,如艺术品、文物等;精神文化资源则是指那些无形的、抽象的文化要素,如语言、信仰、价值观等。

(5) 从统计学的角度进行分类。

从统计学的角度,文化资源可分为可度量的文化资源和不可度量的文化资源。可度量的文化资源是指可以用数量进行衡量的文化资源,如人口数量、文物数量等;不可度量的文化资源则是指无法用数量进行衡量的文化资源,如文化氛围、文化遗产价值等。

(6) 根据开发频率进行分类。

根据开发频率的不同,文化资源可分为充分开发的文化资源、一般开发的文化资源和开发不够的文化资源三种类型。充分开发的文化资源是指那些已经得到充分开发和利用的文化资源;一般开发的文化资源则是指那些有一定开发和利用程度,但仍有被进一步开发的潜力的文化资源;开发不够的文化资源则是指那些开发和利用程度较低甚至未被开发的文化资源。

(7) 根据成因、形态和作用进行分类。

根据成因、形态和作用的不同,文化资源可分为以下四类:其一是自然文化资源,指土地、矿物、水资源等;其二是传统文化资源,指历史、民风民俗、文物等;其三是智力文化资源,指人的智力、智慧和创造性等;其四是资本和信息文化资源,指文化设备、工艺、信息网络和技术应用等。

2. 文化资源认同

"认同"这一概念主要应用于心理学和社会学领域。在心理学领域中,认同被视为个体与他人或群体在感情和心理上趋于一致的过程,最早由弗洛伊德提出,是个人与他人建立情感联系的最早表现形式。《心理学辞典》(上海辞书出版社,2022年)中将"认同"描述为一种情感、态度和认识的移入过程。在社会学领域,认同被视为一种同化和内化的社会心理过程,是指将他人的价值、标准、期望和社会角色内化为个人的行为和自我概念。

文化资源认同是个体对文化资源的一种主观评价,受到多种因素的影响,主要体现为以下几个方面。

（1）个体的文化偏好。

由于个体在效用上的差异，每个人都有自己独特的文化偏好。这种偏好会影响个体对文化资源的评价，进而影响其对文化资源的认同度。

（2）个体的文化背景。

不同个体的文化背景之间存在差异，这种差异可能导致个体对文化资源的认同度有所不同。例如，在开放、自由的文化氛围中成长的个体，可能更倾向于以开放和包容的态度对待其他事物，这种态度会影响他们对文化资源的认同。

（3）文化资源的美誉度。

通常，文化资源的美誉度越高，个体对该文化资源的认同度也越高。特别是当某文化资源在特定亚文化群体中获得高度评价时，其他个体为了融入该群体，可能会提升对该文化资源的认同度。

（4）权威人士的评价。

权威人士的评价往往具有较深远的影响力，特别是当权威人士的声誉较高时，其评价的影响力更大。如果权威人士对某文化资源给予了高度评价，个体更倾向于认同该文化资源；反之亦然。

综上所述，文化资源认同受到个人的文化偏好、个人的文化背景、文化资源的美誉度和权威人士的评价等多方面因素的影响。这些因素相互作用，共同影响着个体对文化资源的认同度。

二、文化生产

文化生产是指社会中创造、传播和维持文化的过程和活动。它包括各种形式的艺术创作（如文学、音乐、绘画、雕塑等）、艺术表演（如戏剧、舞蹈、音乐会等）、电影制作、电视节目制作、游戏开发等。文化生产是人类创造力和想象力的表现，它反映了社会的价值观、信仰和历史记忆。通过文化生产，人们能够传达和分享自己的思想、情感、经验和观点。文化生产不只是个人的创造活动，还会受到社会、经济、政治和技术等多方面的因素的影响。此外，文化生产既可以是独立个体的努力，也可以是群体合作的结果。例如，一部电影作品的制作，通常需要编剧、导演、演员、摄影师、剪辑师等多个专业人员合作完成。文化生产是一个不断发展的过程，它受到全球化浪潮的影响，并随着新兴社会、新兴文化和新兴技术的出现而发生重大变化。网络传播技术及信息互联技术的快速发展使得网络文化得到发展、变化，促进了网络文化之间的融合，这也影响了文化生产，使其越来越密切地联系上繁复多样的新兴文化。

在狭义上，文化生产通常是指建立在认知基础上的以理性为核心的知识产品。在广义上，文化生产还包括更广泛的文化现象、产品和服务。在理解"文化生产"这一概念时，需要注意它的二重性。一方面，文化生产与其他产业生产一样，具有经济性质，有着一定的市场运作方式和产业管理规范,追求经济效益等;另一方面,文化生产也具有明显的物质性,它将人类的思想、意志和情感作为文化资源,通过生产文化产品、提供文化服务和创造社会财富来表现其物质性。

第二节 文化生产的性质和特征

一、文化生产的性质

(一)文化生产的产业性质

文化商品在由原创形态向商品化转变的过程中,经历了从个体手工操作到社会化生产的转变。随着新技术的不断涌现,文化商品所蕴含的文化价值得到了显著增值,使得现代文化生产不仅超越了传统意义,还具备了现代产业的特性。这种转变不仅体现了文化与科技的深度融合,还揭示了文化产业在现代社会中的重要地位和影响力。

在现代经济学中,"产业"这一概念主要指国民经济的各行各业,包含物质生产、流通等环节,涉及一般的服务行业以及文化、艺术、教育、科学等领域。这是一个介于微观经济组织与宏观经济组织之间的集合概念。早在1935年,英国经济学家、新西兰奥塔哥大学教授费希尔在其著作《安全与进步的冲突》(*The Clash of Progress and Security*)中,以社会生产发展阶段为依据,以资本流向为主要标准,对社会产业进行了三次划分。其中,文化、艺术等被列入"第三产业"[①]。英国经济学家科林·克拉克(Colin Clark)继承并发展了费希尔的研究成果,对三次产业的理论做了进一步的概括,明确而全面地区分了国民经济结构的三大部门,并以产品是否有形和生产过程与消费过程是否分离为标准,将知识产权(无形产品)和表演艺术(过程的不可分离性)划入第三产业。俄裔美国经济学家西蒙·史密斯·库兹涅茨(Simon Smith Kuznets)通过分析三大产业在国民总收入中所占份额的变动,对产业结构演变与经济增长的关联进行了系统研究。他将国民经济划分为A(广义农业)、I(广义工业)、S(广义服务业,包含除A、I外的多种经济活动)三大部类,并研究了这些部类在国民总收入中所占份额的变动与经济增长的关联。这种简便的划分方法在世界上得到了广泛应用。世界银行在统计分析中采用的便是AIS划分法,由美国、英国、法国、意大利、德国、澳大利亚、日本等24国组成的世界经济合作与发展组织采用的基本也是这种划分法。综上所述,现代经济学中的"产业"是一个广泛的集合概念,涵盖了国民经济中的各个领域。

---

① 第三产业一词的由来[J].财会通讯,1992(12).

美国经济学家弗里兹·马克卢普(Fritz Machlup)于1962年出版了著作《美国的知识生产与分配》(*The Production and Distribution of Knowledge in the United States*),其在书中提出了"知识产业"和"信息服务"的概念①。他指出,知识产业是指那些专注于知识生产、提供信息服务或制造信息产品的各类机构,涵盖企业、机构单位、组织部门或其内部的工作团队,有时还涵盖了个人及家庭。在马克卢普对知识产业的五大分类中,对于通信媒介内容的概括几乎涵盖了文化产业的大部分,如印刷、出版、录音、戏剧、音乐、电影、广播、电视等。他预测,到1988年,美国国民总收入中将有29%来自知识产业,而整个劳动者的收入将有32%来自信息生产和服务。马克卢普所提到的"知识产业"实际上就是我们现在所讨论的以精神生产和服务为主体的文化产业。虽然他的论述范围比我们现在所讨论的范围更广泛,但他的理论很快在工业发达国家得到了积极的响应。1973年,美国哈佛大学社会学教授丹尼尔·贝尔(Daniel Bell)出版了他的研究成果《后工业社会的来临:对社会预测的一项探索》(*The Coming of Post-Industrial Society: A Venture in Social Forecasting*)。贝尔在书中写道,工业社会是一个商品生产社会,而后工业社会是一个信息社会②。这个社会是以理论知识(关于生产和社会的价值的理论知识)为中心的社会,理论知识、智力技术作为制定决策的新型工具,在后工业社会中占有特别重要的地位。尽管贝尔在他的论述中并没有特别使用"文化产业"这一概念,但根据他对"知识产业"的应用及其涵盖的范围,从产业的角度,这两个概念大体上可以视为同一概念,都可以称为"文化产业"。另外,从现今国际上迅速发展的信息经济学研究来看,信息产业与文化产业表现出高度的重合。

1985年,我国国务院批转国家统计局的《关于建立第三产业统计的报告》,该报告将文化艺术业列入第三产业。从此,文化生产的产业性质在我国得到了确认。文化生产作为产业的另一种表现,是文化艺术与企业的结合和交融。在日本,许多企业都非常重视文化行为对企业发展的深度影响。他们经常举办各种展览会、音乐会,出版书籍、刊物,甚至成立专门的文化财团和文化研究所,资助文化活动。在产品不足的时代,产品只要性能好就能卖出去,而现在则要求产品具有文化价值。文化活动对于一个企业来说不再是可有可无的装饰品。企业通过文化活动树立自己的形象,密切与地方、与民众的情感,获取信息,提高职工的文化素质,增加职工的自豪感,这些又促进了企业自身的发展。文化活动已成为企业重要的活动内容之一,可以说,没有文化就没有企业。投资文化艺术的企业普遍认为,艺术能够改善公司的公众形象。艺术对地方社区的经济状况产生了巨大影响,举办艺术活动需要大量劳动力,因此需要就地购买大量的物品。此外,艺术活动可以吸引观众、旅游者等。企业认为,要使生产经营活动

---

① 梁捷.信息时代的财富之路——评《美国的知识生产与分配》[J].董事会,2008(1).
② 丹尼尔·贝尔.后工业社会的来临:对社会预测的一项探索[M].高铦,王宏周,魏章玲,等,译.北京:新华出版社,1997.

繁荣兴旺,创造性是十分重要的,而举办艺术活动正是为了刺激创造性。作为对企业投资的回报,文化可以为企业创造一个更理想的发展环境,改善社会氛围,帮助恢复和重新发展已经衰败的闹市区,展示企业的新成就,为企业提供了一件有力的营销工具,提高了企业的声望。由于对文化的投资能给企业带来许多无形的回报,目前,在世界上的许多地方,对艺术节目的赞助成了企业迅速发展的途径之一。一些跨国公司对国际性项目的兴趣越来越浓,每一个项目经常涉及几个国家。虽然商业与创造性的艺术相互发生作用的途径有很多,但是,对专门的文化艺术项目进行直接赞助依然被认为是对双方最有利的办法。"艺术的繁荣也会带来商业的繁荣",应该让文化艺术成为经济发展的"助跳板",这可以说是从实践的意义上对文化生产的产业性质的最好的阐释和定位。总的来说,文化生产的产业性质已经得到了广泛的认可和重视。无论是从经济的角度还是从社会发展的角度来看,文化产业都已经成为现代社会的重要组成部分。随着人们对文化艺术的认知的加深,以及对文化艺术的重视程度的提高,文化产业的发展前景将更加广阔和美好。

(二)文化生产的生产劳动性质

现代文化生产的社会生产力化,以及它在过程中以知识的无形投入给现代经济带来的巨大的附加值,不仅使其迅速发展成为一个丰富的产业系统,而且在实践中确证了它的生产劳动性质。对于文化生产是生产性生产还是非生产性生产的问题,长期以来一直存在争论。这个问题的解决对于现代文化生产的性质、目的、过程、方式和消费形态有重大影响,也涉及现代文化生产是否为独立的生产形态,是否创造价值,有无自身特殊的运动规律等一系列基本理论问题。这些问题直接关系到文化经济理论的研究和文化经济学这门学科的建设。在古典政治经济学中,生产劳动和非生产劳动是作为"财富是怎样形成并不断积累的"这一问题的基本范畴提出的[①]。亚当·斯密(Adam Smith)指出,有些劳动可以增加对象的价值,而有些则不能。能增加对象的价值的劳动称为"生产劳动",不能增加对象的价值的劳动称为"非生产劳动"。例如,制造业工人在进行劳动时,不仅将自己的劳动力成本转移到了所加工的原材料或半成品上,而且还通过其劳动创造了额外的价值,这部分额外的价值最终成为雇主的利润。相反,古代家仆的劳动不能使价值有任何增加。马克思评论说,这里是从资本主义生产的观点给生产劳动下定义的。亚当·斯密触及了问题的本质,抓住了要领,他将生产劳动定义为直接与资本进行交换的劳动。

具体来讲,文化生产的生产劳动性质主要表现在以下几个方面。

1. 创造性

文化生产与其他物质生产的根本不同在于其创造性。这种创造性主要表现为对

---

① 赵伟. 裕民富国而非富国裕民——重读斯密《国富论》[J]. 治理研究,2020(4).

原始材料进行加工、改造和整合,使之成为具有独特价值和风格的文化产品。这个过程需要充分发挥创造者的想象力、灵感和技能,是一种高度个体化的创造性劳动。

2. 情感性

文化生产不仅创造物质形态的产品,更重要的是,其还创造精神形态的产品。这些产品往往承载着创作者的情感、体验和价值观,具有强烈的情感色彩。这种情感性使得文化产品能够打动人心,引发共鸣,具有极高的审美价值和情感价值。

3. 社会性

文化生产是在社会中进行的活动,它依赖于社会的诸多因素,如文化传统、市场需求、观众审美趣味等。同时,文化产品也是社会交流和互动的重要媒介,人们可以利用文化产品交流思想、传递信息、表达情感,从而形成更加紧密的社会联系。

4. 符号性

文化生产的核心是对符号的处理和创造。符号是信息的载体,通过特定的符号系统,创作者能够表达自己的思想、情感和意图。在文化生产中,对这些符号的运用和理解需要创作者具备丰富的文化知识和艺术修养。

5. 持续性

文化生产不是一个孤立的、静态的过程,而是一个动态的、持续的过程。随着社会的发展和技术的进步,文化生产的方式和手段也在不断演变。同时,文化产品也需要不断更新、调整和改进,以适应市场需求和消费者喜好的变化。

综上,文化生产的生产劳动性质表现为创造性、情感性、社会性、符号性和持续性等。这些特点使得文化生产成为一种独特的社会劳动形式,对于推动社会文明进步和满足人们的精神文化需求具有重要意义。

二、文化生产的特征

现代文化生产的发展与其他生产的发展相比,确实呈现出许多新的特征。这些新特征不仅使得现代文化生产与其他生产有所区别,也使现代文化生产与传统文化生产有所区别。研究这些特征对于深入理解文化生产的本质、推动文化产业的发展、思考文化发展战略,以及完善文化市场都具有极其重要的意义。

(一)现代文化生产更加注重创新和创造力

与传统文化生产相比,现代文化生产不再仅仅是对现有产品的简单复制或模仿,而是更加注重创新和个性化的表达①。这要求文化生产者具备高度的创造力和想象

---

① 何旻.现代激进文化的媒介生产——论20世纪30年代中国左翼文学运动与新书业的合离[J].文艺理论与批评,2023(5).

力,以满足消费者对于新颖、独特和有深度的文化产品的需求。文化生产是一种具有高度创造性和探索性的生产方式,其目的不是为了满足社会日益增长的物质需要或人们的生存需求,而是为了满足人们的精神需求和发展需求。无论是物质生产还是非物质生产,现代文化生产的目标都是通过其成果满足人们在发展过程中所提出的各种文化消费需求。这些需求涵盖了休闲时的审美娱乐需求以及对人生和宇宙的深入思考需求。为了满足这些需求,文化生产者需要充分发挥其创新思维和想象力[1],在已有探索、创造和发现的基础上,对一系列问题做出自己的回答。这有助于将人类对这些问题的探索和研究推向更广阔的空间领域,并促进文明的传承和积累。特别是对于人类发展和社会发展中的一些根本性文化命题的提出和解答,它们对于新作品的创作、新学科的开拓都起到了突破性的带动作用。从这个角度来看,现代文化生产,无论其形式如何,其在本质上都是一种创造性和探索性劳动。

（二）现代文化生产具有高度的技术含量

随着科技的进步,现代文化生产已经与数字技术、网络技术和人工智能等高科技紧密结合。这不仅改变了文化产品的形态和传播方式,也使得文化生产更加高效和便捷[2]。现代文化生产本质上属于知识的转移和智力的开发,表现为较高水平的智力运动。无论是艺术表演、唱片生产,还是影视制作、图书出版,现代文化和现代文化生产都离不开知识、技术和智能的综合效应。这种综合性的程度越高,文化的社会有效性就越明显。许多文化产品需要不同行业、不同学科的劳动者利用各自的劳动技能、工具、设备和文化材料,通过跨学科、跨领域的协作联系,实现有效的发明和创造。在现代社会,科学技术的发展呈现出越来越专业化的趋势,各个科学技术门类不断细化,形成了众多分支学科和专业领域。与此同时,现代文化生产中的各学科与部门之间的综合性联系却变得越来越紧密。随着现代科学技术不断渗透文化和艺术的生产过程和生产手段,文化产品的文化与科技界限正在日益淡化。不少文化产品,如音像制品,既是文化产品,又是现代高科技的产物。边缘学科和新兴学科不断形成,多学科交叉、相互渗透的状况不断涌现,使得文化的生产和传播日益综合化。

（三）现代文化生产具有高度的跨文化性及文化知识的再生产性

随着全球化的加速,不同文化背景下的消费者对于文化产品的需求日益多样化。这要求文化生产者具备跨文化交流的能力,能够理解和适应不同市场的需求和文化差异。然而,现代文化生产是一个人们发明、创造和转化各种文化和知识的运动过程。

---

[1] 崔栋.原生与再造：手工艺现代生产的文化密码与多维活化[J].吉首大学学报（社会科学版）,2017（S2）.

[2] 高嘉琪,解学芳."智能＋"时代健全现代文化产业体系研究[J].中国特色社会主义研究,2021（3）.

它通过文化和知识流的运动和反馈,使社会原有的文化和知识结构处于不断积累和创造的运动中①。特别是社会文化人格的整体塑造和文化决策,是通过智力劳动,对原有的文化和知识进行综合加工,运用现代生产手段产生巨大智慧效益的过程。作为一种特殊的生产行为,文化生产也会创造价值,它所从事的是对知识和文化的扩大再生产。与一般的物质再生产相比,现代文化生产的投入和产出主要是人类的智力和精神的成果。对知识和文化的扩大再生产使整个社会接受和消费文化的能力不断增强,文化的传播范围更加广泛,使人的智力不断提高。一般劳动力的再生产时间与社会生产力的发展水平成正比,与劳动时间成反比;而文化劳动力的再生产时间与知识接受能力成反比,与文化生产劳动时间成正比,即从事文化加工、处理和反馈的劳动时间越多,文化生产力越强。在某种程度上,文化生产力可以超越社会生产力的一般发展水平。这就是艺术生产与物质生产的一般发展的不平衡规律。因此,在一定时期内,文化和知识的扩大再生产的规模,不仅一般地反映了一定社会的生产力的发展水平(文化生产力是构成现代社会生产力的重要因素),而且特别地反映出一定社会所达到的文明程度。现代文化生产之所以区别于传统文化生产,就在于它的整个生产都是文化和知识的扩大再生产,而不是传统意义上的简单的再生产②。特别是在新技术革命的冲击下,文化生产力中的文化劳动力再生产已经快速而有效地成为内涵型扩大再生产(体现为劳动质量的提高)。现代社会的日新月异,也使得文化生产者的智力不断提升,文化生产手段不断现代化,接受知识和文化的容量不断扩大。这种再生产过程的规模和速度已经超过了一般劳动力再生产过程。

(四)现代文化生产的市场化程度更高,生产结果具有特殊性

与传统文化生产相比,现代文化生产更加依赖于市场和消费者的选择③。这要求文化生产者具备进行市场分析和制定营销策略的能力,能够根据市场需求进行产品策划和推广④。在文化生产中,即使生产纯粹是为了交换,其结果也可能有两种情况。第一种情况,生产的结果是商品,是使用价值,它们具有离开生产者和消费者而独立存在的形式。这些商品可以在生产和消费之间存在一段时间,并作为可以出售的商品流通。例如,书籍、画作以及所有可以脱离艺术家的艺术活动而单独存在的艺术品。第二种情况,产品与生产行为无法分离。以歌唱家为例,歌唱家为消费者提供服务,满足了消费者的审美需求。然而,消费者所享受的是与歌唱家本身无法分开的活动。一旦

---

① 孟凯. 现代文化引领的哲学解读[J]. 新疆师范大学学报(哲学社会科学版), 2013(3).
② 王济远. 马克思理论视域下文化产业发展路径研究[J]. 云南社会科学, 2013(5).
③ 张庆熊. 吐故纳新,建立开放包容的现代中华文化[J]. 人民论坛, 2017(17).
④ 张巍, 胡鞍钢, 叶子鹏. 发展社会主义文化生产力:新中国70年总结与展望[J]. 财经问题研究, 2021(1).

歌唱家的劳动（歌唱）停止，消费者的享受也就结束。尽管现代科学技术的发展已经使现代文化生产可以采用录像和录音复制的方式，将艺术家所提供的服务与艺术家本身分离开来，但是，人们仍然愿意现场聆听著名歌唱家的歌声、目睹著名舞者的优美舞姿，因为现代文化消费是对传统文化消费的一种延展，文化消费者的文化参与和审美投入仍然是文化消费者获得最佳文化消费体验的重要途径。在这个过程中，文化消费者所获得的是录像或录音等先进的音像制品所无法带来的满足感。正如美国戏剧教育家奥斯卡·G.布罗凯特所说，戏剧冲动是人类的天性，无法根除。戏剧不一定永远受欢迎，戏剧所提供的娱乐有时会被其他活动所取代。然而，戏剧将以各种形式出现，并永远是人类社会的一部分。因此，无论是作为生产方式还是交换方式，文化生产的过程和结果同时并存，展现出其独特的品质。这种品质既体现在生产行为上，也体现在其结果中。

（五）现代文化生产更加注重版权保护和文化多样性

随着知识产权保护意识的增强，现代文化生产者更加注重保护自己的创意成果①。同时，消费者对于多元化文化产品的需求增加，这也要求文化生产更加注重多样性和包容性。

因此，现代文化生产具有创新性、较高的技术含量、全球化、市场化、注重版权保护和文化多样性等新特征。这些特征为我们进一步理解文化生产的本质提供了新的视角，同时也为文化产业的发展和文化战略的制定提供了重要的参考。

第三节　文化产品价值

一、文化产品价值构成

（一）创造性劳动时间

文化产品的价值由生产文化产品的社会必要劳动时间及创造性劳动所形成的知识产权所决定。创造性劳动时间是指生产文化产品所投入的独特的、创新性的劳动时间，这部分时间会随着产品独特性、创新性的提高而增加。

---

① 卓仲阳，杨正文.知识产权在我国民族民间文化立法保护中的作用[J].西南民族大学学报（人文社科版），2005（11）.

（二）载体价值

文化产品通常需要依托一定的物质载体，如书籍、艺术品、音像制品等，这些载体的价值也是文化产品价值的一部分。

（三）审美价值

文化产品的审美价值是指文化产品能够满足人们审美需求的程度，这种价值往往取决于文化产品的外观、形式、风格等方面的特点。

（四）文化内涵、创意、知识产权

文化内涵、创意和知识产权是文化产品的核心价值，这些价值不会随着交易的完成而实现产权的完全转让。

（五）社会价值

文化产品的社会价值是指文化产品在社会中所产生的积极影响和作用，如教育意义、历史价值等。

（六）显性价值和隐性价值

文化产品的价值具有显性和隐性之分，显性价值是指已经显示出来的并被公众认识的物质价值和精神价值，而隐性价值是指还没有显示出来的或不被人们认识的或被人们认识不全的价值。

（七）使用价值

文化产品的使用价值是指文化产品能满足人们某方面文化需要的属性①，由文化产品的社会价值、审美价值、时间沉淀价值等所决定，而且依据文化产品的具体分类，如文化服务产品和精神产品，其价值的构成也各不相同。

二、文化产品价值属性

（一）精神性

文化产品承载着社会诉求、审美判断等精神内容，具有教育人民、引导社会的重要功能。这种精神性属性可以满足人们文化精神的需要，是文化产品独特的价值内核。

---

① 丛挺，冯思淇，李想，等. 数据驱动下文化产品产权价值链重构研究[J]. 图书情报知识，2023（6）.

（二）意识形态性

文化产品在存在与发生作用的方式上，既具有商品属性，又具有意识形态属性。作为商品，文化产品具有一般商品所具有的价值和使用价值；而作为意识形态，文化产品承载着特定的文化观念和价值取向，通过影响人们的思想观念来发挥其社会功能。

（三）创意性

文化产品价值的核心在于其所包含的无形资本，即创意。文化产品价值的创意性主要体现在文化产品的生产过程中，包括构思、设计、制作等环节。与一般产品不同的是，决定文化创意产品价值的主要因素是其所包含的无形资本，有形的物质成本在文化创意产品价值中的比重非常小。

（四）价值延伸性

文化产品的价值不仅体现在其本身，还体现在其引发的文化消费和文化参与上。通过文化消费和文化参与，消费者可以进一步感知文化产品的文化内涵和价值，从而获得更深层次的文化满足。

（五）真实性

对于一些特定的文化产品，如艺术品、文物等，其价值的体现往往与其真实性密切相关。一旦失去真实性，这些文化产品的价值可能会大大降低。因此，在文化产品的生产和流通过程中，保护文化产品的真实性是至关重要的。

总体来讲，文化产品的价值属性是多维度的，既包括物质层面的价值，也包括精神层面的价值；既具有商品属性，又具有意识形态属性；既体现在产品本身，又延伸至与之相关的消费和文化参与过程。这些价值属性共同构成了文化产品的丰富内涵和独特魅力。

三、价值规律在文化生产中的应用

现代文化生产是一种特殊的人类劳动行为，它以脑力劳动为支柱，以创造性生产为核心，以现代科学技术为手段，以高科技产品为物质外壳①。这种生产方式兼具精神和物质的双重性，既受制于商品生产和商品交换的基本经济规律（价值规律），又深受文化艺术作为精神行为的固有规律的深刻影响。价值规律是商品生产和商品交换的基本规律，规定商品的价值由生产该商品的社会必要劳动时间所决定，并要求商品交换遵循等价交换的原则。然而，在文化艺术领域，这一规律往往受到挑战。例如，一部

---

① 雷杨，金栋昌，刘吉发. "文化—技术"关系视角下现代文化产业高质量发展对策研究[J]. 理论导刊，2020（3）.

优秀的作品与一部低劣的作品,尽管印刷中的劳动消耗相同,但在文化原创期所消耗的脑力劳动却有着天壤之别,其文化价值也不同。这种现象在现代文化生产中普遍存在,导致了文化艺术产品的价值与市场价格的不一致,形成了价格低于价值、价值与使用价值相矛盾、审美价值和文化价值与"票房价值"相矛盾的局面。为了解决这一难题,许多国家采取了政府适当投资和社会赞助等对策,从市场以外的渠道寻求补偿。这种补偿过程和补偿量的确定是价值规律调节的结果,可以看作价值规律在现代文化生产运动过程中的变异。这种变异使得价值规律的作用力得到恢复,从而能够更好地调节文化生产。

总之,现代文化生产作为一种特殊的人类劳动行为,既受到经济规律的制约,又受到文化艺术作为精神行为的固有规律的深刻影响。政府和社会各界的积极参与对于解决文化生产中存在的问题具有重要意义。在现代文化生产中,我们需要更好地发挥价值规律的作用,促进文化艺术的繁荣发展。

第四节 文化生产理论

文化生产理论主要围绕文化生产要素(是否可变)、文化生产函数以及文化生产方式等方面展开讨论。

一、文化生产要素

任何一种生产都需要投入各种不同的生产要素,这些生产要素在生产过程中起着至关重要的作用。

根据西方经济学的传统观点,生产要素通常包括劳动、土地和资本。劳动是指劳动者在生产过程中所提供的服务,包括体力劳动与脑力劳动;土地是一个广义的概念,包括土地以及地上的各种自然资源,为生产提供场所、原料和动力;资本则是指资本品或投资品,即生产过程中使用的各种生产设备。后来,英国经济学家阿尔弗雷德·马歇尔(Alfred Marshall)在其相关著作中加入了"企业家才能"这一要素,从而将传统的三要素发展为四要素。企业家才能指企业家经营企业的组织能力、管理能力和创新能力,它与劳动、土地和资本三要素不是互相替代的关系,而是互相补充的关系。

根据生产要素在生产过程中的数量变化特点,可以将生产要素分为固定生产要素和可变生产要素。固定生产要素是指在一定时期内数量难以增加或减少(相对固定)的生产要素,如厂房、设备等,其投入数量不随产量的变动而变动。可变生产要素则是指在一定时期内数量容易变化的生产要素,如劳动量、原材料等,其投入数量随产量的变动而变动。

现代西方经济学的生产要素主要适用于制造业企业。然而,文化企业的生产要素投入具有其特殊性①。根据文化企业的生产特点,其生产要素主要包括资本、技术和劳动。

资本在文化企业中不仅包括一般意义上的资本物品,还特别强调文化资本这一特殊的投入资本②。文化资本是一种资本化的文化资源,是文化企业研发新文化产品的核心资源,它在文化企业的生产过程中发挥着至关重要的作用,是文化企业成功的关键因素之一。

技术是文化企业生产过程中的重要支撑手段。随着科技的不断进步,文化与技术的融合度越来越高,通过不同类型的技术,文化企业可以生产出丰富多样的产品,满足不同消费者的消费需求。同时,技术进步也提高了文化企业的生产效率,推动了文化产业的发展。

劳动在文化企业中由三类劳动者的劳动有机组成。在文化企业中,三类劳动者通常指的是脑力劳动者、体力劳动者和心力劳动者。具体来讲,脑力劳动者主要依赖智力、知识和专业技能进行工作,包括策划人员、编剧、设计师、数据分析师等,他们利用创意和专业知识等来推动企业的发展。体力劳动者主要依赖体力和操作技能进行工作,在文化企业中,这类劳动者包括舞台搭建工人、仓库管理人员、设备维护人员等,他们通过体力劳动来支持企业的运营。心力劳动者主要依赖情感、创意和灵感进行工作,在文化企业中,这类劳动者包括艺术家、作家、音乐家等,他们通过内心的感知和表达来创作出具有审美价值、能够引发情感共鸣的作品。

一般劳动者主要包括文化产品价值创造过程中的辅助人员,如人事部、财务部等部门的工作人员。创意阶层是文化企业最核心的劳动者,负责创造文化创意或者成为文化产品的生产者,如艺术家。此外,一般消费者也可能是文化企业的创意人员。文化企业家则是管理文化企业的高级人才,他们不仅具备企业家的精明头脑,同时也拥有艺术家的梦想。从文化企业生产要素组合来看,一个显著的特点是"轻资本"而"重人才"。相对于制造业企业,文化企业的资产结构中固定资产比重偏低,而人才是其核心竞争力。创意人员的数量和质量在很大程度上决定了文化企业的发展。

综合来看,资本、技术和劳动是文化企业生产要素中的核心要素。合理配置这些要素,可以推动文化产业的发展,满足消费者日益增长的文化需求。同时,政府和社会各界的支持和投入也是文化产业发展不可或缺的外部条件。此外,在现代文化生产中,文化创意、技术设备、营销推广等生产要素同样起着重要的作用。合理配置这些生产要素,可以有效地提高文化生产的效率和质量,推动文化产业的发展。政府和社会各界的支持和投入是文化生产中重要的外部条件,对于解决文化生产中存在的问题和

---

① 塞夫.我国文化产业要素市场与消费市场发展研究综述[J].商业经济研究,2022(20).
② 邹照菊,廖洪.企业文化资本化及其计量方法的探讨[J].经济管理,2007(18).

促进文化产业的繁荣发展具有重要意义。

二、文化生产函数

（一）文化生产函数的概念

文化生产函数是指在一定的技术条件下，文化生产要素的某一种组合与它可能的最大产量之间的依存关系，即投入与产出之间的函数关系[①]。假如用Q表示某种产品最大产量，用$(X_1,X_2,\cdots,X_n)$表示各种文化生产要素的投入量，则文化生产函数的方程式可以表示为

$$Q = F(X_1, X_2, \cdots, X_n)$$

上式的经济含义是指：在既定的技术水平条件下，在某一时间内为生产出数量Q的某文化产品，需要相应投入的文化生产要素的数量及其组合的比例；如果投入量$(X_1,X_2,\cdots,X_n)$已知，那么就可以得出Q的最大数量；或者，如果Q已知，那么也就可以知道所需要的最低的投入量$(X_1,X_2,\cdots,X_n)$。在一般情况下，从文化生产要素的组合比例中能够看出一个企业或整个社会的生产情况。由于文化生产函数是以一定的技术条件为前提的，因此在每一种既定的技术条件下，都存在着一个文化生产函数，一旦技术水平有了改变，就会形成新的文化生产函数。基于这个新的文化生产函数，很可能发生同样的投入量对应着更大的产量的情况，如将新的科学技术运用于生产，那么对应于既定数量的各个文化生产要素的产量可能会变多。但也有可能发生同样的投入量对应着较少的产量的情况。理论上，为简化生产函数，经济学通常假定投入的生产要素只有两种：劳动(L)和资本(K)，则可以将生产函数表示为

$$Q = F(L, K)$$

关于文化生产函数的概念，应注意以下几点。

（1）文化生产函数从某个特定时期考察投入与产出之间的关系，如果时期不同，文化生产函数可能发生变化。

（2）文化生产函数取决于技术水平，在每一种既定的技术条件下，都存在着一个文化生产函数。

（3）要生产出一定数量的文化产品，文化生产要素投入量的比例通常是可以变动的。例如，资本与劳动的比例在一定范围内变化以后，仍然能够生产出同样数量的文化产品。

（4）文化生产函数所表示的产量是最大的。

[①] 陈宪，韩太祥.文化要素与经济增长[J].经济理论与经济管理，2008（9）.

(二)文化生产函数的类型

生产不同的产品时,各种生产要素的比例是不同的,为生产一定量某种产品所需要的各种生产要素的配合比例称为"技术系数"(Technological Coefficient)。如果生产某种产品所需要的各种生产要素的配合比例是不能改变的,那么这个配合比例就是固定技术系数,相应的生产函数称为"固定技术系数生产函数"。如果生产某种产品所需要的各种生产要素的配合比例是可以改变的,那么这个配合比例就是可变技术系数,相应的生产函数称为"可变技术系数生产函数"。在固定技术系数生产函数中,各种生产要素彼此之间不能替代;在可变技术系数生产函数中,各种生产要素则可以互相替代,如果多用某种生产要素,就可以少用另一种生产要素。

1. 固定技术系数生产函数

任何生产过程中的各种生产要素投入量之间都存在一定的比例关系。在每一个产量水平上,任何一对生产要素的投入量之间的比例都是固定的,这样的生产函数被称为"固定技术系数生产函数"。假定生产过程中只使用劳动和资本两种要素,则固定技术系数生产函数的通常形式为

$$Q = \min(L/U, K/V)$$

上式中,Q表示一种产品的产量,L和K分别表示劳动和资本的投入量,U和V分别为固定的劳动和资本的生产技术系数,它们分别表示生产一单位产品所需要的固定的劳动投入量和资本投入量。上式表示:产量Q取决于L/U和K/V这两个比值中较小的那一个,即使其中的一个比例数值较大,也不会提高产量Q。这是因为,在这里,产量Q被假定为必须符合L与K之间的固定比例,当一种生产要素的数量不能变动时,另一种生产要素的数量再多,也不能增加产量。需要指出的是,在该生产函数中,通常假定生产要素投入量L、K都满足最小的要素投入组合的要求,所以有

$$Q = L/U = K/V$$

进一步分析,可以有

$$K/L = V/U$$

式子$K/L = V/U$清楚地体现了该生产函数的固定技术系数的性质,在这里,它等于两种要素的固定的生产技术系数之比。对于一个固定技术系数生产函数而言,当产量发生变化时,各要素的投入量以相同的比例发生变化,所以,各要素的投入量之间的比例维持不变。关于固定技术系数生产函数的这一性质,可以用图2-1来加以说明。在图2-1中,横轴和纵轴分别表示劳动和资本的投入数量,分别以A_1、A_2和A_3为顶点的三条含有直角

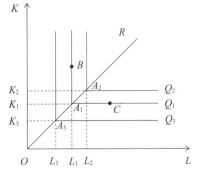

图2-1 固定技术系数生产函数

的实线,依次表示生产既定的产量 Q_1、Q_2 和 Q_3 的各种要素组合。以生产 Q_1 的产量来说,A_1 点的要素组合(L_1,K_1)是获得产量 Q_1 的最小的要素投入量组合。以 A_1 点为顶点的两条直角边上的任何一点(不包括 A_1 点),都不是获得产量 Q_1 的最小的要素投入量组合,例如,B 点表示资本投入量过多,C 点表示劳动投入量过多。当产量由 Q_1 增加为 Q_2,或由 Q_1 减少为 Q_3 时,最小要素投入组合相应地会由 A_1 点移至 A_2 点,或由 A_1 点移至 A_3 点。此时,两要素投入量以相同的比例增减,两要素投入比例保持不变,即 $K_1/L_1 = K_2/L_2 = K_3/L_3 = V/U$。因此,从原点 O 出发经过 A_3 点、A_1 点和 A_2 点的射线 OR 表示了这一固定比例生产函数的所有产量水平的最小要素投入量的组合。

2. 可变技术系数生产函数

在可变技术系数生产函数中,某一要素的投入量发生变化,必然引起产量的变化。根据投入量和产量的不同变化速率,可将可变技术系数生产函数划分为三种类型:其一是固定生产率的生产函数,即当某一生产要素按同一单位不断增加时,产量增加的幅度不变。其二是生产率递增的生产函数,即当某一生产要素按同一单位不断增加时,产量增加的幅度越来越大。其三是生产率递减的生产函数,即当某一生产要素按同一单位不断增加时,产量增加的幅度越来越小。

如果以社会总体为观察对象,还可以得出用社会生产的投入产出总量来表示的生产函数,它是关于一个国家或地区在某一特定历史时期的生产函数。20 世纪 30 年代初,美国经济学家查尔斯·威金斯·柯布(Charles Wiggins Cobb)和保罗·霍华德·道格拉斯(Paul Howard Douglas)根据历史统计资料,研究 1899—1922 年美国的资本和劳动这两种生产要素的投入量对产量的影响,得出这一时期美国的生产函数,这就是柯布—道格拉斯生产函数[①]。该函数的公式为

$$Q = aL^{\alpha}K^{1-\alpha}$$

其中,Q 表示总产量,L 表示劳动投入量,K 表示资本投入量,a 和 α($0<\alpha<1$)是常数。上式表明:在总产量中,工资的相对份额是 α。资本收益的相对份额是 $1-\alpha$。根据 20 世纪以来的美国统计资料可以计算出,$\alpha = 3/4$,$1-\alpha = 1/4$,这说明每增加百分之一的劳动所引起的产量增长,是每增加百分之一的资本所引起的产量增长的三倍。这一结论与美国工人收入与资本收益之比(3∶1)大体相符。

在文化企业的生产过程中,投入的要素 L(一般劳动者的劳动)和 K(资本)之间确实存在替代性,这一点与一般企业相似。具体来说,企业家可以通过投入资本来引入先进的生产线,从而替代一部分常规的劳动者劳动。这种替代关系在一定范围内是可行的,有助于提高企业的生产效率和降低成本。然而,文化企业中的创意人员的劳动与资本之间的关系的情况则有所不同。在某些情况下,创意人员的劳动与资本之间不

---

① 陈宪,韩太祥. 文化要素与经济增长[J]. 经济理论与经济管理,2008(9).

存在直接的替代关系。例如,在生产手工艺品的文化企业中,试图通过购买现代化生产设备来完全替代手工艺人的编织工作是不可行的。因为这种方式虽然可以降低成本,但却可能导致产品的本质和独特性发生变化,使产品失去其独特的手工艺价值和文化内涵。

总的来说,文化企业在劳动与资本的投入生产要素方面存在一定的替代性,但这种替代性在创意人员的劳动中表现得较为有限。这是因为文化产品的独特性和文化价值往往来自创意人员的劳动和创造力,而这些特质难以通过简单的资本投入来完全替代。因此,在文化企业的生产过程中,需要充分考虑劳动与资本之间的这种特殊关系,以保持产品的文化价值和独特性。

三、长短期文化生产理论

经济学根据在一定时期内生产要素是否可随产量变化而全部调整,划分出了短期(Short-Run)和长期(Long-Run)。

短期指在这个时期厂商不能根据它所要达到的产量来调整其全部生产要素。具体来说,在短期内厂商只能调整原材料、燃料及工人的数量,而不能调整固定设备、厂房和管理人员的数量。也就是说,在短期内,厂商不能根据市场状况调整生产规模,而只能改变部分生产要素的投入量。在这种情况下,如果市场繁荣,厂商就多投入劳动、原材料等,从而使产量增加;如果市场萧条,厂商就减少劳动、原材料的投入量,使产量减少。在产量的这些变动中,生产规模并没有改变,因此短期生产理论展现了既定生产规模条件下的产量决策。

长期指在这个时期内厂商可以根据其所要达的产量来调整其全部生产要素,也就是说,在长期的情况下,厂商的生产规模是可以调整的,厂商可以根据市场状况调整所有生产要素的投入量。

这里需要强调的是,西方经济学中所说的"长期"与"短期"并不能仅以时间的长短来判断,对于不同的行业、不同的厂商而言,长期与短期的时间长短是不一样的。例如,变动一个大型电影制片厂的规模可能需要五年的时间,而变动一个豆腐作坊的规模可能仅需要几天时间。

(一) 短期文化生产理论

短期文化生产理论假定只有一种文化生产要素的投入是变动的,其他文化生产要素的投入是固定的。在短期内,一种文化生产要素投入变动、其他文化生产要素投入固定的情况,在农业中最为典型。假定我们所讨论的生产函数的形式为 $Q = F(L, K)$,其中 K 表示固定的资本投入。我们借助这样一种变动投入的生产函数来讨论产出变化与投入变化之间的关系。

1. 边际收益递减规律

经济学家认为,短期生产函数一般都遵循边际收益递减规律。边际收益递减规律(The Law of Diminishing Marginal Revenue),简称"收益递减规律",又称"边际报酬递减规律",是指在技术水平和其他生产要素的投入固定不变的条件下,连续地投入某一种生产要素至一定数量之后,总产量的增量即边际产量将会出现递减现象[①]。

边际收益递减规律成立的依据:在任何产品的生产过程中,可变生产要素与固定生产要素之间都存在着数量上的最佳配合比例。当固定生产要素投入不变,可变生产要素的连续投入量达到一定量之前,与可变生产要素的数量相比,固定生产要素的数量显得过多,这一方面会限制固定生产要素效率的充分发挥(部分厂房、机械设备闲置),另一方面,相对不足的劳动力无法在生产中实行有效的分工协作,这使可变生产要素的效率不能得到充分发挥。所以,初始阶段,随着可变生产要素投入量的不断增加,过多的固定生产要素与逐渐增多的可变生产要素相配合,各生产要素的使用效率不断提高,可变生产要素的边际产量不断增加。但是,当可变生产要素的投入量达到足以使既定的固定生产要素得到最充分的利用后,再持续增加可变生产要素的投入量,必然会出现固定生产要素相对不足、可变生产要素相对过多的情况,越来越多的可变生产要素与相对越来越少的固定生产要素相配合,必然使生产要素的使用效率下降,可变生产要素的边际产量将不断减少。

在理解边际收益递减规律时,要注意以下几点。

(1)边际收益递减规律只存在于可变技术系数生产函数中。对于固定技术系数生产函数而言,各种生产要素之间不可相互替代,其组合的比例是不可改变的,因此,当改变其中一种生产要素的投入量时,边际产量突变为零,不存在依次递减的趋势。

(2)边际收益递减规律是以假定技术条件不变为前提的。如果技术条件进步,边际收益可能增加,但相对于新的技术条件而言,边际收益仍然是递减的。

(3)边际收益递减规律是以假定其他生产要素投入量不变(生产规模不变)为前提的。如果生产规模发生变动,边际收益也会发生变动。但是相对于新的生产规模而言,增加可变生产要素的边际收益仍然是递减的。

(4)所增加的生产要素是同质的,不存在技术性与非技术性生产要素的区别。如果增加的第二个单位的生产要素比第一个单位的更为有效,则边际收益不一定递减。

(5)以可变生产要素投入量超过一定界限为前提。在此之前,因固定生产要素相对过多,增加可变生产要素投入量还会出现边际收益递增的现象。

---

① 张金麟.边际收益递减规律与企业人员的优化配置[J].云南民族大学学报(哲学社会科学版),2006(1).

2. 总产量、平均产量与边际产量

经济学家根据边际收益递减规律来分析某一种文化生产要素的合理投入问题。为了说明产量的变动情况,我们将产量分为总产量、平均产量与边际产量。

总产量(Total Product,TP),指生产要素既定的情况下的全部产量,定义公式为 $TP_L = F(L,K)$。

平均产量(Average Product,AP),指平均每单位生产要素投入的产量,定义公式为 $AP_L = TP_L(L,K)/L$。

边际产量(Marginal Product,MP),指每增加一单位某种生产要素所增加的总产量,即所增加的最后一单位某种生产要素所带来的产量的增量,定义公式为 $MP_L = \Delta TP_L(L,K)/\Delta L$。

假定生产某种文化产品时所用的生产要素是资本与劳动,其中资本是固定的,劳动是可变的,则总产量、平均产量与边际产量的变动规律如图2-2所示。

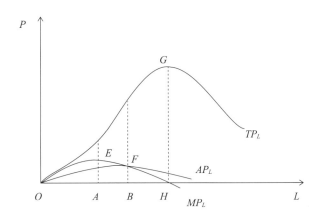

图 2-2 总产量、平均产量和边际产量曲线

在图2-2中,横轴代表劳动量,纵轴代表产量,TP_L 为总产量曲线,AP_L 为平均产量曲线,MP_L 为边际产量曲线。MP_L 曲线表现出先升后降的特点,这是由边际收益递减规律所决定的。在劳动投入量小于 OA 的阶段,是边际收益的递增阶段,MP_L 曲线呈上升趋势;在劳动投入量大于 OA 的阶段,是边际收益的递减阶段,MP_L 曲线呈下降趋势。在 E 点,MP_L 曲线升到最高点。

用边际收益递减规律可以解释总产量曲线、平均产量曲线和边际产量曲线相互之间的关系,主要体现为以下三个方面。

(1)总产量曲线与边际产量曲线之间的关系。只要边际产量为正值,总产量总是增加的;只要边际产量为负值,总产量总是减少的。相应地,在图2-2中,当边际产量为正值时,TP_L 曲线是上升的,因此,当边际产量为零时,TP_L 曲线在 G 点达到最大值。根据 $MP_L = dTP_L/dL$,可以得知在每一产量上的边际产量值就是 TP_L 曲线的斜率,因此,在边际收益的递增阶段,TP_L 曲线的斜率随着 MP_L 曲线的上升而递增;在边际收益的递减阶段，TP_L 曲线的斜率随着 MP_L 曲线的下降而递减。当 MP_L 曲线在 E 点达到最大值时，TP_L 曲线相应地存在一个拐点。

（2）平均产量曲线与边际产量曲线之间的关系。边际产量曲线与平均产量曲线会在平均产量曲线的最高点相交；在相交之前，平均产量是递增的，这时边际产量大于平均产量；在相交后，平均产量是递减的，这时边际产量小于平均产量；在相交时，平均产量达到最大，这时边际产量等于平均产量。

（3）平均产量曲线与总产量曲线之间的关系。平均产量曲线是总产量曲线上的点与原点连线的斜率值的轨迹。由此可以说明：当 AP_L 曲线在 F 点达到最高点时，在 TP_L 曲线上必然存在相应的一点，该点与原点的连线，是在 TP_L 曲线上所有的点与原点的连线中最陡的。

3. 生产的三个阶段与文化生产要素的合理投入区域

经济学根据总产量曲线、平均产量曲线和边际产量曲线，将生产分为三个阶段（见图 2-2）。

第一阶段是劳动量从零增加到 B 点这一阶段，在这一阶段总产量先以递增的幅度增加，当劳动投入量达到 OA 以后，又转而按递减的幅度增加。与此相对应，边际产量起初是递增，当达到 E 点时为最大值并转而递减。平均产量则连续上升，并在 F 点达到最大值。这一阶段的显著特征是平均产量递增，边际产量大于平均产量。这一特征表明，与可变投入劳动相比，不变资本投入过多，因而增加劳动量是有利的，劳动量的增加可以使资本的作用得到充分发挥。任何有理性的厂商通常不会把可变投入的使用量限制在这一阶段内。

第二阶段是劳动量从 B 点增加到 H 点这一阶段。在这一阶段总产量继续以递减的幅度增加，一直到 G 点达到最大值。相应地，边际产量继续递减，直至等于零。平均产量在最大值处与边际产量相等并转而递减。这一阶段的显著特点是，平均产量递减，边际产量小于平均产量。

第三阶段是劳动量增加到 H 点之后。这一阶段的显著特征是总产量递减和边际产量为负值。这一特征表明，与不变资本投入相比，可变投入劳动过多，也不经济，这时即使劳动要素是免费的，厂商也不愿意增加劳动要素的投入量。显然，理性厂商不会在这一阶段进行生产。

综上所述，生产进行到第二阶段最合适，因此，文化产品劳动量的投入应在 B 点与 H 点之间这一区域。这一区域为文化生产要素合理投入区域，又称"经济区域"，其他区域都不是经济区域。但是文化劳动量的投入究竟应在这一区域的哪一点上，还要结合文化产品的成本来考虑[①]。

[①] 程小芳，朱金生. 简明西方经济学[M]. 南京：南京大学出版社，2019.

一种可变文化生产要素的合理投入与文化生产者行为目标相联系。假定文化生产者不以利润最大化而以产量最大化为目标,则可以不考虑单位文化产品成本,可变生产要素投入以第二区域右边为界,即文化劳动投入量为 OH;假定文化生产者不以文化产量最大化为目标,而是追求文化产品平均成本最低,那么可变生产要素投入应在第一区域的右边界,因为当文化劳动投入量为 OB 时,平均产量达到了最大,即单位文化产品平均成本最低。

(二)长期文化生产理论

在长期内,所有的文化生产要素都是可变的,那么对于一个文化生产者来说,在利用多种文化生产要素生产一种产品时,就应该实现生产要素的最佳配置。长期文化生产理论主要分析这样一个问题:文化生产者在选择最佳生产要素的配置时,应该遵循什么原则,以实现在既定成本的情况下,产量最大,或在既定产量的情况下,成本最小。下面以两种可变生产要素生产一种产品为例进行分析,分析中将运用等产量曲线(Iso-Quant Curve)和等成本曲线(Iso-Cost Curve)。

1. 等产量曲线

等产量曲线表示在一定的技术条件下,某一固定数量的产品可以用所需要的各种文化生产要素的不同数量的组合生产出来,如图2-3所示。

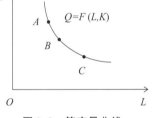

图2-3 等产量曲线

在图2-3中,横轴代表劳动量投入,纵轴代表资本量投入,Q 代表等产量曲线,线上任何一点所显示的劳动投入与资本投入的组合,都能得到相同的产量。

虽然等产量曲线与无差异曲线的几何性质和经济分析十分相似,但是它们仍有一个重要区别:等产量曲线代表投入品数量与产量之间的纯技术关系,它表示要生产出一定数量的产品,等产量曲线上每一点所代表的两种生产要素数量组合是有效率的。

等产量曲线具有以下特点:

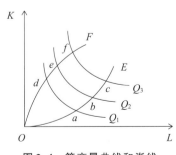

图2-4 等产量曲线和脊线

其一,等产量曲线在脊线范围内斜率为负数,它表示两种生产要素之间存在替代关系。在图2-4中,Q_1、Q_2、Q_3 是三条不同的等产量曲线,在 Q_1 上的 a 点与 d 点之间,Q_2 上的 b 点与 e 点之间,Q_3 上的 c 点与 f 点之间,Q_1、Q_2、Q_3 的斜率为负数,这就说明增加一种生产要素而减少另一种生产要素仍然可以维持同一产量,这样的替代才是有效的。依次连接原点与 d、e、f 点,以及原点与 a、b、c 点,可以形成两条脊线。脊线说明了两种生产要素可以互相有效地替代是有一定范围的,在脊线之外,替代是不可能的,在脊线之内,替代才是有效的。而在脊线之内,等产量曲线的斜率必定是负数。显然,任何理性的厂商只可能在脊线以内的区域进行生产,所以,一般称该区域为"生产要素投入的经济区域"。至于在这个区域内究竟哪一点所代表的生产要素组合是最优的,还需要结合成本进行分析才能确定。

其二,在同一平面上可以有无数条等产量曲线。同一条等产量曲线代表相同的产量,不同的等产量曲线代表不同的产量,离原点越远的等产量曲线所代表的产量越高,离原点越近的等产量曲线所代表的产量越低。在图2-4中,曲线Q_1所代表的产量水平最低,曲线Q_2所代表的产量水平大于曲线Q_2,曲线Q_3所代表的产量水平最高。

其三,在同一平面图上,任意两条等产量曲线绝不能相交,否则在交点上两条等产量曲线代表了相同的产量水平,这与第二个特征相矛盾。

其四,等产量曲线是一条凸向原点的曲线。这一点要用"边际技术替代率"(Marginal Rate of Technical Substitution,MRTS)这一概念来加以说明。等产量曲线代表不同的生产要素投入组合能够得到等量产品,即为了生产等量产品,既可以采用多用劳动、少用资本的生产方法,也可采取少用劳动、多用资本的生产方法,劳动与资本之间存在着相互替代的关系,增加劳动投入可以相应地减少资本的投入,增加资本投入则可减少劳动的投入,这种互相替代的投入,其互相替代的比值称为生产要素的"边际技术替代率"。边际技术替代率是指当维持相同产量的水平时,增加一种生产要素的数量与可以减少的另一种生产要素的数量之比。边际技术替代率是递减的,随着劳动投入量的增加,为保持相同的产量水平,增加每一单位劳动投入所能替代的资本投入量是逐渐减少的。边际技术替代率之所以递减,是受到了边际收益递减规律的作用:其一,在劳动投入方面,随着劳动投入量的增加,劳动的边际产量递减;其二,在资本投入方面,随着资本投入量的减少,资本的边际产量递增。如果反过来用资本替代劳动,情况也同样。因此,在一条等产量曲线上,当一种生产要素不断地替代另一种生产要素时,其边际技术替代率是递减的。边际技术替代率实际上就是等产量曲线的斜率,因此,如果要计算等产量曲线上某一点的边际技术替代率,只要求出等产量曲线上该点的切线斜率值即可。由于边际技术替代率是递减的,等产量曲线的斜率是递减的,所以等产量曲线是一条向原点凸出的曲线。

2. 等成本曲线

等产量曲线上的点代表获得一定产量的两种文化生产要素的组合,厂商生产过程中选择哪一种文化生产要素组合才最好呢?它取决于获得这些产量的总成本。因此,在讨论文化生产要素的最优组合时,需要引入"等成本曲线"这一概念。

等成本曲线是指生产要素价格一定时,花费一定的总成本能购买的生产要素组合。设每单位资本的价格$P_K = 1000$元,每单位劳动的价格(年工资)$P_L = 2500$元,总成本$C = 15000$元,K和L分别代表资本量和劳动量,则有$C = P_K \times K + P_L \times L$。如

图2-5所示,等成本曲线类似于文化消费者的预算线,在几何学性质和经济分析上十分类似,有的经济学家也把等成本曲线称为"企业预算线"。

等成本曲线斜率的绝对值等于两种生产要素的价格之比。在生产要素价格既定的条件下,生产者购买生产要素的总成本费用的变动导致等成本曲线平行移动。等成本曲线向右移动表示生产者的总费用增加,能够购买

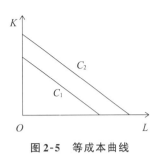

图2-5 等成本曲线

到更多数量的生产要素;等成本曲线向左移动表示总费用减少,能够购买的生产要素数量减少。

3. 生产要素的最优投入组合

等产量曲线中脊线之内表示生产经济区域,仅说明有理性的文化厂商对两种文化生产要素投入组合的选择范围,还不能确定最优组合点。厂商的最优组合点,不仅取决于在技术上是否可能,还取决于在经济上是否合理(成本状况);文化厂商的理性决策,就是同时考虑技术和经济两方面的因素,选择一种生产要素投入的组合,从而实现在既定的产量下,投入成本最小,或者在既定的成本下所生产的产量最大。无论是产量既定、成本最小,还是成本既定、产量最大,生产要素投入的最优组合点,在图形上都是等产量曲线与等成本曲线相切的点,即最优投入组合就是等产量曲线与等成本曲线的切点所代表的组合。可分为两种情况:成本既定,产量最大;或产量既定,成本最小。但无论是哪一种情况,通过数学可以证明相应的生产要素组合的条件是一样的[①],即 $MP_L/MP_K = P_L/P_K$,也就是说,在边际收益递减规律的作用下,生产要素的投入组合最终会调整到 $MP_L/MP_K = P_L/P_K$ 的均衡点上。

四、文化生产方式

文化生产方式可以细分为两个层次[②]。第一个层次是内容生产。这是文化生产的根本,涉及文化的精神内涵,如信仰、宗教、道德、习俗等。第二个层次是符号生产。这是文化存在或呈现的方式,即文化通过符号来表达和呈现其意义内容。符号与文化的形式特征相关联,构成了文化的形式。不同的符号构成了不同的文化形式,如小说、诗歌、散文、绘画、舞蹈、戏剧、电影等。

不同的生产方式或技术有不同的适度规模,涉及规模报酬问题。规模经济指在一

---

① 阿弗里德·马歇尔.经济学原理[M].廉运杰,译.北京:华夏出版社,2013.
② 陈冉涌.想象一种新的知识生产方式——《反戈一击:亚际文化研究读本》读后[J].中国图书评论,2019(12).

定的科技水平下，企业生产能力的提升使其长期平均成本呈下降趋势。一般来说，博物馆存在生产商的规模经济①，如美国、法国、芬兰等国家的博物馆存在规模经济已经得到证实。同样，现场表演艺术在生产上也表现出系统的规模经济。以演出周期作为衡量规模的指标时，产出的单位成本将随着产出的增加而降低。原因在于，随着演出场次的增加，任何作品或任何既定常备剧目的固定成本会被更多的表演节目分摊。但表演艺术机构有时会表现为递减的规模经济②，原因在于这些艺术机构过度使用艺术家和资本要素。

范围经济是指企业同时生产两种产品的成本低于分别生产这两种产品的成本。范围经济存在的主要原因在于部分不变的固定生产要素存在生产上的通用性以及生产投入品的互补性。例如，一家电视台既可以播放电影也可以播放电视剧，其单位收益成本要低于只放映电影的电影院。无疑，文化产品的工业化生产极大地丰富了消费者的选择，提高了整个社会的生产效率，但这种生产方式也受到了一些学者的批判③。在他们看来，文化等同于艺术，等同于人类创意的独特而卓越的形态。文化产品若按照标准化和程序化的生产方式生产出来，那么内含在文化产品中的文化会失去扮演对生活的其余部分进行批判的角色，因此，文化工业化扼杀了文化产品本身所具有的独创性和个性，文化产品所标注的"个性化"只不过是用于倾销文化商品的伎俩④。而文化产业社会学者则持反对意见，如罗姣姣（2019）认为将文化生产工业化，以及在文化生产中引入新技术，虽然导致了商品化趋势，但同时也带来了新趋势和创新。在何天平等人（2021）看来，文化商品化的演变更加复杂，充满了矛盾性。

总之，文化生产方式主要涉及两个方面：一方面是创作纯粹意义的文化内容的方式，如艺术创作方式、文学创作方式等，这更侧重于个体的精神活动；另一方面是将文化内容置入物质载体或框架中，生产"具有商品形态的文化"的方式，强调文化生产的社会性，并且这种生产方式会制约个体创作意义上的文化生产。在文化经济中，文化生产方式不仅受到社会需求和技术进步的影响，同时也受到调控手段，如经济手段、立法手段和行政手段的影响。这些调控手段在文化生产中发挥着基础性、规范性和辅助性的作用，以确保文化生产的顺利进行，并推动文化经济的发展。

---

① Jackson R. A Museum Cost Function[J]. Journal of Cultural Economics, 1988 (12).

② Gapinski J H. The Production of Culture[J]. The Review of Economics and Statistics, 1980 (4).

③ 郝雨, 郭峥. 传播新科技的隐性异化与魔力控制——"文化工业理论"新媒体生产再批判[J]. 社会科学, 2019 (5).

④ 杨永忠, 林明华. 文化经济学——理论前沿与中国实践[M]. 北京：经济管理出版社, 2015.

第五节 文化生产的意义和未来展望

一、文化生产的价值与意义

（一）推动经济发展

文化生产作为文化产业的核心组成部分，对经济发展具有重要贡献。通过创造就业机会、促进贸易往来和吸引投资，文化生产有力地推动了经济增长和发展。

（二）传承历史文化遗产

文化生产在传承历史文化遗产方面发挥着重要作用。通过保护和开发传统工艺、表演艺术和民族文化等，文化生产使得珍贵的历史文化遗产得以传承和延续。

（三）丰富社会生活

文化生产为人们提供了丰富的精神食粮，满足了人们多样化的审美需求和精神追求。通过欣赏和参与各种文化活动，人们能够提升自身素养、拓宽视野、陶冶情操，在这个层面上，文化生产对于社会和谐发展具有促进作用。

（四）促进跨文化交流

文化生产有助于不同国家和民族之间的跨文化交流与理解。文化生产有助于世界各国通过展示和传播各自独特的文化元素，增进友谊、加强合作，进而推动世界文化多样化繁荣发展。

二、文化生产的未来展望

随着科技的快速发展和全球化的深入推进，文化生产面临着新的机遇与挑战。未来，我们需要不断创新文化生产方式，积极应对数字化、网络化，以及人工智能等新技术带来的变革，努力提升文化产业的整体竞争力。同时，我们需要加强国家间的文化交流与合作，共同推动世界文化的繁荣发展。

复习与思考

一、重点概念

文化资源；文化生产；文化产品价值；文化生产要素

案例分析

二、思考题

1. 怎样理解文化生产的性质和特征？
2. 怎样理解文化产品的价值构成和属性？
3. 现代文化生产有哪些形态？它们之间的关系是什么？
4. 怎样理解文化生产理论及文化生产价值？

第三章 文化消费

本章概要

文化消费是实现文化商品价值的途径,也是社会文化生产过程中不可或缺的一环。只有当文化商品具备可消费性,能够满足人们的精神需求,或者转化为促进个人文明成长的文化力量和文化要素时,它才具有真正的意义和存在的价值。换句话说,文化消费是衡量文化商品价值的重要标准,文化商品只有被广大消费者所接受和认可,才能真正实现价值。在这个过程中,文化生产者需要以消费者行为理论为基础,关注消费者的需求和审美观念,不断推陈出新,提升文化商品的质量和内涵,以更好地满足人们的精神文化需求。同时,政府和社会也应该加强对文化产业的支持和引导,推动文化产业的繁荣发展,为文化消费提供更多优质的文化产品和服务。

知识导图

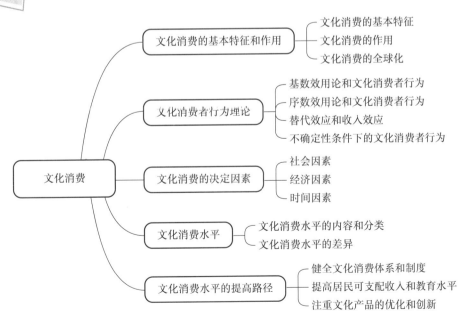

第一节　文化消费的基本特征和作用

一、文化消费的基本特征

文化消费是人类社会存在的一种方式，也是衡量人类文明进步的标尺。它不仅满足了人们的精神生活需求，还是推动人类文明发展的重要力量。简言之，文化消费是人们通过享受文化产品和服务来获取精神满足的过程。正是这一过程，使得文化消费成为社会存在和发展的合理依据，同时，文化消费也是文化再生产的动力源泉。因此，我们应该重视文化消费的作用，提供更多优质的文化产品和服务，以满足人们不断增长的精神文化需求，推动人类文明的发展。

文化消费的基本特征主要表现在以下几个方面。

（一）文化消费内容的非物质性

文化消费是一种满足人们精神生活需求的过程，它与物质消费有所不同。虽然文化消费需要借助一定的物质产品，如电视机、电脑等，但消费的内容主要是精神方面的。这些物质产品只是人们实现文化消费的手段，通过它们，人们可以获得丰富的知识和无穷的乐趣。因此，文化消费具有强烈的精神性，与物质消费相比，它更注重满足人们的精神需求。

（二）文化消费能力的层次性

文化消费能力的层次性是指消费者在消费过程中所展现出的不同水平和特点。这种能力不仅包括一般的消费能力，还涵盖了特殊的消费能力。在物质消费活动中，消费者通常能直接对具体物品进行消费，因为基本的物质消费是人的本能，体现了人的基本消费能力。然而，文化消费活动对消费者的能力要求较高，文化消费者需要具备与文化消费对象相适应的知识储备、经济能力等。由于文化消费能力的不同，消费者在选择文化消费对象时会有很大的差异。即使是相同的文化消费对象，由于消费者的文化消费能力不同，相关消费行为也会表现出显著的差异。

文化消费能力的层次性具体表现为以下几个方面。

1. 文化消费水平的层次性

由于在收入水平、教育程度、审美观念等方面的差异，不同消费者对文化产品和服务的需求和购买能力不同，从而呈现出不同的消费水平。一些消费者可能更注重物质消费，而另一些消费者则更注重精神文化消费。

2. 文化消费结构的层次性

消费者的文化消费结构也会因个人喜好、社会环境等因素的影响而有所不同。一些消费者可能更倾向于消费大众文化产品,而另一些消费者则更喜欢消费高雅文化产品。此外,消费者的文化消费结构还会随着时间和空间的变化而发生变化。

3. 文化消费方式的层次性

随着科技的发展和互联网的普及,消费者的文化消费方式也在不断变化。一些消费者可能更喜欢传统的实体文化消费方式,如阅读纸质书籍、听线下音乐会等;而另一些消费者则更喜欢数字化的虚拟文化消费方式,如阅读电子书、在网络平台听音乐会等。

综上,文化消费能力的这种明显的层次性反映了消费者在文化消费过程中的不同水平和特点。为了提高文化消费能力,消费者需要不断学习和积累相关知识,提升自己的理解力,提高审美水平。同时,文化产业也需要提供更多元化的产品和服务,以满足不同层次消费者的需求。政府和社会也应该加强对文化产业的支持和引导,促进文化产业的繁荣发展,推动文化消费的升级。

(三)文化消费的时间黏性

在消费活动中,无论是对生产还是对消费而言,效率都是衡量成果的重要标准。然而,物质消费与文化消费在时间消耗方面存在差异。在物质消费中,效率的提高通常表现为时间的节省;而在文化消费中,效率的提高则表现为时间的延伸。物质消费主要是满足人们的生理需求,其满足程度受到社会所能提供的物质产品和服务的限制。在生产力较低的阶段,人们花费在物质消费上的时间较长。然而,随着生产力的提高,人们花费在物质消费上的时间逐渐减少。与物质消费不同,文化消费与时间消耗之间存在正比关系。也就是说,随着文化消费水平的提高,人们在文化消费上所花费的时间也会增加。这是因为文化消费活动主要满足人们的精神需求,属于精神活动。人们花费在某种文化产品上的时间越长,说明这种文化产品对人的意义或吸引力越大。对于缺乏吸引力的文化产品,人们通常不会愿意花费太多时间。因此,文化消费在时间消耗方面具有延伸性。为了提高文化消费的效率,我们需要关注文化产品的质量和吸引力,以增加消费者在文化消费上的时间投入。同时,文化产业也需要不断发展和创新,提供更多元化、高品质的文化产品和服务,以满足消费者不断增长的精神文化需求。政府和社会也应该加强对文化产业的支持和引导,促进文化产业的繁荣发展,推动文化消费的升级。

文化消费不仅能推动社会文明进步,还具有塑造人的精神世界的功能。与一般的物质消费相比,文化消费层次更高、形式更多样、行为更复杂。因此,了解文化消费的特征对于提升人们的文化素养、优化文化消费结构以及加强社会精神文明建设具有重要意义。文化消费能促进人的全面发展,丰富人们的精神世界,提高人们的文化素养和生活品质。通过把握文化消费的特征，我们可以更好地引导消费者进行合理、有意义的消费，推动社会文明的发展和进步。因此，我们应该重视文化消费的作用，积极引导和促进文化消费的发展，为社会的文明进步和人的全面发展做出积极的贡献。

二、文化消费的作用

社会生产过程包括生产、分配、交换和消费四个环节，它们相互依存、相互制约。生产是起点，创造出符合社会和个人需要的产品；分配和交换是中间环节，依照社会和个人需要分配和再分配产品；消费是终点，产品直接满足社会和个人需要。生产决定分配、交换和消费，但后者也对前者有反作用。从生产与消费的关系看，生产提供消费对象，只有生产出劳动产品才能进行消费；而消费又促进了生产的发展，是生产的原动力。总之，无论是物质消费还是文化消费，消费都是社会生产中不可或缺的环节。

文化消费不仅促进了商品的再生产，还提高了消费者的文化创造力和艺术欣赏能力。在文化消费过程中，精神文化商品的内容被内化为人们的意识，进而提高了人们的思维能力和审美能力。这种能力的提升又进一步增强了人们对文化消费的渴望，从而推动了文化商品再生产的进程。在文化消费过程中，文化商品的再创造也得以实现。消费者根据自己的立场、观点、情感倾向和经验，对他人创造的文化产品进行评判和改造，甚至再造文化产品。文化消费不仅是文化商品再生产的必要条件，也是其内在环节。文化生产者需要在生产过程中不断提升自身的文化创造力，同时汲取文化养分，否则文化商品的再生产将仅限于复制，而缺乏创新。

文化消费与人的再生产之间存在着相互促进的辩证关系。马克思曾指出，生产和消费是直接相关的，既包括主体（劳动力）的消费，也包括客体（生产资料）的消费。类似于自然界中化学物质的消耗促进植物的生长，消费生活资料实际上就是在"生产"人本身。随着科技的迅速发展，文化生产对人的素质要求越来越高。为了培养具备一定文化水平和科技知识的人才，人们需要进行相应的文化消费，如参与各类文化活动和培训。如果没有这样的文化消费，很难想象能够培养出具备相应素质的人才。

三、文化消费的全球化

全球化文化消费趋势的形成具有客观的必然性和不可逆性，这主要表现在以下三个方面。

首先，经济全球化是推动全球化文化消费趋势形成的必然因素。经济全球化不仅促进了各国经济交往的加深，也带动了文化层面的交流与融合。经济交往规则的制定和实施需要共同的文化认同作为支撑，而物质技术产品作为经济交往的标准，也反映了交往主体间共享的文化需求。正是这种共享的文化需求，为经济的全球化持续发展提供了动力。同时，跨国公司人员的全球性流动也带来了他们的文化消费观念、方式和需求,进一步推动了全球化文化消费趋势的形成。

其次,全球性文化问题的凸显也要求各国在文化消费上加强交流与合作。当前,世界各国面临着许多共同的文化问题,如保护人文生态环境、维护婚姻家庭道德传统、维系和谐社会人际关系以及遏制跨国流动犯罪等。解决这些问题需要全球范围内的协作与努力,而各国在本域范围内的成功经验也可以为他国提供有益的参考。这种全球性的文化交流与合作为全球化文化消费趋势的形成提供了必要的土壤。

最后,科技媒体和交通的飞速发展为全球化文化消费趋势的形成提供了强大的技术支撑和传播渠道。科技媒体和交通的进步使得文化消费时尚的传播更加迅速,并超越了国界的限制。特别是卫星技术的发展和互联网的普及,为全球性的文化消费提供了便利。此外,各国在文化产品生产经营方面的多形式合作也在更大程度上和更广范围内满足了合作国消费者的需求,化解了各国对外来文化的本能防范心理,从而有效推动了全球化文化消费趋势的发展。

第二节 文化消费者行为理论

一、基数效用论和文化消费者行为

基数效用论(Theory of Cardinal Utility)是经济学中边际效用学派所倡导的基本理论。

边际效用学派是19世纪末20世纪初兴起的一个资产阶级经济学派。这种理论的奠基者和真正先驱者是德国经济学家赫尔曼·海因里希·戈森(Hermann Heinrich Gossen)。他提出了两条关于效用的基本定律:第一,边际效用递减规律;第二,边际效用相等规律。这就是著名的"戈森定律"。边际效用学派在后来的发展中形成两大支流:一个是以心理分析为基础的主观心理学派,以奥地利的卡尔·门格尔(Carl Menger)为代表。另一个是以数学为分析工具的数理学派,以英国的威廉·斯坦利·杰文斯(William Stanley Jevons)和法国的里昂·瓦尔拉斯(Léon Walras)等为代表。

基数效用论认为,效用是可以计量并加总求和的,效用的大小可以用基数(1,2,3,…)来表示,也就是说,效用的大小能用数字表示出来并且可以进行计算和比较。我们可以依据基数效用论,用具体的数字来说明和研究消费者效用最大化问题。这种理论所用的分析方法为边际效用分析法。

(一)总效用和边际效用

基数效用论把效用分为总效用(Total Utility)和边际效用(Marginal Utility)。总效用是指某个消费者在某一特定时间内消费一定数量的文化商品所获得的满足的总和,微观经济学通常假定总效用在某个范围内是文化商品数量的增函数,意思是总效用随着文化商品数量的增加而增加。总效用函数为

$$TU = U(X) + U(Y)$$
$$TU = U(X, Y)$$

上面第一个式子表示,总效用为 X、Y 这两种文化产品各自的效用之和。这意味着 X 的效用与 Y 的效用彼此无关。上面第二个式子则表示,X、Y 的效用会相互影响。边际效用是指产品或服务每增加一个单位所得到的增加的效用。用 MU 表示边际效用,则

$$MU = \Delta TU / \Delta X = \mathrm{d}TU / \mathrm{d}X$$

需要说明的是:①边际效用为总效用函数的导数,总效用为边际效用的积分。一定消费量的边际效用,可以用总效用曲线在该消费量的斜率表示;该消费量的总效用,可用其边际效用曲线与横纵轴所包围的面积表示。设消费量为 n,则 $TU_n = \int_0^n \dfrac{\mathrm{d}TU}{\mathrm{d}X} \times \mathrm{d}X$。②总效用曲线以递减的速度递增,凹向横轴,斜率为正值;边际效用曲线以递减的速度递减,凸向横轴,斜率为负值。③当边际效用为正时,总效用处于递增状态;当边际效用为0时,总效用达到最大;当边际效用为负时,总效用处于递减状态。

(二)边际效用递减规律

边际效用递减规律是指在其他条件不变的情况下,在一定时期内消费者消费某种文化物品,随着消费数量的不断增加,其边际效用是不断递减的①。边际效用的递减有两种解释:解释一认为该现象是由生理或心理的原因引起的。当消费者消费某一物品的数量增多时,消费者的满足或对重复刺激的反应能力减弱。这就是说,人们的欲望虽然多种多样、无穷无尽,但由于生理、心理因素的限制,每个具体的欲望是有限的。最初欲望最大,因而增加一单位某物品的消费时,消费者获得的满足程度也增大,随着消费的增加,欲望随之减少,消费者获得的满足程度随之降低,当欲望消失的时候还增加消费的话,反而会引起消费者的厌恶,这就是所谓"负效用"。解释二认为该现象是由物品本身用途的多样性引起的。每种物品都有多种用途,这些用途的重要性各不相同。消费者总是首先将物品用于最重要的用途,然后再用于次要的用途。当消费者把某物品第一单位用于最重要的用途时,其边际效用最大,当消费者把某物品第二单位

---

① 阿弗里德·马歇尔.经济学原理[M].廉运杰,译.北京:华夏出版社,2013.

用于次要的用途时,其边际效用相对小,按顺序继续用下去,该物品的用途越来越不重要,其边际效用也就越来越小。

基数效用论认为,货币与文化物品一样,也有效用。货币的效用就是给其所有者带来的满足,它的大小也取决于货币持有者的满足程度。货币的边际效用也是递减的,即收入越高,持有货币数量越多,每增加一单位货币给货币持有者带来的满足程度越小。由于购买某种商品所支出的货币量只占购买者持有的货币量的微小部分,所以,当消费者购买的商品量发生少量变化时,货币的边际效用的变化非常微小,可以忽略不计,因此,在只有一种商品购买量发生变动的情况下,货币的边际效用被认为不变,是一个常数。

(三) 消费者均衡

因为边际效用递减,所以文化物品的边际效用的大小以及总效用的增减,与文化物品的数量有着密切的关系。文化物品拥有量或消费量越多,边际效用越小,当边际效用等于零时,总效用达到最大值。此后,如果该文化物品的消费量继续增加,则会产生负效用,总效用也会绝对地减少。这说明,在既定的收入和价格水平下,消费者对某种文化物品的消费并不是越多越好,而是有一个限度的。那么,消费者应该如何将自己有限的货币收入花费在各种不同商品的购买上以获得最大的满足呢?这就是一个消费者均衡的问题。为了说明消费者均衡,必须做下述假定:第一,消费者的偏好是既定的,各种商品的总效用和边际效用是已知的,不会发生变动。第二,消费者的收入是既定的且全部用于购买商品和服务。第三,消费者购买的商品价格是已知的。第四,每单位货币的边际效用对消费者都相同。在上述假定条件下,西方经济学家指出,消费者均衡的条件是:消费者用单位货币所购买的各种商品的边际效用都相等,即消费者所购买的各种商品的边际效用之比等于它们的价格之比。消费者均衡可以用边际效用决定需求价格和边际效用递减规律来进行说明。为了便于分析,我们假定消费者在市场上只购买两种商品,即 X 和 Y,由于消费者的收入和商品的价格都是既定的,增加 X 的购买量就必须减少 Y 的购买量,商品购买量的变化,必然引起它们的边际效用的变化。这就意味着,如果消费者发现多花一元钱在一种商品上取得的增加的效用(边际效用)不如多花一元钱在另一种商品上取得的增加的效用大,消费者就会改变主意,把取得较小的边际效用的那种商品的花费,转移到能够取得较大的边际效用的商品上。由于花费转移,原来取得边际效用较小的商品,现在可能变得具有较大的边际效用了,而原来取得边际效用较大的商品,现在可能变得具有较小的边际效用了。如果后者的边际效用小于前者,那么,花费转移的情形就会再次发生。这样,消费者可以根据边际效用的大小,自由地改变花费的方向,最后,必须达到一种最优的花费状态,消费者所花费的每一元钱都取得相等的边际效用,或者每种商品的边际效用之比等于它们的价格之比,总效用达到最大。消费者均衡的条件可用公式表示为

$$MU_X/P_X = MU_Y/P_Y = MU_m$$

上式中，MU_X 和 MU_Y 分别表示 X、Y 两种商品的边际效用，MU_m 表示每一元钱的边际效用（每单位货币带来的边际效用）。

实际上，一个消费者的行为总会受到各样的限制，如货币收入的限制、票证定额的限制等。有限制条件的效用最大化，在数学上是条件极值问题，即有约束的最优化（Constrained Optimization）。因此，消费者均衡问题常常用拉格朗日乘数法来进行证明。

（四）需求规律与边际效用递减规律

前文对文化需求进行讲解时，曾提到在其他因素不变的条件下，文化商品的需求量与文化商品自身价格呈反方向变动，即价格上升，需求量减少；价格下降，需求量增加。需求曲线从左上方向右下方倾斜。但前文并没有说明为什么需求量与文化商品价格呈反方向变化，即没有说明需求规律存在的原因，关于这个问题，西方经济学家用边际效用递减规律来解释。

任何购买行为都是一种交换行为，消费者以货币交换所需要的商品。交换过程中，消费者支出的货币有一定的边际效用，所购买的商品也有一定的边际效用。消费者通常用货币的边际效用来计量商品的效用。而单位货币的边际效用是递减的，因此，消费者愿意付出的货币量就表示买进商品的效用量，而消费者对两种商品所愿付出的价格的比率，是由这两种商品的边际效用所决定的，边际效用越大，消费者愿支付的价格（需求价格）越高；反之，边际效用越小，需求价格就越低。根据边际效用递减规律，既然边际效用越来越小，那么，消费者购买的商品的数量越多，所愿支付的价格就会越低。消费者买进和消费的某种商品越多，其愿支付的价格即需求价格就越低，换句话说，需求价格越低，需求量越大。可见，一个消费者的实际需求价格反映了该商品的边际效用，而边际效用是随购买数量的增加而减少的，于是需求价格也就随着购买数量的增加而降低，或者需求量随需求价格的降低而增加。因此，需求曲线也就是边际效用曲线，是从左上方向右下方倾斜的。

（五）消费者剩余和价值悖论

消费者剩余是指消费者购买某种商品时，所愿支付的价格与实际支付的价格之间的差额。在西方经济学中，这一概念是阿尔弗雷德·马歇尔（Alfred Marshall）提出来的，他在《经济学原理》（*Principles of Economics*）中对于"消费者剩余"是这样描述的：一人对一物所支付的价格，绝不会超过，而且也很少达到他/她宁愿支付而不愿得不到此物的价格。因此，他/她购买此物所获得的满足感，通常超过他/她因购买此物而不得不放弃的其他满足感或效用（这些满足感或效用可能来自其他商品、服务或活动）。这样，他/她就从这种购买中得到一种满足的剩余。他/她宁愿付出而不愿得不到此物的价格,超过他/她实际付出的价格的部分,是对这种剩余满足的经济衡量,这个部分可以称为"消费者剩余"。消费者剩余的存在是因为消费者购买某种商品所愿支付的价格取决于边际效用,而实际付出的价格取决于市场上的供求状况,即市场价格。

边际效用论还可以解释经济学中著名的"价值悖论"。价值悖论又称"价值之谜",指有些东西(如水等)效用很大,但价格很低,有些东西(如钻石等)效用很小,但价格却很高。这种现象与传统的价格理论不一致。这个价值悖论是亚当·斯密提出的,直至边际效用理论提出后,关于价值悖论才有了一个令人满意的答案。解释这一问题的关键是区分总效用和边际效用。水给我们带来的总效用是巨大的,没有水,我们无法生存。但我们对某种物品消费越多,其最后一个单位的边际效用也就越小。我们用的水是很多的,因此最后一单位水所带来的边际效用就微不足道了。相反,相对于水而言,钻石的总效用并不大,但因为我们购买的钻石量较少,所以,它的边际效用就大了。根据边际效用理论,消费者分配收入的方式是使一切物品的每元支出的边际效用相等。人们也是根据这一原则来把收入分配于水和钻石上的:钻石的边际效用高,水的边际效用低,只有用钻石的高价格除以其高边际效用,用水的低价格除以其低边际效用,钻石和水的每元支出的边际效用才能相等。所以,钻石价格高,水的价格低是合理的。或者说,人们愿为边际效用高的钻石支付高价格,为边际效用低的水支付低价格是一种理性的行为。"物以稀为贵"的道理正在于"稀"的物品边际效用高。

二、序数效用论和文化消费者行为

边际效用分析,是基数效用论所运用的分析工具。一些西方经济学家指出,基数效用论有种种缺点,如物品的效用很难用数字准确表示,知道了某一物品对甲的效用量,不代表能够据此知道该物品对乙的效用量,因为同一物品对不同的人来说,效用量的大小是不同的。此外,某一物品的效用,不仅取决于这种物品的数量,同时还受相关物品的数量变化的影响。正因为基数效用有上述种种缺陷,一些西方经济学家又提出了序数效用论(Theory of Ordinal Utility)。序数效用论是由洛桑学派的弗雷多·帕累托(Vilfredo Pareto)提出来的,序数效用论认为,效用是一种心理感觉,不可以计量并加总求和,只能表示出满足程度的高低与顺序。因此,效用只能用序数来表示。这种理论所用的方法为无差异曲线分析。序数效用论克服了基数效用论的不足,在西方经济学中得到了广泛的运用。

(一)消费者偏好的性质

序数效用论在讨论消费者行为时,通常对消费者偏好的性质,做如下假定。

1. 完备性假定

给定消费空间里任何一对消费组合 X 和 Y,下列三种关系中必定有一种成立:第一

种是 $X > Y$，第二种是 $Y > X$，第三种是 $X = Y$。首先，一个理性的人应该有能力判断、比较任何一对消费组合。一般的，如果 X 和 Y 是两组消费组合，必能说：或消费 X 比消费 Y 好，记作 $X > Y$；或消费 Y 比消费 X 好，记作 $Y > X$；或消费 X 与消费 Y 并无二致，记作 $X = Y$。这一假定称为"完备性假定"。消费者能够对任何可能的消费组合进行比较，这算是对消费者理性的起码要求。但若要对该假定进行挑剔，可以发现该假定亦有不现实的地方。世界上的商品千千万万，其中有不少是消费者闻所未闻的。某人若从未见过酥油茶，又如何让这人比较酥油茶与龙井茶的滋味呢？不过，在现实生活中，当人们做具体选择时，一般对消费组合已有一定的了解。因此，这一假设不失为适当而有用的概括。

2. 传递性假定

给定三组消费组合 X、Y 和 Z，若 $X > Y$ 且 $Y > Z$，则可以推出 $X > Z$；若 $X = Y$ 且 $Y = Z$，则可以推出 $X = Z$。传递性也是理性选择必不可少的基本性质，而且，传递性假定比我们想象得要强。安徒生童话中有一个故事为《老头子做事总不会错》：有位可爱的农民"总觉得放弃一点东西并没有什么关系"，他牵了一匹马出门，换来了母牛，又用母牛换了羊，继而用羊换了鹅，用鹅换了鸡，最后背了一袋烂苹果回家。传递性假设排除了那种毛糙粗略、马马虎虎的不够理性的行为，因而避免了"老头子做事总不会错"的可笑蠢事。

3. 多比少好

在大多数消费问题里，商品总是越多越好。这就是所谓"越多越好"的原则，即在其他状况都一样的条件下，某商品越多，消费者就越会感到满意。在完备性和传递性的假设下，消费理论也可以处理"越多越坏"或"过多则滥"的情况。"越多越好"原则强调的是商品的数量不同，消费者从中得到的效用也不同。由于经济学的研究对象主要是稀缺商品，即好东西，"越多越好"便不失为现实的写照。这一原则又能简化在分析中的一些技术问题，因此在经济学研究中常常采用这一假定。

（二）无差异曲线

无差异曲线是用来表示两种商品的不同数量的组合为消费者所提供的效用是相同的。无差异曲线符合这样一个要求：如果听任消费者对曲线上的点进行选择，那么，所有的点对消费者而言都是可取的，因为任一点所代表的组合给消费者所带来的满足都是没有差异的。无差异曲线如图3-1所示。

无差异曲线表明，此线上的任何一点所代表的两种物品的不同组合所提供的总效用或总满足水平都是相等的，因此消费者愿意选择其中任何一种组合。无差异曲线的特点体

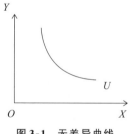

图3-1 无差异曲线

现为以下几个方面：其一，消费者的偏好是无限的，因此在同一平面上可以有无数条无差异曲线，形成无差异曲线群，曲线在整体上可以视为消费者的偏好系统。其二，在同一平面图上，任意两条无差异曲线不能相交。其三，无差异曲线是一条从左上方向右下方倾斜的曲线，其斜率为负值。这表明消费者为了获得同样的满足程度，增加一种商品的数量就必须减少另一种商品的数量，两种商品不可能同时增加或减少。其四，一般情况下无差异曲线是凸向原点的，这一点可以用商品的边际替代率（Marginal Rate of Substitution，MRS）来说明。所谓"边际替代率"是指以保持相同的满足水平为前提，消费者增加一种商品的数量与必须放弃的另一种商品的数量之比。假如某个消费者购买 X、Y 两种商品，增加 1 个单位的商品 X 和放弃 2 个单位的商品 Y 给消费者带来的满足是相同的，那么 X 对 Y 的边际替代率就等于 2，写作：$MRS_{XY} = -\Delta Y/\Delta X$，在研究商品替代关系时，我们注重的是边际替代率的绝对值，因此通常省去结果的负号。从数学上看，MRS 是沿无差异曲线作微量移动时的变化率，所以它实际上是无差异曲线的斜率。

序数效用论在分析消费者行为时提出了商品的边际代替率递减规律的假定。商品的边际替代率递减规律是指：在维持效用水平不变的前提下，随着一种商品消费数量的连续增加，消费者为得到每一单位的这种商品所需要放弃的另一种商品的消费数量是递减的。从几何意义上讲，商品的边际替代率递减表示无差异曲线的斜率的绝对值是递减的。商品的边际替代率递减规律决定了无差异曲线的形状凸向原点。

（三）预算线

无差异曲线显示了商品提供的满足水平，但是在市场经济中何种满足水平能够成为现实，则取决于消费者的货币收入和文化商品价格，预算线就是消费者选择一定效用水平上的文化产品与服务组合的限定条件。预算线表示消费者在收入和商品价格既定的条件下所能购买到的各种文化产品与服务数量的最大组合。无差异曲线表示的是消费者的主观愿望，而预算线则表示消费者

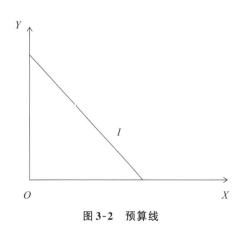

图 3-2　预算线

实际消费的最大可能。为了便于分析，我们假定消费者只购买两种商品，即 X 和 Y，常见的预算线的形状如图 3-2 所示。此外，预算线还有完全互补品（直角预算线）和完全替代品（X 对 Y 的边际替代率为常数）的特殊形式。

（四）序数效用论和消费者均衡

从上文的分析中,我们知道,从主观方面来看,消费者可做出多种多样的选择以得到满足,这种选择通过无差异曲线表示出来;从客观方面来看,消费者又必然受到货币收入和商品价格的限制,这种限制通过预算线表示出来。如何把客观限制和主观选择结合起来以求得消费的最大满足,或者说,如何以有限的货币收入在可买到的文化商品间做合理的配置以求得最大效用,是一个消费行为如何达到最佳境界的问题,消费行为的最佳境界称为"消费者均衡"。序数效用论中研究消费者均衡所用的工具是无差异曲线与预算线。相关分析证明,在无差异曲线上,能够使消费者得到最大满足,即消费者最大效用均衡点是预算线与它可能达到的最高的无差异曲线相切的一点。切点上所代表的两种商品的量就是消费者用一定的货币收入所获得的效用达到最大值的最优购买量的组合,如图3-3所示。

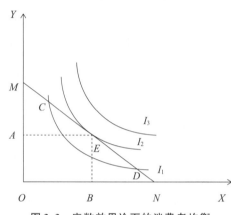

图3-3 序数效用论下的消费者均衡

在图3-3中,预算线 MN 与一条尽可能高的无差异曲线 I_2 的切点 E 就是消费者最大效用均衡点,在这一点上,消费者既用尽了既定的货币收入,又得到了最大的效用满足。当然,在图3-3中,无差异曲线 I_3 代表的效用水平更高,但受消费者的货币收入和现行商品价格的影响,这是不能实现的,I_1 与预算线 MN 虽然有 C、D 两个交点,但 I_1 给消费者提供的满足水平要低于 I_2 所提供的满足水平,因而是不可取的。无差异曲线 I_2 与预算线 MN 的切点 E,是消费者行为的最佳境界。在这一点上,预算线与无差异曲线的斜率正好相等。预算线的斜率是两种文化商品的价格之比,无差异曲线的斜率是文化商品的边际替代率。因此,可以得出结论:消费者达到最大效用的均衡条件是,两种商品的边际替代率或边际效用之比等于两种商品的价格之比,即 $\Delta Y/\Delta X = MU_X/MU_Y = P_X/P_Y$。此结论与前面运用边际效用的分析方法得出的结论是一致的,即消费者均衡的条件是:单位货币所购买的两种文化商品的边际效用相等,或者说单位货币所购买的两种文化商品的边际效用之比正好等于它们的价格之比。

三、替代效应和收入效应

一种商品的价格的变化会引起该商品的需求量的变化,这种变化可以分解为替代效应和收入效应两个部分。一种文化商品的价格若发生变动,会对消费者产生两种影响:一是使消费者的实际收入水平发生变动。在这里,实际收入水平的变动被定义为效用水平的变动。二是使文化商品的相对价格发生变动。这两种变动都会改变消费者对该种商品的需求量。一种商品价格变动所引起的该商品需求量变动的总效应可以分解为替代效应和收入效应两个部分,即总效应=替代效应+收入效应。其中,由商品价格的变动引起商品相对价格的变动,进而由商品相对价格的变动所引起的商品需求量的变动,此为替代效应;由商品价格的变动引起实际收入水平的变动,进而由实际收入水平的变动所引起的商品需求量的变动,此为收入效应。收入效应表示消费者的效用水平发生变动,替代效应则不改变消费者的效用水平。下文以图3-4为例,分析正常文化商品价格下降时的替代效应和收入效应。

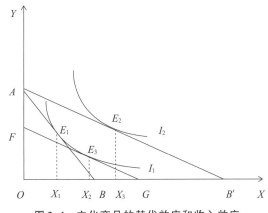

图3-4 文化商品的替代效应和收入效应

图3-4中的横轴和纵轴分别表示商品X和商品Y的数量,其中,商品X是正常商品。在商品价格发生变化之前,消费者的预算线为AB,该预算线与无差异曲线I_1相切于E_1点,E_1点是消费者效用最大化的一个均衡点。在E_1均衡点上,相应的商品X的需求量为OX_1。现假定商品X的价格P_X下降,使预算线的位置由AB移至AB'。新的预算线AB'与另一条代表更高效用水平的无差异曲线I_2相切于E_2点,E_2点是商品X的价格下降以后的消费者效用最大化的均衡点。在E_2均衡点上,相应的商品X的需求量为OX_3。比较E_1和E_2两个均衡点,商品X的需求量的增加量为X_1X_3,这便是商品X的价格P_X下降所引起的总效应。这个总效应可以分解为替代效应和收入效应两个部分。

在图3-4中,由于商品X的价格P_X下降,消费者的效用水平提高了,消费者的新的均衡点E_2不是在原来的无差异曲线I_1上,而是在更高的无差异曲线I_2上。为了得到替代效应,必须剔除实际收入水平变化的影响,使消费者回到原来的无差异曲线I_1上去。要做到这一点,需要利用补偿预算线这一分析工具。什么是补偿预算线?当商品的价格发生变化进而引起消费者的实际收入水平发生变化时,补偿预算线是用来表示以假设的货币收入的增减来维持消费者的实际收入不变的一种分析工具。具体地说,当商品价格下降引起消费者的实际收入水平提高时,假设可以取走消费者的一部分货币收入,以使消费者的实际收入水平维持原有的水平,则补偿预算线在此就可以用来表示使消费者的货币收入下降到只能维持原有的无差异曲线的效用水平(原有的实际收入水平)。相反,当商品价格上升进而引起消费者的实际收入水平下降时,假设可以对消费者的损失给予一定的货币收入补偿,以使消费者的实际收入维持原有的水平,则补偿预算线在此就可以用来表示使消费者的货币收入提高到得以维持原有的无差异曲线的效用水平(原有的实际收入水平)。

再回到图3-4,为了剔除实际收入水平变化的影响,使消费者能够回到原有的无差异曲线I_1上去,其具体的做法是做一条平行于预算线AB',且与无差异曲线I_1相切的补偿预算线FG。这种做法的含义是,补偿预算线FG与无差异曲线I_1相切,表示假设的货币收入的减少(用预算线的位置由AB'向左平移到FG来表示)刚好能使消费者回到原有的效用水平。补偿预算线FG与预算线AB'平行时,则以这两条预算线的相同的斜率来表示商品X价格和商品Y价格的一个相同的比值P_X,而且,这个商品的相对价格P_X/P_Y是商品X的价格P_X变化以后的相对价格。补偿预算线FG与无差异曲线I_1相切于均衡点E_3,均衡点E_3与原来的均衡点E_1相比,需求量的增加量为X_1X_2,这个增加量就是在剔除了实际收入水平变化影响以后的替代效应。

进一步分析,预算线AB和补偿预算线FG分别与无差异曲线I_1相切于E_1点和E_3点,但斜率却是不相等的。预算线AB的斜率的绝对值大于补偿预算线FG的斜率的绝对值,由此可以推知,预算线AB所表示的商品的相对价格大于补偿预算线FG的相对价格,显然这是由P_X下降而P_Y不变所引起的。在这种情况下,当预算线由AB移至FG时,随着商品相对价格P_X/P_Y的变小,消费者为了维持原有的效用水平,必然会沿着既定的无差异曲线I_1由E_1点下滑到E_3点,增加对商品X的购买而减少对商品Y的购买,即用商品X去替代商品Y。于是,由E_1点到E_3点的商品X的需求量的增加量X_1X_2,就是P_X下降的替代效应。它显然归因于商品相对价格的变化,并不改变消费者的效用水平。在这里,P_X下降所引起的需求量的增加量X_1X_2是一个正值,即替代效应的符号为正。也就是说,此时替代效应与商品价格呈反方向变动。

收入效应是总效应的另一个组成部分。设想一下,把补偿预算线FG再推回到AB'的位置,于是,消费者效用最大化的均衡点就会由无差异曲线I_1上的E_3点回复到无差异曲线I_2上的E_2点,相应的需求量的变化量X_2X_3就是收入效应。这是因为,在上面分析替代效应时,是为了剔除实际收入水平影响,才将预算线AB'移到补偿预算线FG的位置的。所以,当预算线由FG的位置再回复到AB'的位置时,相应的需求量的增加量X_2X_3必然就是收入效应。收入效应显然归因于商品X的价格变化所引起的实际收入水平的变化,它改变了消费者的效用水平。在这里,收入效应X_2X_3是一个正值。这是因为,当P_X下降使得消费者的实际收入水平提高时,消费者必定会增加对正常商品X的购买。也就是说,正常商品的收入效应与价格呈反方向变动。

综上所述,对正常商品来说,替代效应与商品价格呈反方向变动,收入效应也与商品价格呈反方向变动,在它们的共同作用下,总效应必定与商品价格呈反方向变动。正因为如此,一般的文化商品的需求曲线是向右下方倾斜的。

四、不确定性条件下的文化消费者行为

到目前为止,我们一直假定商品价格、消费者收入以及其他一些变量是可以确切地知道的。但在现实生活中,人们在进行选择时往往面临许多不确定性因素。例如,人们往往通过借贷行为来支付大型的消费,如在购买或接受高等教育时,人们会计划用将来的收入来偿还今天的借贷。但是,对于许多人而言,未来收入是不确定的:我们的薪水可能上升,也可能下降;我们可能升职,也可能降职,甚至会失去工作;但如果我们推迟消费行为,我们又可能面对消费品的实际价格上升,更没有能力支付消费品的风险。消费者在进行消费和投资决策时,怎样才能把这些不确定因素考虑进去呢?

在分析消费者在不确定条件下的决策行为时,我们需要先了解"概率"这一概念。概率是关于随机现象的数学理论。随机现象可能有不同的结果。例如,明天的天气是一个随机现象,它可能是晴天、阴天、雨天,等等。股票价格也是一个随机现象,如果你拥有的股票价格今天为10元,一年以后,它的价格可能是5元、7元,或者是25元,甚至是100元。我们把随机现象的每一个结果叫作事件。随机现象的某一事件的实现具有不确定性,但这并不等于该事件实现的可能性无规律可循。我们知道,硬币落地,可能正面向上,也可能反面向上。但如果我们抛掷硬币许多次,只要硬币是均匀的,那么,我们大约有一半次数看到正面,一半次数看到反面。事实上,数学家卡尔·皮尔逊(Karl Pearson)曾抛掷硬币24000次,得到正面次数为12012次,其概率为0.5005,十分接近0.5。因此我们可以说抛掷均匀硬币得到正面的概率约为50%。这里,我们用一个数值来表示某一事件实现的可能性大小,这个数值称为该事件的"概率"。必然会出现的事件的概率最大,我们规定必然事件的概率为1。绝对不可能出现的事件概率最小,我们规定不可能事件的概率为0。一般来说,我们可以赋予随机现象的每一可能的结果一定的概率,对发生可能性大的结果赋予较大的概率,对发生可能性小的结果赋予较小的概率。概率可以帮助我们理解风险和不确定性。风险与不确定性是相互联系的两个概念。风险是指决策者虽然不能肯定某种经济行为一定会产生某种结果,但知道其发生的概率。不确定性是指决策者不能肯定某种经济行为一定会产生某种结果,也不知道其发生的概率。根据已有的经验,决策者能够知道某种经济行为的各种可能结果的概率,并借此计算该经济行为的期望值,可以通过期望值来分析各种风险情况下的决策。

在确定条件下消费者行为的目的是获得最大的效用,在不确定条件下消费者行为的目的也是获得最大的效用。但是,在不确定情况下,由于消费者事先并不知道哪种

结果事实上会发生,所以,消费者只是在事先做出最优的决策,以最大化其期望效用,为此,西方经济学建立了期望效用的概念。期望效用指消费者在不确定条件下可能得到的各种结果的效用的加权平均数①。从期望效用的大小可以判断人们对于风险的态度。假定消费者在无风险条件下所能获得的确定性收入与其在有风险条件下所能获得的期望收入值相等,如果消费者的确定收入的效用大于消费者对于有风险条件下的期望收入的期望效用,则该消费者为风险回避者(Risk Averter),相反则为风险偏好者(Risk Seeker);如果消费者在确定条件下的收入的效用等于消费者在风险条件下的期望收入的期望效用,则该消费者为风险中立者(Risk Neutral)。

消费者的风险态度也可以根据消费者的效用函数的特征来判断。假定消费者的效用函数为 $U = U(I)$,其中 I 为收入,且效用函数 $U = U(I)$ 为增函数。风险回避者的效用函数是严格凹的,风险偏好者的效用函数是严格凸的,风险中立者的效用函数是线性的。人们所从事的许多活动都面临着风险,对于那些风险回避者来说,应该如何应对所面临的风险呢?风险回避者可以采取三种常用的办法应对可能发生的风险,这三种方法是选择多样化、购买保险、获取更多的信息,采取这三种方法中的任何一种都会使其所面临的风险降低。

第三节 文化消费的决定因素

文化消费的决定因素可以从多个角度进行分析,具体包括社会因素、经济因素和时间因素等。

一、社会因素

(一)社会阶层与群体

不同社会阶层与群体对文化消费的影响是显著的。例如,高收入阶层可能更倾向于投资高端艺术品或参与高成本的文化活动,而低收入阶层可能更倾向于选择低成本或免费的文化消费方式。群体影响也体现在文化消费的选择偏好上。例如,某个社群可能因为共同的文化背景或兴趣,而倾向于选择特定的文化产品或服务。

---

① 何大安.个体理性选择的认知偏差与效用期望调整[J].浙江学刊,2023(3).

（二）家庭环境和教育因素

家庭环境和教育因素对个体的文化消费习惯有深远影响。例如，父母对艺术的热爱和投入可能会激发孩子对文化消费的兴趣。家庭经济状况也会影响孩子的文化消费选择。经济条件较好的家庭可能更能负担得起高成本的文化活动，如艺术培训等。

（三）社会角色与地位

个体在社会中的角色与地位会影响其文化消费选择。例如，职业和文化背景可能会影响一个人对文化产品的偏好和选择。社会地位较高的个体可能更倾向于选择高品位、高档次的文化消费，以体现其社会地位和品位。

（四）社会关系网络

个体的社会关系网络，如朋友、同事、邻居等，会对其文化消费产生影响。这些关系网络中的成员可能会分享文化消费的经验和推荐一些文化消费活动，从而影响个体的选择。此外，社交媒体等网络平台也为个体提供了更广阔的文化消费选择和信息获取渠道。

总之，社会因素在文化消费决策中起到了关键作用。了解和分析这些社会因素，有助于更好地理解个体的文化消费行为和偏好，能为文化产品和服务的设计和推广提供相关参考。

二、经济因素

（一）收入水平

个体的收入水平是决定其文化消费能力的关键经济因素。一般来说，随着收入水平的提高，个体或家庭在文化消费上的投入也会相应加大。高收入群体可能更倾向于购买高价文化产品，如艺术品、音乐会门票等。而低收入群体往往会选择较为经济实惠的文化消费方式，如借阅图书、参加免费的文化活动等。

（二）经济稳定性

经济稳定性也会影响文化消费决策。在经济繁荣时期，人们可能更愿意在文化娱乐方面进行消费，以享受生活和提高生活质量。然而，在经济不景气或不稳定时期，人们可能会削减非必需品的支出，包括文化消费，以应对不确定的经济环境。

（三）就业状况与职业类型

就业状况与职业类型对文化消费也有显著影响。稳定的工作和较高的职业地位通常意味着更高的收入水平和更强的消费能力。某些职业群体,如艺术家、设计师等,可能由于他们的职业特性,他们对特定类型的文化消费有更强烈的兴趣或需求。

(四)地区经济发展水平

地区经济发展水平对当地居民的文化消费有重要影响。在经济发达的地区,文化产业发展较为成熟,文化消费的选择也更加丰富多样。这些地区可能拥有更多的文化设施、艺术展览、演出活动等,为当地的居民提供了更多的文化消费机会。

(五)物价水平

物价水平是影响文化消费的重要因素之一。如果文化产品或服务的价格上涨过快,可能会抑制消费者的购买意愿。相反,如果价格合理或有所下降,可能会刺激更多的消费需求。

综上所述,经济因素在文化消费决策中起到了至关重要的作用。收入水平、经济稳定性、就业状况与职业类型、地区经济发展水平以及物价水平等因素共同影响着个体的文化消费行为和偏好。

三、时间因素

(一)个体的日常时间安排

个体的日常时间安排会直接影响其文化消费的频率和种类。例如,如果一个人的工作日程非常繁忙,他/她可能只能选择在工作日的晚上或周末进行文化消费,如观看电影、参加音乐会等。同时,如果一个人的日程安排中已经有大量的社交活动或体育活动,他/她可能会减少在文化消费上的时间投入。

(二)休闲时间的分配

休闲时间的分配对文化消费具有重要影响。在有限的休闲时间里,个体需要平衡各种活动,如家庭活动、社交活动和文化消费活动等。如果一个人非常重视文化消费,他/她可能会在休闲时间中安排更多的文化消费活动,如参观博物馆、阅读书籍等。

(三)文化消费所需时间

不同类型的文化消费所需的时间不同。例如,观看一部电影可能需要2—3小时,而阅读一本书可能需要数天或数周。个体在选择文化产品时,会考虑其所需的时间成本。如果时间有限,他/她可能会选择时间成本较低的文化消费方式。

（四）个体的时间观念和文化价值观

个体的时间观念和文化价值观也会影响其文化消费决策。例如，有些人认为时间是宝贵的，他们可能更倾向于选择高效、快速的文化消费方式，如在线观看短视频等。而有些人则更注重文化消费的深度和品质，他们可能会选择投入更多的时间来品味一部经典的电影。

综上所述，时间因素在文化消费决策中起到了关键作用。个体的日常时间安排、休闲时间的分配、文化消费所需时间以及个体的时间观念和文化价值观等因素共同影响着个体的文化消费行为和偏好。因此，我们在推广文化产品和服务时，应充分考虑消费者的时间安排和需求，以提供符合其时间偏好的文化消费选择。

个人的文化素养、兴趣爱好和审美习惯等也与文化消费结构和水平密切相关。受教育水平和文化素养较高的人可能更有意愿和能力去追求多元化的文化体验。此外，个人的消费习惯和文化偏好也会影响文化消费水平和结构。不同社会群体对不同类型的文化产品和服务有着特定的偏好。文化多样性和全球化趋势使得人们能够接触到来自不同国家和地区的文化产品和服务，这种文化多样性也会对个人的文化消费结构产生影响。同时，文化产品主要消费的是符号和意义，这些也会形成一种时尚消费潮流。总之，文化消费的决定因素是多方面的，经济、社会等方面的因素相互作用，共同塑造了社会的文化消费结构。

第四节　文化消费水平

一、文化消费水平的内容和分类

文化消费水平是一种程度性标志，体现了一定社会条件下人们的文化消费能力。它与一定社会文化生产力发展水平相关，同时还体现出一定社会历史条件下人们的精神和审美需求所达到的境界。如果说，一定的社会文化生产力发展水平规定了文化消费水平的量的实现程度的话，那么，人们的精神和审美需求所达到的境界则体现了文化消费水平所达到的质的高度。

（一）文化消费水平的内容

文化消费水平是指一定时期内人口平均实际消费的各种文化产品和服务的数

量[①]。它可以说明某一时期内劳动者及其家庭的文化生活需要满足的程度。文化消费水平主要包括以下三方面的内容。

1. 文化消费总额

文化消费总额是用货币表示的一定时期内文化消费的总和,既包括个人文化消费和社会公共文化消费,也包括文化产品消费和文化服务消费。文化消费总额可以反映某一时期文化消费需要满足的程度和总水平。

2. 参与文化消费的总人口数

参与文化消费的总人口数包括已就业的人口总数和非就业的人口总数。

3. 文化消费结构

文化消费结构是指各种文化产品和服务在文化总消费中的比例和相互关系。它可以从不同的侧面反映劳动者的文化消费需要得到满足的程度。任何消费品和服务都具有一定的质量。因此,衡量消费水平时,应考虑对于消费品和服务的质量要求。

综上,要想全面把握文化消费水平,应综合考虑数量与质量、文化产品与文化服务消费,单纯从某一方面衡量文化消费水平的高低是不正确的。

(二) 文化消费水平的分类

1. 社会平均文化消费水平

我们可以从社会平均文化消费水平的角度,划分出社会一定时期内实际人口的平均文化消费水平。社会平均文化消费水平可采用价值形式,也可采用实物形式来表示。以实物形式表示的文化消费水平是实际的社会平均文化消费水平。社会平均文化消费水平及其增长速度,可以反映社会文化发展水平和增长速度,它是人民文化生活状况的基本标志。

2. 各类劳动者的文化消费水平

文化消费水平可以按劳动者职业的不同进行划分,如职工文化消费水平、农民文化消费水平、体力劳动者文化消费水平、脑力劳动者文化消费水平,等等。各类劳动者的文化消费水平,可以反映从事不同职业的劳动者的文化生活状况及他们之间的相互关系。

3. 城市文化消费水平和农村文化消费水平

我们可以依据城市或农村一定时期内实际人口划分文化消费水平。城市或农村文化消费水平,可以反映出城市或农村的文化消费状况及其相关比例关系。

---

① 周锦,张银芬,郭新茹.公共文化服务数字化赋能文化消费水平提升——基于城乡视角的对比分析[J].农村经济,2023 (7).

4. 地区文化消费水平

我们可以依据地区的不同,对文化消费水平进行划分,包括地区内一定时期实际人口平均的文化消费水平、地区内城市或农村文化消费水平、地区内不同职业劳动者文化消费水平等。另外,各地区文化消费水平可以反映出各地区文化发展水平及其变化趋势。

二、文化消费水平的差异

文化消费水平的差异可以体现在多个维度上[①],包括消费内容差异、消费频率和消费金额差异、消费方式差异、地域和文化背景差异等。这些差异受到多种因素的影响,包括个人经济状况、教育背景、生活方式、地理位置及文化背景等。

(一)消费内容差异

不同群体或不同区域对于文化消费的内容有不同的偏好,如图3-5所示,2022年全国31个省(自治区、直辖市)(港澳台地区除外)平均每百户居民家庭主要耐用消费品的拥有量也大致反映了这一趋势。例如,一些人可能更喜欢观看电影、戏剧或音乐会,而另一些人可能更热衷于购买书籍、参观博物馆或艺术展。这些差异可能缘于个人的兴趣爱好、教育背景或生活方式等因素。

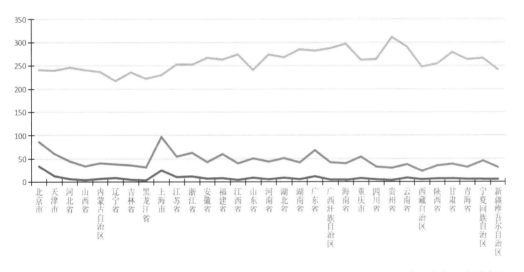

图3-5　2022年全国平均每百户居民家庭主要耐用消费品拥有量

扫码看彩图

(二)消费频率和消费金额差异

不同个体或家庭在文化消费上的频率和金额也存在显著差异。有些人可能经常

---

① 刘宇,周建新.我国居民文化消费空间差异及驱动因素研究[J].统计与决策,2020(13).

参加文化活动,花费大量金钱购买文化产品或服务,而另一些人可能很少进行文化消费。这种差异往往与个人的经济状况有关。经济条件较好的人可能更愿意在文化消费上投入更多的金钱和时间,而经济条件较差的人则可能受到经济限制,无法频繁进行文化消费。

(三)消费方式差异

随着科技的发展,文化消费的方式也日趋多样化。有些人可能更喜欢通过线上平台进行文化消费,如在线观看电影、购买电子书等,而另一些人则更喜欢传统的消费方式,如去电影院观影、购买纸质图书等。这种差异可能受到个人习惯、技术接受程度及文化背景等因素的影响。例如,年轻人可能更倾向于通过数字技术进行文化消费,而年长者可能更习惯于传统的文化消费方式。

(四)地域和文化背景差异

不同地域和文化背景的人们在文化消费上也存在差异。例如,某些地区或某一类文化群体可能更注重传统文化的传承和消费,而另一些地区或其他类的文化群体则可能对于外来文化持有更加开放的态度。这些差异可能源于地理位置、历史传统、民族习俗等因素。因此,在推广文化产品和服务时,需要充分考虑来自不同地域、有着不同文化背景的消费者的需求和偏好。

总之,文化消费水平的差异是多方面的,受到多种因素的影响。了解这些差异有助于我们更好地理解消费者的需求和行为,从而制定更有效的文化市场策略。

第五节 文化消费水平的提高路径

要想提高文化消费水平,首先必须明确制约文化消费水平的主要因素以及这些因素的相关情况。制约文化消费水平的主要因素有文化消费体系和制度,文化消费者的收入水平、闲暇时间、文化程度,以及文化产品的优化和创新等。提高文化消费水平可以从以下几个方面入手。

一、健全文化消费体系和制度

(一)优化文化消费环境

一个完善的文化消费体系意味着良好的消费环境,包括丰富的文化产品选择、便捷的消费渠道、优质的服务体验等。这样的环境能够激发消费者的文化消费欲望,提高他们参与文化消费活动的积极性。

（二）提供多样化的文化产品

一个健全的文化消费体系能够拓宽文化消费的广度和深度，提供多样化的文化产品，满足不同消费者的个性化需求。无论是电影、音乐、书籍、美术还是其他形式的文化产品，消费者都能根据自己的兴趣和喜好进行选择。

（三）规范文化市场秩序

健全的文化消费制度包括有效的市场监管机制和文化产品质量保障机制。应打击制售盗版、假冒伪劣商品等违法行为，维护文化市场的公平竞争秩序，保护消费者的合法权益。这有助于树立消费者的信心，促使他们更愿意参与文化消费活动。

（四）提高文化消费意识

相关机构和组织的宣传教育和文化推广活动，能够有效提高消费者对文化消费的重视程度，让消费者明白文化消费对于个人精神生活和社会文化发展的重要性，从而促使消费者更加积极地参与文化消费活动。

（五）促进文化产业发展

健全的文化消费体系和制度能够为文化产业提供良好的发展环境，推动文化产业的创新和发展。文化产业的繁荣发展有助于文化企业推出更多优质的文化产品，从而进一步满足消费者多样化的需求。

二、提高居民可支配收入和教育水平

文化消费所具有的崇尚个性、强调差异的特点，决定了它对消费者的收入水平、闲暇时间、文化程度及性别、年龄等较具敏感性。

收入的增加通常会带来更大的经济自由度和更强的购买力，使消费者能够承担更高层次、更高品质的文化消费。例如，他们可能更愿意购买昂贵的音乐会门票、订阅高端的文化杂志，或购买更多的书籍和艺术品。随着收入的增加，消费者可以接触到更多类型的文化产品和服务。他们并不会局限于本地或低成本的文化消费，还会探索更广泛的文化领域，如国内外旅游、高端艺术展览等。

教育水平的提高有助于培养消费者对文化艺术的鉴赏能力和兴趣。通常而言，接受过更高层次教育的人们能够展现出对文化产品更深层次的理解与鉴赏能力，从而更愿意在文化消费上进行投入。教育不仅提高了消费者的文化素养，还培养了他们的文化消费意识，有助于他们认识到文化消费对于个人成长和社会发展的重要性，从而更积极地参与文化消费活动。接受过更高层次教育的消费者往往更擅长利用数字技术和网络资源来获取文化信息和服务,这不仅可以降低文化消费的成本,还可以扩大他们的文化消费范围和选择范围。

三、注重文化产品的优化和创新

目前文化消费品在供给总量和结构上仍不能适应居民日益增长的文化消费需求,以至于出现文化消费领域的供求不均衡现象。具体表现为,较高层次的文化消费品的供给满足不了消费需求,某些低层次的文化消费品供给过剩。教育、图书、科技信息等智力型、发展型消费需求,有助于提高居民的知识水平和文化素质,属于文化消费的较高层次。如今,知识经济的发展使较高层次的文化消费需求愈加强烈,消费群体不断壮大。但是从目前情况来看,适应居民这种消费需求的供给还相当有限,思想性、艺术性、观赏性高度统一的优秀文化产品和服务为数不多。

复习与思考

一、重点概念

基数效用论;序数效用论;文化消费;文化消费水平

二、思考题

1. 文化消费的作用和意义是什么?
2. 文化消费的决定因素是什么?
3. 如何理解文化消费水平的差异?
4. 请简述提高文化消费水平的方法。

第四章
文化供求及均衡调节

本章概要

文化经济学以微观经济理论为基础,因此遵循微观经济理论的假设。在微观经济分析中,根据所研究的问题和所要建立的模型的不同需要,假设条件有所不同。微观经济学的两个基本的假设是"经济人假设"和"完全信息假设"。

"经济人假设"也叫作"理性人假设",是指经济决策主体(如消费者、生产者等)的经济行为都是理性的或是合乎理性的,他们在经济活动中不会感情用事,而是精于判断和计算,总是以利己为动机,力图以最小的经济代价去追逐最大的经济利益。消费者总是以自身满足的最大化为目标,生产者总是以利润的最大化为目标,要素所有者总是以自身报酬的最大化为目标。

"完全信息假设"是指经济活动的所有当事人都拥有充分的和相同的信息,而且获取信息不需要支付任何成本。例如:假定每一个消费者都能充分地了解每一种商品的性能和特点,准确地判断一定商品量给自己带来的满足程度,了解每一个商品的价格在不同时期的变化,等等,从而能够决定自己的最优商品购买量;假定每一个生产者都能准确地了解产量与生产要素投入量之间的技术数量关系,完全了解商品价格和生产要素价格的变化,以及了解在每一个价格水平下的消费者对产品的需求量,等等,从而能够做出最优的生产决策。这些意味着经济活动的所有当事人都了解所有经济活动的条件和后果,因而经济活动中不存在任何不确定性。

对于上述两个基本假设,经济学家也承认它们是不完善的,而且它们与实际经济生活存在很大差距。例如,在涉及人类未来的环境与资源问题时,随着生态环境的稀缺化,当代人按照"经济人假设"来确定自己的行为,就不可避免地会出现"利在当代,贻害子孙"的局面。又如,现实中的工商企业内部存在不同的利益集团,各利益集团追求的目标是不一致的,因而与假设条件不符。而完全信息更难以在现实中做到。但经济学家要想从复杂的现实中抽象出一般的经济原理,就必须设立这些基本的假设条件,否则不可能得出任何结论。因此,这些基本的假设条件尽管不符合实际,但它们是为了方便理论分析而设立的。

在微观经济分析中,假定没有政府部门,把经济社会简化为由消费者、生产者两个经济主体,以及产品市场、生产要素市场两个市场组成。每个消费者和生产者都具有双重身份,在文化产品(消费品)市场上,文化消费者是文化产品和服务的需求者,文化生产者是文化产品和服务的供给者。在文化生产要素市场上,文化消费者则以文化生产要素供给者的身份出现,文化生产者则以文化生产要素的需求者的身份出现。因而,整个微观经济活动即消费者和生产者的经济活动是通过产品市场和生产要素市场的供求关系而联系起来的。上述关系具体如图 4-1 所示。

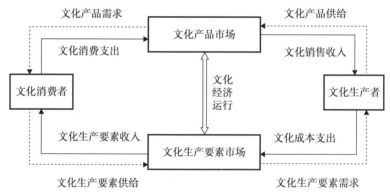

图 4-1　文化经济循环流程

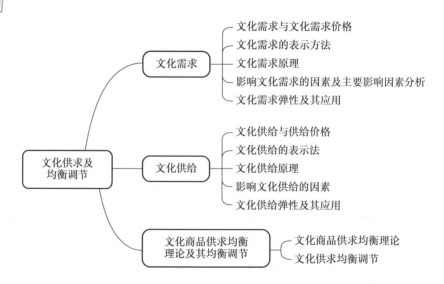

第一节 文 化 需 求

一、文化需求与文化需求价格

文化需求是指人们为了满足各种精神生活需要而形成的对文化产品和服务的要求。它既是社会经济发展的必然产物,也是人自身发展的必然表现形态。文化需求的大小及品位的高低,已成为衡量一定文化区域现代化程度高低的标志。文化需求包含两种类型:①非商品性文化需求,是人们无须支付价格就可以实现的需求。这种需求主要表现为社会公益性文化需求,由文化生产部门无偿提供文化艺术产品而实现,如街头雕塑、广场音乐会、公益广告与公益演出等。②商品性文化需求(文化商品需求),是人们通过购买手段,支付一定的价格,以货币交换方式实现的需求。它主要通过市场进行,并受到价值规律的支配。根据需求动机和购买结构的差异,商品性文化需求又可进一步细分为投资性文化需求(如古玩、字画等)和娱乐性文化需求(如KTV、主题娱乐园等)。本书中涉及的"文化需求"主要是指"文化商品需求"。

一种文化商品的需求(Demand)是指文化消费者(或购买者)在一定时期内和一定市场上,在各种可能的价格水平下愿意并且能够购买的该商品的数量[1]。可见,"文化需求"这个概念限定了特定的时期和市场,是指既有购买欲望又有购买能力的有效需求,涉及价格和数量两个变量,不是指实际购买的数量,而是指人们想要购买的数量。

文化需求分为个人文化需求和市场文化需求。个人文化需求是指单个消费者对某种文化商品的需求,市场文化需求是指所有个人文化需求的加总。

文化需求价格(Cultural Demand Price)是指一定时期内消费者对于一定量文化商品所愿意支付的最高价格,它取决于这一定量的文化商品对于消费者的边际效用。由于物品对消费者的边际效用是随着物品购买量的增加而递减的,所以,文化需求价格随商品量的增加而呈递减趋势。

二、文化需求的表示方法

(一)文化需求表(Cultural Demand Schedule)

需求表是用来描述某种商品的价格与需求量的对应关系的表格[2]。表4-1所示的

---

[1] 张振鹏,陈志军.文化商品市场垄断与文化企业规制[J].社会科学研究,2014(2).
[2] 宗良.经济学理论创新的中国探索[M].北京:中国人民大学出版社,2022.

是文化需求表,描述了某一市场某种文化商品在各种不同价格下的个人文化商品需求量和市场文化商品需求量的变化状况。

表 4-1　文化需求表

文化商品价格 (元/单位)	个人文化商品需求量(单位)					市场文化商品 需求量(单位)
	甲	乙	丙	丁	…	
6	1	2	4	6	…	40
5	2	3	6	8	…	60
4	3	4	8	10	…	80
3	4	6	12	12	…	100
2	6	8	14	16	…	120
1	8	12	16	18	…	140

(二) 文化需求曲线 (Cultural Demand Curve)

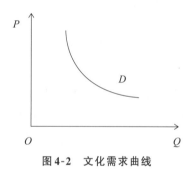

图 4-2　文化需求曲线

根据上述文化需求表中给定的文化商品需求量与文化商品价格之间对应关系的数据,可以绘出相关文化需求曲线。因此,文化需求曲线是用来描述文化商品需求量与文化商品价格对应关系的曲线,如图 4-2 所示。图中,Q 代表文化商品需求量,P 代表文化商品价格,D 为文化需求曲线,从图中可看到文化需求曲线呈现出向右下方倾斜的特征。

(三) 文化需求函数 (Cultural Demand Function)

从文化需求的概念可知,文化需求涉及两个变量,若把文化商品的价格(P)作为自变量,把文化商品的需求量(d)作为因变量,则可用函数关系来表示价格与需求量之间的关系,这种函数就是文化需求函数,可表示为

$$Q_d = F(P)$$

在这种函数形式下,只有文化商品价格是影响文化商品需求量的因素,其他影响文化商品需求的因素被假定为不变。事实上,影响文化商品需求的因素有许多,若用 ($a,b,c,\cdots$) 代表影响文化需求的诸因素,则文化需求函数可表示为

$$Q_d = F(a,b,c,\cdots)$$

值得注意的是,经济学在论述文化需求函数时,一般都假定文化商品的价格与相应的文化商品的需求量之间的变化具有无限可分性,因此,文化需求曲线才能成为一条光滑的连续的曲线。文化需求函数和文化需求曲线可以是线性的,也可以是非线性的。为简明起见,经济分析中大多使用线性需求函数和线性需求曲线。线性文化需求

函数的形式通常表示为

$$Q_d = \alpha - \beta \times P$$

上式中，α、β 为常数，且 α、β 均大于 0，α 表示文化需求曲线在横轴上的截距，$-\beta$ 表示文化需求曲线相对于横轴的斜率，$-\beta = \dfrac{\Delta Q_d}{\Delta P}$，或者 $-\beta = \lim\limits_{\Delta P = 0} \dfrac{\Delta Q_d}{\Delta P} = \dfrac{\mathrm{d} Q_d}{\mathrm{d} P}$

三、文化需求原理

文化需求是指人们在特定时期内和一定市场上，对能够满足自身文化消费的产品或服务的欲望和要求，它强调两个关键词："愿意"并且"能够"。文化需求是消费者在特定价格条件下对文化产品或服务的需求量，它反映了消费者对于文化产品或服务的需求意愿和购买行为。

作为人类社会生产的精神现象，文化需求是社会经济发展的必然产物；作为人的本质的一种自我确证，文化需求又是人的自身发展的必然表现形态。社会生产力的发展和劳动生产率的提高，使得人们的生活水平得到了全面提高。人们的闲暇时间增多，以及物质生活的丰富和可供支配收入的增加所不断带来的物质消费层次和消费结构的变化，使得人们在实现了物质需求的同时，不断地追求着精神方面的发展。随着社会的不断发展，在人们的生活需要中，用于生存需要的开支部分所占的比重逐步下降，而用于享受和发展需要的文化开支部分所占的比重在逐步上升。文化需求逐渐成为人们生活中的普遍需求。而文化需求量的大小和文化需求品位的高低，已成为衡量一定文化区域现代化程度高低的标志。文化商品需求的不断发展，不仅能够满足人们日益增长的精神文化需求，使他们获得更加丰富的文化体验和滋养；同时，这一过程还会促使文化环境的不断改善与革新，营造出更加积极健康、丰富多彩的文化氛围。更为重要的是，文化环境的这种积极变化，会作为一股强大的驱动力，激发社会各个层面的活力与创新，从而带动整个社会经济结构的优化升级和持续健康发展。换句话说，文化商品需求的发展不仅关乎个体精神层面的提升，还是推动社会全面进步与经济发展的重要力量。

由于精神需求的构成不同，现代文化需求一般可分为非商品性文化需求和商品性文化需求两种类型。

（一）非商品性文化需求

非商品性文化需求是指人们无须支付费用就可以实现的需求。这类文化需求主要表现为社会公益性文化需求，由文化生产部门无偿提供文化艺术产品以满足这类文化需求。例如，设置街头雕塑、举办广场音乐会等，其目的是满足社会公众对生活环境的文化氛围的要求。对这类文化需求而言，需求与需求实现之间没有发生任何交换关系，因此，一般来说这类文化需求并不是文化经济学的主要研究对象。但是，这类文化需求是人们整个文化需求的重要组成部分,并且这类文化需求体现了整个社会资金在文化事业上的分配和使用,而由这些分配和使用行为所造成的文化产品的供求矛盾又会间接地与人们的经济活动相联系。因此,如何正确认识非商品性文化需求在整个文化需求中的地位和作用,正确处理非商品性文化需求与商品性文化需求的关系,就成为文化经济学研究不能回避的课题。

(二)商品性文化需求

商品性文化需求是指人们通过购买手段,支付一定的费用,以货币交换方式实现的需求。这类文化需求是通过货币交换方式实现的对文化商品的有偿购买,主要通过市场进行,它的运动必然会受到价值规律的支配,因此,它成为文化经济学的主要研究对象之一。依据需求动机的不同和购买结果的不同,这类文化需求可细分为投资性文化需求和娱乐性文化需求。

1. 投资性文化需求

投资性文化需求是指着眼于人的人文品格的培养和文化素质的发展的需求,其目的是通过货币的投资行为实现货币的保值和增值,如人们对字画、古玩等艺术品的需求。

2. 娱乐性文化需求

娱乐性文化需求是指满足以感官享受为特征的需求,例如,人们对卡拉OK、迪斯科、高保真音响等的需求是不以货币的保值和增值为目的的,主要体现了人们对瞬时的享受的追求。在这个过程中虽然会涉及人的人文品格的塑造,但无论是在需求动机还是在需求效果方面,娱乐性文化需求与投资性文化需求有着明显差异。娱乐性文化需求是人们的精神生活需求的另一种形态,这类文化需求与人们对文化商品的需求不一样,这类需求不是接受型的,而是输出型的,更多体现出人的主体意识和创造精神,是一种比接受型的文化需求更高级的需求形态。这类需求形态的最本质的内容,就是其可以体现出每个人都是精神文化产品的创造者和文化消费品的提供者。现代社会背景下,精神文化产品的创造和文化消费品的提供均通过现代传媒手段得以广泛地实现,由此创造出一种全新的文化经济的运动模式,也可以理解为一种根据表达需求所形成的公众广泛参与的文化经济形态。目前繁荣发展的电商市场就是最典型的案例。随着中国经济社会的进一步开放,人们享受的文化民主权利的进一步实现,表达需求将发展成为主要的文化需求。对于表达需求的研究,将成为文化经济学的一个全新研究领域。

文化需求受到多种因素的影响,除了文化商品的价格,还包括消费者的收入水平、文化水平、个人偏好,以及社会环境等。当消费者的收入水平提高时,他们对于文化产品或服务的需求也会相应增加。同时,随着社会的不断发展和文化交流的不断深化,消费者的文化需求也在不断变化和升级。

四、影响文化需求的因素及主要影响因素分析

（一）影响文化需求的因素

文化需求的社会整体形成和运动是在各种因素的综合作用下形成的结果。尽管在不同的历史时期和不同的地域，这些经济、文化、政治、历史、社会、家庭、环境甚至是心理等方面的因素所产生的作用力是不一样的，但它们都对文化需求的内容构成和取向产生影响，并且在某种情况下会影响一定时期和一定地区人们的文化需求的宏观走向。因此，影响某种文化商品需求的因素[①]，具体来讲，除了其自身的价格，还包含以下几个方面。

1. 消费者的收入

一般来说，在其他条件不变的情况下，消费者的收入越高，对文化商品的需求越多。但随着消费者收入水平的不断提高，消费需求结构会发生变化，即随着消费者收入的提高，消费者对有些文化商品的需求会增加，而对有些文化商品的需求会减少。经济学把需求数量的变动与消费者收入同方向变化的物品称为"正常品"，把需求数量的变动与消费者收入反方向变化的物品称为"劣等品"。

2. 消费者的偏好

当消费者对某种文化商品的偏好程度增强时，消费者对该文化商品的需求数量就会增加。相反，当偏好程度减弱时，需求数量就会减少。消费者的偏好一般与其所处的社会环境及当时、当地的社会风俗习惯等因素有关。

3. 相关文化商品的价格

当一种文化商品本身的价格不变，而与它相关的其他文化商品的价格发生变化时，该文化商品的需求数量也会发生变化。如果其他文化商品与被考察的文化商品是替代关系，如属于同类型的视听节目等，由于它们在文化消费中可以相互替代以满足消费者的某种欲望，故一种文化商品的需求与它的替代品的价格呈同方向变化，即替代品价格的提高将引起该文化商品需求的增加，替代品价格的降低将引起该文化商品需求的减少。如果其他文化商品与被考察的文化商品是互补关系，如影碟与影碟机等，由于它们必须相互结合才能满足消费者的某种欲望，故一种文化商品的需求与它的互补品的价格呈反方向变化，即互补品价格的提高将引起该文化商品需求的降低，互补品价格的下降将引起该文化商品需求的增加。

---

① 杨静，张晨，封世蓝. 新时代民生经济学[M]. 北京：中国人民大学出版社，2021.

4. 消费者对文化商品价格的预期

当消费者预期某种文化商品的价格在将来某一时期会上升时,就会增加对该文化商品的现期需求;当消费者预期某文化商品的价格在将来某一时期会下降时,就会减少对该文化商品的现期需求。

5. 人口的构成和流动

文化需求是一种处在不断运动和变化中的多元构成。它的结构构成和运动方向,在一定的主体构成不变的情况下,随着人口结构构成的变化和人口流动状况的变化而变化。人口结构包括人口的年龄结构、职业结构和性别结构。不同的年龄层次、不同的职业和不同的性别的人们,对文化需求内容和形式的选择是不一样的,而人口的流动也由于这三种不同的构成而分别呈现不同的流向,并对文化需求的整个运动状况产生不同的作用力,形成不同的层次和结构。

年龄结构对文化需求的影响主要体现在由于阅历、文化兴趣等方面的差异,不同年龄段的人们的文化需求的目的、内容和形式有所不同。例如,京剧作为我国国剧和民族文化的精华,主要受到中老年人的喜爱,尤其是老年人;而现代引进的动画片则主要受到儿童、少年的追捧。与此类似,流行歌曲则主要受到青年人的喜爱。在文化市场中,不同年龄层次的文化需求形成了此消彼长的潮汐现象。青年人作为社会文化需求中最活跃的群体,其文化需求的价值取向和审美取向对社会文化需求的生长点具有重要影响。因此,了解并掌握青年人文化需求的特点,对于文化生产和市场运作具有重要意义。总体而言,对于文化需求而言,年龄结构是一种复杂而多元的影响因素,不同年龄段的人们的文化需求存在明显的差异,由此在文化市场中形成了多样化的需求结构和市场格局,为文化产业的发展提供了广阔的市场空间。

职业结构是人口因素对文化需求产生影响的又一重要方面。一定职业是人们一定的社会角色的确认,不同职业的人们会有不同的文化需求。一般来说,职业对文化程度的要求越高,该职业人群的整体文化程度就越高,该职业人群对于文化需求的质量和数量的要求也会较高,因此,职业结构的不同会导致文化需求的质和量以及运动样式的差异。社会对文化商品的需求量、质量要求的高低与社会职业结构以及职业人群的文化程度呈正相关。

性别结构对文化需求的影响主要表现在女性的社会参与程度上。女性的社会参与程度越高,女性的文化需求量就越大,反之则越小。这种影响主要体现在文化商品种类的选择上,对文化需求结构的影响较大,而对文化需求走势的影响较小。

人口流动是文化需求的重要影响因素之一。一定地区人们的文化需求与该地区人口的数量和质量的流量和流速有关。当人口流动呈现匀速运动时,该地区文化需求的发展状况表现出一定的规律。然而,当外来力量导致人口流动激增或突变时,文化需求的发展状况会出现紊乱。为了满足新的文化需求,需要在原有基础上重组文化需求结构,并通过市场调节达到新的文化需求平衡,形成新的文化消费市场以及文化生产结构和规模。因此,无论是组织文化生产、调整产业结构,还是组织市场,都必须重视一定数量和质量的人口流量和流速对一定地区文化需求的影响,并对其进行相关研究。

6. 地理环境

地理环境作为人类生存的空间和自然基础,对各民族、各国家的文化机体构成产生重要影响。不同的地理环境和自然产品催生了各地域、各民族不同类型的物质生产方式,进而形成了不同的文化性格以及社会文化需求的内容和形式。早在"五四"时期,我国著名学者杜亚泉就指出,西洋文明和中华文明由于地理环境的差异,形成了不同的价值取向和存在形态。这种区别既表现在两大文明类型之间,也表现在同一文明的背景下,并直接赋予某些文化产品以鲜明的地理环境色彩,如藏族民歌的雪域风情、蒙古族民歌的草原韵味、江南丝竹的水乡意境等,由此我们可以看出不同地区、不同民族的文化需求具有鲜明的特征。地理环境对人们文化需求的影响,不仅体现在对文化需求对象的内容和形式的要求上,还体现在为对文化商品需求的量的要求上。一般来讲,城市居民的文化需求要比农村居民的文化需求高,沿海、沿江大城市居民的文化需求比内地和偏远地区的中小城市居民的文化需求高。这是因为城市居民的经济收入和文化程度普遍要比农村居民高,同时城市的交通、文化消费较高,生产市场、硬件设施较为发达,人口流量大,信息传播和观念更新快,人们的文化需求运动频率也较高。然而,这并不意味着可以忽视农村居民的文化需求。在文化需求的总量控制中,城市的要求比例总是高于乡村,但农村同样存在自己的文化需求及其特点。因此,在制定文化政策和开展文化活动时,需要充分考虑不同地区和群体的文化需求差异,以满足人们多样化的精神文化需求。中国是有着14亿多人口的农业大国,满足这么庞大的人群的文化需求,开拓和发展广阔的农村文化大市场,依然是我国文化发展战略的重要和长远的目标。

7. 政治因素

文化需求体现了人们对于精神享受和发展方面的需求,涵盖了政治、历史、宗教、文化、艺术、道德等多方面的内容,具有综合性。政治因素主要包括文化政策和舆论宣传导向,它们在对社会文化需求的宏观调控中起着重要作用。文化需求是在一定的文化土壤中培育起来的,其形成过程受到了不同养料的影响,因此,在一定历史文化背景条件下,人们的文化需求具有多样性和复杂性。文化需求包含多种不同的价值观念和精神取向,既有低级文化要求,也有高级文化追求,既有宗教的,也有世俗的。每个社会阶层和社会群体都希望自己的文化需求得到最大限度的满足。当一种文化需求破坏了原有文化需求的"生态平衡",尤其是对国家和民族文化的发展走向及整个社会人群素质的构造产生影响时,除了运用市场手段进行调控,政府还将采取一定的行政措施,明确提供和扶持一种文化需求,以淡化和消解另一种文化需求的过度膨胀。例如,1994年对高雅艺术的倡导和对港台歌星演出的适度控制,形成了"94高雅艺术年"。在社会动荡时期,如战争时期,政治会要求文化服从国家和民族的最高利益,并引导大众的文化需求。当某一时期形成社会的政治热点时,也会引起文化需求注意力的转移。例如,20世纪90年代初出现的"领袖人物传记热"等。政治因素的重大变化必然会引起文化需求的内容、形式和方向的重大变化。例如,我国实行改革开放后人们的社会文化需求的变化,同样说明了政治因素对文化需求的影响。此外,还有很多因素会影响文化商品的需求,如心理因素、宗教信仰等。

(二)主要影响因素分析

1. 文化商品价格

文化需求原理是指人们对文化商品的需求量与文化商品价格之间运动、变化关系的内部联系。在市场经济条件下,作为商品生产的基本规律之一,文化需求规律不仅反映了人们对文化商品的需求量与文化商品价格之间的最为一般的关系,而且对这一关系起着制约作用。文化商品价格是影响文化需求的基本因素,在其他情况不变的条件下,文化需求总是随文化商品价格的变化而变化:文化商品价格上升,文化需求量就会下降;相反,文化商品价格降低,文化需求量就会增加。因此,文化需求规律具体表现为需求量随价格上升而递减、随价格下降而递增的逆向运动关系,如图4-3所示。

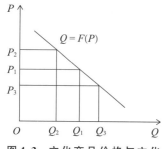

图4-3 文化商品价格与文化需求量的关系图示

从图4-3中可以看出,当文化商品价格为P_1时,文化需求量为Q_1;当文化商品价格上升到P_2时,文化需求量就降到Q_2;当文化商品价格下降至P_3时,文化需求量就增至Q_3。这种关系用函数形式来表示就是文化商品的需求函数,需求量是价格的函数,即$Q=F(P)$,其中,Q表示需求量,P表示价格,F表示它们之间的函数关系,这是一条自左上方向右下方倾斜的文化商品需求曲线,反映的是需求量与价格之间的变动关系。需求状况的任何变化都会引起整个需求曲线的运动,因此,这种关系所反映的就是人们的文化需求的发展规律。

2. 可支配收入水平

文化商品需求反映了人们对于追求享受与自我发展的深层次渴望。这种需求通常是在人们的基本生存需求,如食物、衣物、住所等得到满足之后,才开始逐渐形成并发展起来的。换句话说,文化商品需求是人们在物质生活得到保障后,将多余的资源和精力投入到精神层面的追求上的一种表现。这种投入的目的是寻求个人的全面发展,包括知识、技能、审美、情感等多个方面。在这个过程中,人们不仅追求更高质量的生活体验,还期望通过不断的学习与成长,达到更高层次的生存状态。这种发展,可以被视为生命运动的一种延伸,它超越了基本的生存需求,追求的是更加丰富、多元和有意义的人生。人们生存需求得到满足后,物质富余的程度,即人们可用于文化享受的支付能力大小,直接决定了人们对商品性文化的需求程度。一般说来,如果其他因素不变,那么可供支配的收入越多,人们对文化商品的需求量也越大;反之,用以购买文化商品的能力就会减弱。可支配收入水平与文化商品的需求量呈正比例变化关系,如图4-4所示。在图4-4中,I表示可支配收入水平,Q表示文化商品需求量,F表示它们之间的函数关系。当可支配收入水平为I_1时,文化商品需求量为Q_1,当收入水平从I_1增至I_2或减至I_3时,相应的文化商品需求量也分别增至Q_2或减至Q_3,其函数关系为$Q=F(I)$。

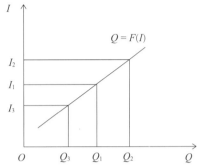

图 4-4 可支配收入水平与文化商品需求量的关系图示

图4-5反映了不同类型的居民人均可支配收入水平所对应的居民人均教育文化娱乐支出情况。根据图4-5可知,2019—2022年,随着居民人均可支配收入水平的提高,居民人均教育文化娱乐支出整体呈上升趋势。

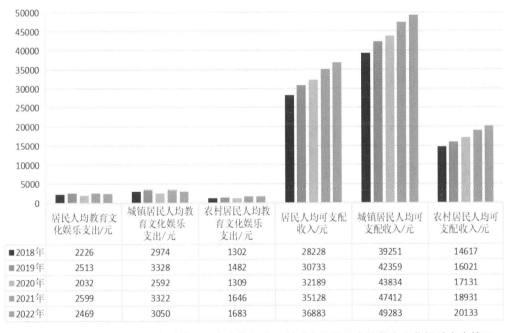

	居民人均教育文化娱乐支出/元	城镇居民人均教育文化娱乐支出/元	农村居民人均教育文化娱乐支出/元	居民人均可支配收入/元	城镇居民人均可支配收入/元	农村居民人均可支配收入/元
2018年	2226	2974	1302	28228	39251	14617
2019年	2513	3328	1482	30733	42359	16021
2020年	2032	2592	1309	32189	43834	17131
2021年	2599	3322	1646	35128	47412	18931
2022年	2469	3050	1683	36883	49283	20133

图 4-5 2019—2022年不同类型的居民人均收入水平所对应的居民人均教育文化娱乐支出情况

一定的文化需求,作为人们一定的文化消费欲望的表现,是人们在物质生活得到满足之后,享受闲暇时间的一种存在方式。人们所拥有的闲暇时间的多寡,直接影响一定时期、一定收入下人们的文化需求的数量。一般来说,随着人们闲暇时间的增多,人们的文化需求的数量也会相应增加。文化需求同闲暇时间的关系与文化需求同可支配收入水平的关系一样,呈正比例关系。这种关系,在节假日表现得尤为明显。文化需求的基本规律主要表现为,在文化需求的其他影响因素不变的情况下,文化需求与人们的可支配收入水平和闲暇时间成正比,与文化商品的价格成反比。闲暇时间与文化需求构成正相关关系,闲暇时间的多寡在某种程度上影响并决定了文化需求的量的变化,因此,当闲暇时间与文化需求之间构成一种正相关关系后,休闲产业作为这种关系的一个结果,就成为衡量一个国家或地区文化生活质量的重要标志,同时也是社会发展所达到的文明程度的标志。尤其是当所有这一切转变或转化成一种文化生态环境或文化资本形态之后,它就成为影响文化发展的重要力量和动力形态,因而也就构成了现代文化经济学研究的一个重要命题①。

五、文化需求弹性及其应用

(一) 文化需求弹性

影响文化需求变化的任何一个因素的变化,都会引起文化需求量的变化,这种现象叫作"文化需求弹性"。文化需求弹性分为文化需求的价格弹性(Price Elasticity of Cultural Demand)、文化需求的收入弹性(Income Elasticity of Cultural Demand)和文化需求的交叉价格弹性(Cross-Price Elasticity of Cultural Demand)。

1. 文化需求的价格弹性

文化需求的价格弹性反映的是文化商品需求量与文化商品价格之间的变化关系;文化需求的收入弹性反映的是文化商品需求量与可支配收入水平之间的变化关系,测量它们之间变化程度的尺度叫作"弹性系数"。文化需求的价格弹性系数,就是文化商品的需求量变动的百分比与文化商品价格变动的百分比的比率(弧弹性),是指一定时期内,一种文化商品的需求量变动对该文化商品的价格变动的反应程度。文化需求的价格弹性系数(E_P) = 文化商品需求量变动率÷文化商品价格变动率 = $\frac{\Delta Q}{Q} \div \frac{\Delta P}{P} = \frac{\Delta Q}{\Delta P} \times \frac{P}{Q}$,若经济变量的变化量趋于无穷小时,该公式还可表示为 $E_P = \frac{\Delta Q}{Q} \div \frac{\Delta P}{P} = \frac{\Delta Q}{\Delta P} \times \frac{P}{Q} = \frac{dQ}{dP} \times \frac{P}{Q}$。上式中,$P$ 为文化商品的价格,ΔP 为文化商品价格的变化程度,Q 为文化商品需求量,ΔQ 为文化商品需求量的变化程度,E_P 为文化需求的价格弹性系数。由于文化商品价格的变动会引起文化商品需求量的逆运动,文化需求的价格

---

① 王晓杰. 马克思休闲思想及中国休闲经济发展研究[D]. 长春:东北师范大学,2008.

弹性系数就为负数。文化需求的价格弹性系数的大小,一般取其结果的绝对值。

图 4-6 为文化需求函数 $Q_d = 2400 - 400P$ 的几何图形。

该文化需求曲线上的 a、b 两点的价格分别为 5 和 4,相应的需求量分别为 400 和 800。根据文化需求的价格弹性系数公式,相应的价格弹性系数值分别计算如下。

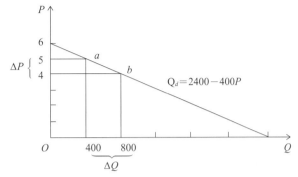

图 4-6 文化需求的价格弹性

由 a 点到 b 点(降价时),$E_P = -\dfrac{\Delta Q}{\Delta P} \times \dfrac{P}{Q} = -\dfrac{Q_b - Q_a}{P_b - P_a} \times \dfrac{P_a}{Q_a} = -\dfrac{800 - 400}{4 - 5} \times \dfrac{5}{400} = 5$。

由 b 点到 a 点(涨价时),$E_P = -\dfrac{\Delta Q}{\Delta P} \times \dfrac{P}{Q} = -\dfrac{Q_a - Q_b}{P_a - P_b} \times \dfrac{P_b}{Q_b} = -\dfrac{400 - 800}{5 - 4} \times \dfrac{4}{800} = 2$。

可见,由 a 点到 b 点与由 b 点到 a 点的价格弹性系数值是不相同的。其原因在于:尽管在上面两个算式中,ΔQ 和 ΔP 的绝对值相同,但由于 P 和 Q 所取的基数值不相同,所以,两个算式的结果便不相同。换句话说,在同一条文化需求曲线上,涨价与降价产生的文化需求的价格弹性系数值是不相同的。因此,如果只是要一般地计算文化需求曲线上某两点之间的文化需求的价格弧弹性,而不是要具体地强调这种文化需求的价格弧弹性是降价或是涨价的结果时,为了避免不同的计算结果,通常取两点之间的平均值来代替公式中的 P 和 Q 的数值,即文化需求的价格弧弹性应采用下式计算:

$$E_P = -\dfrac{\Delta Q}{\Delta P} \times \dfrac{\dfrac{P_1 + P_2}{2}}{\dfrac{Q_1 + Q_2}{2}} = -\dfrac{\Delta Q}{\Delta P} \times \dfrac{P_1 + P_2}{Q_1 + Q_2}$$

以上公式又被称为文化需求的价格弧弹性的"中点公式"。根据中点公式,上文中 a、b 两点之间的文化需求的价格弹性系数值为

$$E_P = -\dfrac{400}{1} \times \dfrac{\dfrac{5+4}{2}}{\dfrac{400+800}{2}} = 3$$

根据文化需求的价格弧弹性的定义和计算公式,文化需求的价格弧弹性可分为以下五种基本类型,如图 4-7 所示。

其一,当文化需求的价格弹性系数的绝对值 $E_P > 1$ 时,表示文化商品需求量的变化率大于文化商品价格的变化率,说明需求量对于价格变动的反应是比较敏感的,此时该文化商品富有弹性或者说该文化商品的需求弹性较大,如图 4-7(a)所示。不同斜

率的文化需求曲线,反映了不同的价格弹性。人们对不同的文化商品有不一样的需求,文化需求曲线的斜率也不一样。文化需求曲线的倾斜度大,其斜率也大。在如图4-7(a)所示的情况下,文化商品价格的一定幅度的变化会引起需求量更大幅度的变化,报纸、杂志等文化商品需求的价格弧弹性就属于这种情况。

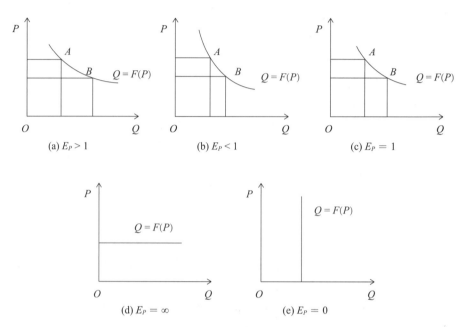

图4-7 文化需求价格弹性的分类

其二,当文化需求的价格弹性系数的绝对值$E_P < 1$时,表示文化需求的价格弹性小。如图4-7(b)所示,需求曲线倾斜度小,其斜率也小。在这种情况下,若文化商品的价格发生较大幅度的变动,只会引起文化需求量较小幅度的变化,说明此时文化需求的价格弹性系数小于1,字画、古玩、特种工艺美术品等层次较高且具有一定收藏价值或较为保值的文化商品的价格弧弹性就属于这种情况。

其三,当文化需求的价格弹性系数的绝对值$E_P = 1$时,表示在这种情况下,文化商品价格的一定幅度的变化将会引起需求量发生相等幅度的变化,如图4-7(c)所示。

其四,当文化需求的价格弹性系数的绝对值$E_P = \infty$时,表示在这种情况下,文化商品价格发生的微小的变化会使需求量发生无穷大的变化,即水平的文化需求曲线的弧弹性为无穷大,如图4-7(d)所示。完全竞争市场上的某个卖家若是涨价,则买家不会购买其文化商品。

其五,当文化需求的价格弹性系数的绝对值$E_P = 0$时,表示在这种情况下,文化商品的价格无论发生多大的变化,其需求量都不会发生任何变化,垂直的文化需求曲线的弧弹性为0,如图4-7(e)所示。

比较图4-7中的(a)和(b)可以看出,对于文化需求的价格弧弹性而言,富有弹性的文化需求曲线较为平坦,缺乏弹性的文化需求曲线较为陡峭,这种绘制方法已成为一种习惯,是可行的,但要特别注意的是横轴和纵轴的刻度,文化需求曲线的斜率和文化需求的价格弹性是两个不同的概念。依据点弹性的概念可知,文化需求曲线上的某一点的点弹性不仅取决于该点的斜率的倒数,还取决于相应的价格与需求量的比值。也就是说,线性需求曲线上任一点的斜率都是相等的,而每一点的点弹性是不相同的,这一点在经济学需求的点弹性中有具体的说明①。

上述五种基本类型是对于文化需求与价格之间变动关系的一般规律而言,其中图4-7(c)至图4-7(e)在现实中很少见。文化商品的构成相当复杂,且每一种构成成分都有特殊的价值规定和价格体现,有的价格并不一定就是价值的货币表现,因此,不同的文化商品的价格弹性是不一样的;即便是同一种文化商品,在不同时期,由于影响价格走向的其他因素的差异或作用力大小的不同,其价格弹性也会有不同的表现。价格对需求量变化的影响,有时能够比较纯粹地表现出来,有时则由于其他因素的交互作用使得价格作用本身发生扭曲。把握文化商品需求的价格弹性,关键在于掌握文化商品的价格与需求量之间变动的最为一般的关系。然后,根据不同文化商品的市场情况,区别对待,通过对各种因素进行综合分析,预测价格变动将会引起需求量在多大程度上的变化,从而为科学、合理地制定文化商品的价格、调节供求平衡提供决策依据。

2. 文化需求的收入弹性

文化需求的收入弹性是指在价格和其他因素不变的条件下,由文化消费者的收入变化所引起的文化需求量变化程度的大小,通常用文化需求的收入弹性系数来表示文化需求的收入弹性的大小,其公式为

文化需求的收入弹性系数＝文化需求量的变化率÷收入的变化率

$$即 E_Y = \frac{\Delta Q}{Q} \div \frac{\Delta Y}{Y} = \frac{\Delta Q}{\Delta Y} \times \frac{Y}{Q}$$

其中,$\frac{\Delta Q}{Q}$表示文化需求量的变化率,$\frac{\Delta Y}{Y}$表示收入的变化率。在经济学中讨论一般意义的商品时,如果E_Y大于零,即E_Y为正数,则表示收入与需求量呈同方向变化,经济学中将具有这类特征的商品称为"正常品"。如果E_Y小于零,即E_Y为负数,则表示收入与需求量呈反方向变化,经济学中将具有这类特征的商品称为"低劣品"或"低档品"。一般而言,必需品的需求收入弹性系数大于0而小于1,奢侈品的需求收入弹性系数大于1。经济学中的恩格尔系数就是对收入弹性系数的较好的应用。

文化需求量随人们的可支配收入的增减而增减,表现为正比例变动关系,因此文化需求的收入弹性系数为正数。当文化需求的收入弹性系数$E_Y > 1$时,则可支配收入发生一定程度的增加会引起文化需求量更大程度的变化;当文化需求的收入弹性系数$E_Y < 1$时,则可支配收入发生一定程度的减少会引起文化需求量发生较小幅度的变

---

① 高鸿业.西方经济学[M].北京:中国人民大学出版社,2011.

化;当文化需求的收入弹性系数 $E_Y=1$ 时,则可支配收入与文化需求量之间的弹性一致,二者按同比例变化。文化需求体现了人们对于享受和发展的需求。为了实现更高层次的生存,人们所追求的需要的层次会随着收入水平的提高而提高。正是基于对更高层次的生存的追求,从长远的角度来看,即便一定时期的收入会基于某种原因而减少,人们可能会"节衣缩食",宁愿舍弃某些物质消费也要满足自己的文化需求,文化需求的收入弹性也会在总体上呈增大态势。

3. 文化需求的交叉价格弹性

文化需求的交叉价格弹性是指在一定时期内,一种文化商品的需求量变动对于它的相关文化商品的价格的变动的反应程度,是该文化商品的需求量的变动率与它的相关文化商品的价格变动率的比值。文化需求的交叉价格弹性系数公式表示为

文化需求的交叉价格弹性系数 = 文化商品 x 的需求量的变化率 ÷ 文化商品 y 的价格变化率

$$即 E_{xy} = \frac{\Delta Q_x}{Q_x} \div \frac{\Delta P_y}{P_y}$$

上式中,$\frac{\Delta Q_x}{Q_x}$ 表示文化商品 x 的需求量的变化率,$\frac{\Delta P_y}{P_y}$ 表示文化商品 y 的价格的变化率。当文化商品 x 的需求量的变化量 ΔQ_x 和相关文化商品 y 的价格的变化量 ΔP_y 均为无穷小时,则文化商品 x 的需求的交叉价格点弹性的公式为

$$E_{xy} = \lim_{\Delta P \to 0} \frac{\Delta Q_x}{Q_x} \div \frac{\Delta P_y}{P_y} = \frac{\mathrm{d}Q_x}{Q_x} \div \frac{\mathrm{d}P_y}{P_y} = \frac{\mathrm{d}Q_x}{\mathrm{d}P_y} \times \frac{P_y}{Q_x}$$

文化需求的交叉价格弹性系数的符号取决于所考察的两种文化商品的相关关系。文化商品之间的相关关系分为两种,一种是替代关系,另一种是互补关系。如果两种文化商品之间可以互相代替以满足消费者的某一种欲望,则称这两种文化商品之间存在着"替代关系",即互为替代品,如同类型的视听节目之间就是替代关系。如果两种文化商品必须同时使用才能满足消费者的某一欲望,则这两种文化商品之间就存在着互补关系,即这两种文化商品互为互补品,如磁带与录音机之间就是互补关系。

如果两种文化商品之间互为替代品,则一种文化商品的价格与它的替代品的需求量之间呈同方向变化,其需求的交叉价格弹性系数为正值,即 $E_{xy} > 0$。

如果两种文化商品之间互为互补品,则一种文化商品的价格与它的互补品的需求量之间呈反方向变化,其需求的交叉价格弹性系数为负值,即 $E_{xy} < 0$。

如果两种文化商品之间不存在相关关系,则其需求的交叉价格弹性系数为零,即 $E_{xy} = 0$。

上述结论可以反过来使用,即可根据两种文化商品之间的需求的交叉价格弹性系数的正负符号来判断两种文化商品之间的相关关系。若两种文化商品的需求交叉价格弹性系数为正值,则这两种文化商品互为替代品;若为负值,则二者互为互补品;若

为零,则两种文化商品之间既不是替代关系也不是互补关系,即无相关关系。

（二）文化需求弹性的应用

厂商的销售收入是卖出商品的价格与销售数量的乘积,又称为"总收益";对于买方来说,为总支出。由于一般文化商品的价格与其市场需求量呈反向变化的关系,所以,厂商降低文化商品的价格能刺激市场需求量的增加,涨价会减少其销售数量。但就厂商的总收益来说,是降价能增加总收益,还是涨价能增加总收益,就与其文化商品的需求的价格弹性有关了。

文化商品需求的价格弹性与提供该文化商品的厂商的销售收入（总收益）之间的关系,可归纳为以下三种情况,具体如图4-8所示。

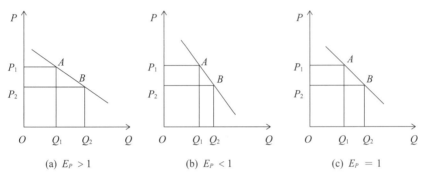

(a) $E_P > 1$　　　　(b) $E_P < 1$　　　　(c) $E_P = 1$

图4-8　文化需求的价格弹性与销售收入之间的关系

第一种情况:对于$E_P > 1$的富有弹性的文化商品,降低价格会增加厂商的销售收入,相反,提高价格会减少厂商的销售收入,即文化商品价格的变动会引起厂商销售收入的反方向变动。这是因为对于需求富有弹性的商品而言,由厂商降价所引起的需求量的增加率大于价格的下降率。这意味着由价格下降所引起的销售收入的减少量必定小于由需求量增加所引起的销售收入的增加量,因此,厂商降价最终会使其销售收入增加,厂商涨价最终会使其销售收入减少。这种情况具体如图4-8(a)所示。

在图4-8(a)中,需求曲线上A、B两点之间是富有弹性的,这两点之间的价格变动率会引起一个较大的需求量的变动率,即当价格为P_1时,需求量为Q_1,此时的销售收入等于矩形OP_1AQ_1的面积;当价格为P_2时,需求量为Q_2,此时的销售收入等于矩形OP_2BQ_2的面积。显然,前者的面积小于后者的面积。换句话说,如果厂商降价（从A点到B点）,则厂商的销售收入会增加;如果厂商涨价（从B点到A点）,则厂商的销售收入会减少。

第二种情况:对于$E_P < 1$的缺乏弹性的文化商品来说,降价会使厂商的销售收入减少,相反,涨价会使厂商的销售收入增加,即文化商品价格的变动会引起厂商销售收入同方向变动。这是因为,对于缺乏弹性的文化商品来说,厂商降价所增加的需求量是比较少的,即需求量的增加率一般小于价格的下降率,使得由需求量增加所引起的

销售收入的增加量不能完全抵消由价格下降所引起的销售收入的减少量,因此,降价最终会减少销售收入,涨价最终会增加销售收入。这种情况具体如图4-8(b)所示。

在图4-8(b)中,需求曲线上 A、B 两点之间是缺乏弹性的,这两点之间的价格变动率会引起较小的需求量的变动率,即当价格分别为 P_1 和 P_2 时,厂商的销售收入分别为矩形 OP_1AQ_1 的面积和矩形 OP_2BQ_2 的面积,且前者大于后者。这意味着,如果厂商降价(从 A 点到 B 点),厂商的销售收入会减少;相反,如果厂商涨价(从 B 点到 A 点),厂商的销售收入会增加。

第三种情况:对于 $E_P = 1$ 的单位弹性的文化商品来说,降价或涨价对厂商的销售收入都没有影响。这是因为,对于单位弹性的文化商品而言,厂商改变价格所引起的需求量的变动率与价格的变动率是相等的。所以,由价格变动所引起的销售收入的变化量等于由需求量变动所引起的销售收入的变化量。这种情况具体如图4-8(c)所示。

图4-8(c)中,需求曲线上 A、B 两点之间是单位弹性。当价格为 P_1 时,销售收入为矩形 OP_1AQ_1 的面积;当价格为 P_2 时,销售收入为矩形 OP_2BQ_2 的面积,且前者与后者的面积相等。换句话说,不论是厂商是降价(从 A 点到 B 点)还是涨价(从 B 点到 A 点),厂商的销售收入都保持不变。

上述三种情况是以需求的价格弧弹性为例进行说明的,这些结论对于需求的点弹性也是适用的,可以通过数学证明来论证。假定需求函数为 $Q_d = F(P)$,且存在反需求函数 $P = F(Q)$,于是可以得到关系式

$$\frac{d(P \times Q)}{dP} = Q + P \times \frac{dQ}{dP} = Q(1 + \frac{P}{Q} \times \frac{dQ}{dP}) = Q(1 - E_P)$$

由以上关系式可知:当 $E_P < 1$ 时,有 $\frac{d(P \times Q)}{dP} > 0$;当 $E_P = 1$ 时,有 $\frac{d(P \times Q)}{dP} = 0$;当 $E_P > 1$ 时,有 $\frac{d(P \times Q)}{dP} < 0$。

除了上述三种基本情况,还有两种特殊情况:对于 $E_P = 0$,完全没有需求弹性的文化商品而言,当厂商降价时,销售收入会随价格的下降而同比例减少;当厂商涨价时,销售收入会随着价格的上升而同比例增加。对于 $E_P = \infty$,需求具有完全弹性的文化商品而言,厂商可以在既定的价格下无限增加销售收入,因此,厂商不需要降价;而涨价会使厂商的销售收入变为零,因此厂商也不会降价。

上述文化商品的需求价格弹性与厂商的销售收入之间的综合关系具体如表4-2所示。

表4-2 需求价格弹性与销售收入之间的关系

价格收入弹性	$E_P > 1$	$E_P < 1$	$E_P = 1$	$E_P = 0$	$E_P = \infty$
降价	收入增加	收入减少	收入不变	收入同比例减少	既定价格,收入无限增加
涨价	收入减少	收入增加	收入不变	收入同比例增加	收益会减少为零

总体来说,由于厂商的总收益变动会随着文化商品的需求价格弹性的不同而不同,所以,厂商或政府在制定价格政策时,必须考虑不同文化商品的需求价格弹性。

(三)影响商品需求价格弹性的因素

影响商品需求价格弹性的因素有很多,主要包括以下几个方面。

1. 商品的可替代程度

一般来说,某种商品的替代品越多,其与替代品的相近程度越高,则该商品的需求的价格弹性越大;相反,某种商品的替代品越少,其与替代品的相近程度越低,则该商品的需求的价格弹性越小。对一种商品所下的定义越明确,则这种商品的相近替代品会越多,其需求的价格弹性会越大,如某种特定商标的糖果的需求价格弹性要高于一般的糖果的需求价格弹性。

2. 商品用途的广泛性

一般来说,一种商品的用途越广,它的需求价格弹性可能越大;相反,一种商品的用途越窄,它的需求价格弹性可能越小。这是因为,当用途很广的商品降价时,消费者会加大对这种商品的购买量并对其用途进行灵活分配;而当这种商品涨价时,消费者只会将该商品分配于重要用途。例如,电的用途很广,如果降价,则会使使用者增加购买以在各种用途中使用;而眼镜的用途单一,即使降价,也不会促使人们购买更多的眼镜。

3. 商品对于消费者的重要程度

一般而言,必需品的需求价格弹性较小,而非必需品或奢侈品的需求价格弹性较大。这是因为必需品是人们生活中必不可少的商品,不管价格上升或下降,人们都必须购买一定数量,如粮食。

4. 商品的消费支出在消费者预算总支出中所占比重的大小

一般而言,一种商品的消费支出在消费者预算总支出中所占比重越大,该商品的需求价格弹性越大,反之,则越小。例如,与住宅、汽车等商品相比,食盐、铅笔、肥皂等商品的需求价格弹性要小。

5. 所考察的消费者调节需求量的时间的长短

一般来说,所考察的消费者调节需求量的时间越长,则消费者找到替代品的可能性越大,故需求的价格弹性越大,反之,则越小。

值得注意的是,一种文化商品需求的价格弹性的大小是各种因素共同作用下的结果。上述各种因素是对于一般情况而言的,在具体考察某一种文化商品的需求价格弹性时,必须根据具体情况进行综合考察,甚至需要进行复杂的调查和计算才能确定。

总之,文化需求的价格弹性体现了文化需求量对价格变化的敏感程度。如果某种文化产品或服务的价格上升,而需求量减少,则该文化产品或服务的需求价格弹性较大,说明消费者对价格较为敏感;反之,如果价格变化对需求量的影响较小,则该文化产品或服务的需求价格弹性较小,说明消费者对价格不太敏感。

文化需求价格弹性对于文化产业的发展具有重要意义。对于需求价格弹性较大的文化产品或服务,可以通过降低价格、加大促销力度等方式来提高销售量;而对于需求价格弹性较小的文化产品或服务,则可以通过提高品质、增加附加值等方式来提高消费者愿意支付的价格。此外,政府可以通过调节关税、税收等政策手段来影响文化需求价格弹性和市场供求关系,进而推动文化产业的发展和升级。例如,降低进口关税可以降低进口文化商品的价格,从而增加国内消费者的需求量;反之,提高进口关税则可以保护国内文化产业的发展。

第二节 文 化 供 给

文化供给的能力和形式,既体现了社会文化生产力的发展水平,又反映了文化制度的完善程度。文化供给能力是衡量国家综合文化实力的重要标准,同时也是评估文化生产部门市场竞争力以及国家经济和产业结构现代化程度的关键指标。

一、文化供给与供给价格

一种商品的供给(Supply)是指生产者(或出售者)在一定时期内在各种可能的价格下愿意并且能够提供出售的该种商品的数量①。根据上述定义,要想形成有效供给,生产者必须既有提供出售的意愿,又有提供出售的能力。供给可分为单个厂商的供给和市场供给两个方面。单个厂商的供给是指单个生产者对某种商品的供给,市场供给是指所有单个厂商供给的加总。供给价格是指生产者提供一定数量的商品所愿意接受的最低价格。它是由生产一定量商品所支付的边际生产费用,即边际成本所决定的。一般而言,商品的边际成本随着产量的增加而增加,商品的供给价格也随之提高,否则生产者将无利可图,进而导致其不愿增加文化生产和供应商品。

---

① 耿强.经济学原理与中国案例解读[M].南京:南京大学出版社,2022.

文化供给是指文化生产部门为了满足社会的文化需求,在特定时期内向社会和市场提供的文化产品和服务的数量。它与文化需求相对应,是文化经济活动中不可或缺的一部分。文化供给与文化需求共同构成了文化经济的基本矛盾运动,对于推动文化经济的发展具有重要意义。

文化供给分为两种主要类型:商品性文化供给与非商品性文化供给。商品性文化供给是指文化生产部门在一定时期内以一定价格向文化市场提供的文化商品的数量。这些商品主要包括图书、报刊、音像制品、美术品和文艺表演等。人们要想获得这些文化商品,必须支付相应的价格,通过货币交换的方式来实现精神享受。因此,商品性文化供给作为一种市场行为,必然受到文化经济一般规律的制约,这也是文化经济学研究的核心内容。非商品性文化供给是指文化生产部门向社会无偿提供的文化产品的形式和数量。这种文化供给主要体现为社会公益性文化供给和为营造社会文化环境而提供的文化供给,如街头雕塑、街头画廊、广场音乐会、广播和无线电视等。这些文化供给以整个社会为对象,任何社会成员都可以无偿获取以满足自己的文化需求。非商品性文化供给与需求者之间不发生经济上的交换关系,通常不作为文化经济学的主要研究对象。然而,它对于营造社会文化生态环境、提高人们的文化需求质量具有特殊的作用和意义,是整个文化供给系统中不可或缺的组成部分。此外,虽然非商品性文化供给背后不涉及经济交换关系,但它仍然与公益性社会文化生产投入中的资金比例密切相关,在总的文化资金运动过程中具有不可忽视的影响。

文化供给的存在形式包括实物形式和非实物形式。以实物形式表现的文化供给包括图书、报刊、音像制品、美术品(字画、雕塑)等;以非实物形式表现的文化供给包括电影、电视、广播和文艺表演等。在商品性文化供给中,以实物形式表现的文化供给通常属于对象的占有性供给,即被供给的文化商品在被购买者以货币形式购买后,被购买者永久占有;而以非实物形式表现的文化供给通常表现为有限占有供给,即购买者虽然支付了一定的货币,但只能在有限的时间和空间里占有,而供给者却可以不断地在同一空间的不同时间里将同一商品提供给不同的需求者以满足其需求。这种区别与需求者支付的货币量有关。购买一幅美术品可能是永久性占有,而观看美术作品展只能是有限占有,这二者之间不仅占有形式不同,支付的货币量也不同。因此,在各种经济因素中,影响商品性文化供给的最主要因素是文化商品的价格。

此外,在处理有偿的商品性供给与无偿的非商品性供给的关系时,应着眼于物质文明和精神文明的建设,并加大公益性文化供给的投入。特别是在政府建设公共文化服务体系的过程中,公共文化产品的提供也是一个非常重要的课题。

二、文化供给的表示法

（一）文化供给表（Culture Supply Schedule）

将某种文化商品每一可能价格所对应的供给量排列起来，就可以得到一个表格。这种表示供给量与文化商品价格之间关系的表格即文化供给表。在一定时间内，某个企业对一种文化商品的供给，叫作"个别供给"；某市场上所有企业对这种文化商品的供给，叫作"市场供给"。市场供给是个别供给的水平加总，如表4-3所示。

表4-3　市场供给表

价格（元/单位）	企业A文化供给量（单位）	企业B文化供给量（单位）	企业C文化供给量（单位）	总文化供给量（单位）
6	1000	600	600	2200
5	800	500	500	1800
4	600	450	450	1500
3	400	250	250	900
2	200	150	150	500
1	0	50	50	100

（二）文化供给曲线（Culture Supply Curve）

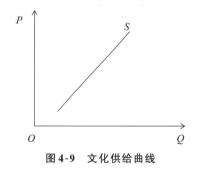

图4-9　文化供给曲线

文化供给曲线是在坐标轴上描绘的文化商品的供给量与文化商品价格的对应关系的曲线。如图4-9所示，横坐标表示文化商品供给量（Q），纵坐标表示文化商品价格（P），供给曲线为S。通常情况下，文化供给曲线呈现出向右上方倾斜的特征。文化供给曲线可以是直线形的，也可以是曲线形的，在文化经济分析中使用直线形文化供给曲线。

（三）文化供给函数（Culture Supply Function）

文化供给的概念定义表明，在其他条件不变的情况下，文化供给只涉及两个变量，即文化商品供给量和文化商品价格。如果将文化商品价格作为自变量，将文化商品供给量作为因变量，则可用函数关系表示文化商品价格与文化商品供给量的关系，这种函数就是文化供给函数，可表示为

$$Q_{cs} = F(P)$$

在这种函数形式中，只有文化商品价格是影响文化商品供给量的因素，其他影响文化商品供给量的因素被假定为不变。事实上，除了文化商品的价格，还有许多因素

会影响文化商品供给量。如果用$(a,b,c,\cdots)$代表影响文化商品供给量的诸因素,则文化供给函数可表示为

$$Q_{CS}=F(a,b,c,\cdots)$$

文化供给函数可以是线性的,也可以是非线性的,但在这里用线性的文化供给函数,其一般形式为

$$Q_{CS}=-\alpha+\beta\times P$$

上式中,$-\alpha$表示文化供给曲线的延长线在横坐标上的截距,即价格为零时的供给量,它意味着能使生产者提供产量的价格必定是$P>\dfrac{\alpha}{\beta}$。β表示文化供给曲线相对于价格轴的斜率,即$\beta=\dfrac{\Delta Q_{CS}}{\Delta P}$,或者$\beta=\lim\limits_{\Delta P\to 0}\dfrac{\Delta Q_{CS}}{\Delta P}=\dfrac{\mathrm{d}Q_{CS}}{\mathrm{d}P}$。

三、文化供给原理

从上述供给表、供给曲线和供给函数所表示的商品供给量与其价格的对应关系中可以看出,一般商品的供给量是随着其价格的变化而发生同方向变化的,即供给曲线在一般情况下是一条向右上方倾斜、斜率为正值的曲线,它表示商品价格上升时,供给量会增加,商品价格下降时,供给量会减少。供给量与商品价格呈同方向变化的依存关系被称为"供给规律"。供给规律是由厂商追求的利润最大化的目标所决定的。也有例外情况,如劳动、证券与黄金等的供给不符合一般的供给规律。

文化供给规律主要关注的是商品性文化供给。与其他商品相似,文化商品的供给规律主要体现在供给量与价格之间的关系上。在其他条件不变的情况下,文化商品供给量与文化商品价格的变化成正比。也就是说,市场上文化商品的价格越高,供给者获得的利润越多,文化商品的供给量也会相应增加;相反,如果价格降低,供给量也会相应减少。这种随着价格上涨而递增、随着价格下降而递减的运动规律,可以用数学函数来表示,即文化商品供给量是文化商品价格的函数。

这种规律反映了市场机制在文化供给中的作用。通过调节价格与供给量之间的关系,市场能够有效地调节文化资源的配置,满足不同层次和类型的文化需求。同时,政府在文化供给中发挥着重要的角色,通过制定相关政策和措施来促进文化事业的发展,保障人民的基本文化权益,推动文化的创新和繁荣。文化供给的数学函数公式为

$$Q_{CS}=F(P)$$

上式中,Q_{CS}表示文化商品的供给量,P表示文化商品的价格,F表示函数关系,文化供给曲线为S,如图4-10所示。从图4-10中可以看出,当文化供给价格为P_1时,文化供给量为Q_{CS_1};当文化供给价格上涨至P_3时,文化供给量也增长至Q_{CS_3};当文化供给价格下降至P_2时,文化供给量也减少至Q_{CS_2}。文化供给的运动曲线由左下方向右上方倾

斜,表明在其他因素不变的情况下,文化商品的供给量随文化商品的价格的变化而变化。

如果其他因素(如文化商品的生产成本等)发生变化,那么文化商品的供给量也会随之而变动。在文化商品价格已定的情况下,文化商品的生产成本的增加或减少所产生的力,会使文化商品供给量在这种力的作用下发生减少或增加的相关运动,如图4-11所示。

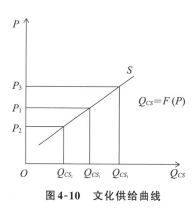

图 4-10　文化供给曲线

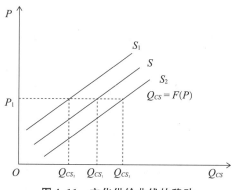

图 4-11　文化供给曲线的移动

从图 4-11 中可以看出,当文化商品的生产成本不变时,价格 P_1 在供给曲线 S 上所对应的供给量为 Q_{CS_1}。当文化商品的生产成本增加时,文化供给曲线便上扬至 S_1,该曲线上与价格 P_1 相对应的供给量为 Q_{CS_2},生产成本增加,供给量减少,$Q_{CS_2}<Q_{CS_1}$。当文化商品的生产成本降低时,文化供给曲线便下落至 S_2,该曲线上与价格 P_1 相对应的供给量为 Q_{CS_3},生产成本降低,供给量增加,$Q_{CS_1}<Q_{CS_3}$。这种情况以图书和激光唱片的供给较为典型。

四、影响文化供给的因素

与文化需求一样,文化供给的变化不仅取决于价格因素,还受到其他多种因素的影响,如生产能力、生产周期和文化经济政策等[①]。这些因素以不同的方式影响文化供给运动,从而形成不同的运动曲线。从这个意义上说,文化供给可以被视为在多种综合因素影响下发生的特殊运动形式,主要体现在文化商品的供给上。因此,影响文化商品供给的因素很多,除了文化商品自身的价格,主要包含以下因素。

(一)文化商品生产成本

在文化商品自身价格不变的条件下,文化商品生产成本的增加会使文化商品生产者的利润减少,促使文化商品生产者减少生产,使得文化商品的供给量减少。相反,文

---

① 王琪延,韦佳佳.中国区域文化力发展指数(2020)[M].北京:中国人民大学出版社,2020.

化商品生产成本的降低会使文化商品生产者的利润增加,促使文化商品生产者增加生产,使得文化商品的供给量增加。

(二)生产技术和管理水平

生产技术和管理水平的提高会使生产效率提高,从而降低生产成本,增加文化商品生产者的利润,进而使得文化商品的供给量增加。

(三)相关文化商品的价格

其他文化商品的价格变化会影响文化商品之间的相对价格,使得文化商品生产者改变生产经营决策,进而导致该文化商品的供给量发生变化。

(四)文化商品生产者对文化商品价格变动的预期

如果文化商品生产者预测某种文化商品的价格将要上涨,就会扩大生产规模,增加该文化商品的供给;但如果文化商品生产者囤积居奇、待价而沽,则会使该文化商品目前的供给减少。如果文化商品生产者预测某种文化商品的价格将要下降,就会缩小生产规模,减少该文化商品的供给。

(五)政府的经济政策

例如,政府会通过税收或补贴等方面的政策手段调节某些文化商品的生产状况,影响这些文化商品的供给。

(六)文化商品的生产能力

文化商品的生产能力是一个综合概念,涵盖了文化商品生产者、生产资料和生产对象等多个方面,是影响一定时期文化供给状况的基础性因素。不同时期、不同地区的文化供给状况,除了受到价格因素的影响,还会受到文化商品生产能力的影响。文化商品生产主要是精神生产,涉及人的主体行为。因此,人力因素与文化商品生产所需的精神力因素对文化商品生产能力起到决定性作用。具体来说,文化商品生产者的智力水平与生产过程中所使用的知识形态的生产资料和生产对象是否相匹配,不仅影响着文化产业的发展,还直接决定着某种文化商品能否实现有效供给。在我国,各地区文化生产部门精神产品生产者的数量和质量构成存在不平衡现象,即文化人力资源的不平衡。相比沿海大城市和中心城市,偏远地区和一些内陆地区的精神产品生产者的质量和数量水平都相对较弱,导致这些地区在文化供给的数量和质量上相对落后。除了人力因素与精神力因素的匹配程度,人力因素与物质力因素的适应程度也对文化商品的生产能力产生影响。例如,当作家掌握了用电脑写作的技术时,如果没有相应的电脑设备,提高创作速度的愿望仍难以实现。同样,如果将电脑送给不会使用电脑进行写作的人,也无法提高其写作速度。这说明在文化商品的生产过程中,物质形态的生产资料和生产对象需要与生产者的智力水平相匹配。此外,文化商品生产过程中的人力因素、物质力因素与文化生产对象的适应程度也会对文化供给对象的内容产生重大影响。对于具体的文化商品形态而言,如小说、电影、电视剧、油画和国画等,不同的生产对象要求不同的把握能力,这直接制约着生产者的能力并对供给产生影响。因此,文化商品的生产能力作为确保文化供给的基础性因素,其各个方面必须相互匹配并达到一定水平,这样才能有效地提高整体文化供给能力。

(七)文化商品的生产周期

文化商品的生产与物质商品的生产存在显著差异,主要表现为特殊的生产形式——脑力劳动和特殊的生产结果——无形的产品。与物质商品的生产不同,大部分文化商品在短期内无法迅速增加供给量,因为它们的生产需要一定的周期。例如,电影、电视、戏剧和图书等文化商品的生产都需要一定的时间来完成。因此,在短期内,文化商品的价格一旦确定,通常不会发生大幅变动。相比于其他物质商品,价格的变动对一般文化商品的供给量影响较小。然而,从长期来看,文化商品的供给弹性会增大。这意味着随着时间的推移,文化商品的供给量会因为受到价格因素或其他因素的影响而发生变化。在这里,价格因素或其他因素对文化商品供给量的影响程度会因文化商品生产周期的长短而不同。在短期内,各种因素(包括生产能力)的变化难以使供给量发生较大的变化,因此,短期内可能无法达到预期的效果,但这些影响在长期的运动过程中会逐渐显现出来。因此,无论是提高文化商品的供给还是提高文化商品的生产能力,都应当具备长远的视野。将增加文化商品供给视为长期的过程是促进整个文化经济健康、持续发展的关键。通过这种方式,可以实现有效的文化供给,推动文化经济的良性发展。

(八)文化经济政策

文化经济政策是国家通过立法程序制定的,旨在体现国家管理意志、调整文化经济利益并形成合理的生产与经营管理机制的政治经济手段。其本质是政府行为,对文化生产与经营起到宏观引导和调控作用。文化经济政策涵盖了三个方面的内容:其一是国家对文化艺术产业的财政支持,包括对文化产业基本建设的预算和投资以及对文化事业单位的财政补贴;其二是国家为文化产业制定的优惠经济政策,涉及文艺工作者的物质待遇、稿酬制度及税收政策等;其三是国家主管部门运用经济手段对文化艺术产业进行宏观调控的具体措施,包括对文化产品生产者和经营者实施的奖励和惩罚。若能优化这三方面的内容,如实行低息、低税、高稿酬、高待遇的经济政策,将极大地激励文化生产,推动文化供给的增长。相反,若过度强调文化生产的意识形态性,对于文化产品生产的鼓励与扶持不足,可能会延缓甚至抑制文化供应的增长。

五、文化供给弹性及其应用

供给弹性(Elasticity of Supply)是用来表示影响供给的各种因素发生变动后,供给数量所变动的程度的大小的概念[①]。因为影响商品供给的因素主要有商品的生产成本、相关商品的价格、生产者预期等,所以,文化供给性包括文化供给的价格弹性、文化供给的成本弹性、文化供给的交叉弹性和文化供给的预期价格弹性等,以下主要介绍文化供给的价格弹性。

(一) 文化供给价格弹性

文化供给的价格弹性通常被简称为"文化供给弹性",体现了在一定时期内一种文化商品的供给量的变动对该文化商品的价格的变动的反应程度,是反映文化商品的供给量与价格之间变动关系的概念。文化供给的价格弹性系数为文化商品供给量的变动率与文化商品自身价格的变动率的比值。与文化需求的价格弹性一样,文化供给的价格弹性也分为弧弹性和点弹性。文化供给的价格弧弹性表示某文化商品供给曲线上两点之间的弹性,文化供给的价格点弹性表示文化商品供给曲线上某一点的弹性。将文化供给函数设为 $Q_{CS}=F(P)$,E_S 表示文化供给的价格弹性系数,则文化供给的价格弧弹性系数的公式为 $E_S=\dfrac{\Delta Q}{\Delta P}\times\dfrac{P}{Q}$,文化供给的价格点弹性系数的公式为 $E_S=\dfrac{\mathrm{d}Q}{\mathrm{d}P}\times\dfrac{P}{Q}$。一般情况下,文化商品的供给量与文化商品自身价格呈同方向变动,因此文化供给的价格弹性系数 E_S 为正值。

(二) 文化供给价格弹性的应用

文化供给的价格弹性可以根据 E_S 值的大小分为五种类型。$E_S>1$ 表示文化供给富有弹性;$E_S<1$ 表示文化供给缺乏弹性;$E_S=1$ 表示文化供给单一弹性或单位弹性;$E_S=\infty$ 表示文化供给完全富有弹性;$E_S=0$ 表示文化供给完全无弹性。与文化需求弹性一样,在现实经济生活中,文化供给单一弹性、文化供给完全无弹性和文化供给完全富有弹性均比较少见,大多数文化商品的供给不是富有弹性就是缺乏弹性。一些不可再生性资源如土地以及那些无法复制的珍品的供给价格弹性等于零,而劳动力严重过剩地区的劳动力供给曲线具有完全弹性(无穷大弹性)的特点。

根据文化供给原理,文化商品的供给量与价格之间的变化呈正比例,因此文化供给价格弹性系数为正数。文化供给价格弹性系数数值的大小取决于文化供给曲线的运动形状,即文化供给曲线的斜率。在文化供给函数为非线性的情况下,文化供给曲线上各点的弹性是不同的。如果文化供给函数是线性的(文化供给曲线不是向右下倾

[①] 耿强.经济学原理与中国案例解读[M].南京:南京大学出版社,2022.

斜的),则文化供给曲线上各点的弹性是相同的,其几何意义非常直观。若线性的文化供给曲线与横轴的交点位于原点的右侧,那么整条文化供给曲线的价格弹性系数都小于1;如果线性的文化供给曲线与横轴的交点位于原点的左侧,那么整条文化供给曲线的价格弹性系数都大于1;若线性的文化供给曲线过原点,则整条文化供给曲线的价格弹性系数都等于1。上述结论如图4-12所示。

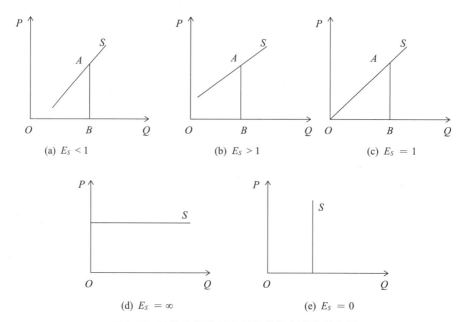

图4-12 线性文化供给曲线的价格点弹性的分类

具体来讲,文化供给曲线的不同斜率,反映在价格弹性系数上有以下五种情况。

第一种情况是文化商品供给的价格弹性系数$E_S < 1$,如图4-12(a)所示。在这种情况下,文化商品价格的较大幅度的变动只能引起文化商品供给量的较小幅度的变动,表明文化商品供给价格弹性小。

第二种情况是文化商品供给的价格弹性系数$E_S > 1$,如图4-12(b)所示。在这种情况下,文化商品价格的较小幅度的变动都将引起文化商品供给量的较大幅度的变动,表明文化商品供给价格是富于弹性的,数值越大,弹性越大。

第三种情况是文化商品供给的价格弹性系数$E_S = 1$,如图4-12(c)所示。在这种情况下,文化商品供给量的变动幅度与价格的变动幅度相同,二者之间弹性一致。

第四种情况是文化商品供给的价格弹性系数$E_S = \infty$,如图4-12(d)所示。在这种情况下,文化商品价格稍微变动就会引起文化商品供给量无穷大的变化。

第五种情况是文化商品供给的价格弹性系数$E_S = 0$,如图4-12(e)所示。在这种情况下,无论文化商品的价格怎么变化,文化商品的供给量都不会发生变化。

（三）影响文化供给价格弹性的因素

1. 时间的长短

当文化商品价格发生变化时，厂商对产量的调整需要一定的时间。

在短期内，由于生产设备等因素无法迅速改变（增加或减少），厂商面临较大的困难，难以根据文化商品价格的上涨及时增加产量或根据价格的下降迅速缩减产量。因此，文化供给价格弹性相对较小。

然而，从长期来看，生产规模的扩大与缩小甚至转产都是可行的。这意味着供给量能够充分对价格变化做出反应，供给价格弹性相应增大。因此，从长期来看，供给量可以更好地适应价格变化，从而实现更有效的资源配置和供需平衡。这种长期供给价格弹性的特点意味着厂商可以根据市场需求和价格变化灵活调整生产策略，从而更好地满足消费者需求并获得更大的利润。

2. 生产规模及规模变化的难易程度

考虑生产规模和资本密集程度对供给价格弹性的影响时，通常可以观察到以下规律：对于生产规模较大、资本密集程度较高的文化企业，由于设计和专业化设备的制约，其生产规模的调整相对困难且耗时较长。因此，这类企业的产品供给价格弹性通常较小。相反，生产规模较小、劳动密集程度较高的企业，由于其生产结构更为灵活，调整规模的成本较低、时间较短，因此其产品供给价格弹性通常较大。这种规律反映了不同类型企业在面对市场变化时的适应能力和应变能力。资本密集型企业由于其生产规模和设备的限制，可能更难以迅速调整生产以应对市场变化，而劳动密集型企业则能够更加灵活地应对市场需求的变化。因此，在制定经济政策或进行市场分析时，了解不同类型企业的供给价格弹性特点是非常重要的。这有助于更好地预测市场变化、制定合理的产业政策，并促进资源的有效配置和市场的稳定发展。

3. 生产的难易程度与生产周期的长短

综合考虑文化产品的生产难度和生产周期对供给价格弹性的影响后，可以得出以下规律：对于技术要求较低、生产周期较短的产品而言，其生产流程相对简单，耗时较短，厂商能够迅速调整产量以适应市场需求的变化，因此，这类产品的供给价格弹性较大。相反，对于技术要求较高、生产周期较长的产品而言，其生产流程较为复杂，耗时较长，厂商难以在短时间内调整产量，因此，这类产品的供给价格弹性相对较小。这种规律揭示了不同产品在市场中的适应性和应变能力。技术要求低、生产周期短的产品能够快速适应市场需求的变化，而技术要求高、生产周期长的产品则可能需要更长时间来调整产量。因此，在制定经济政策或进行市场分析时，了解不同产品的供给价格弹性特点是非常重要的。同时，厂商也可以根据产品的供给价格弹性特点，合理安排生产计划，提高市场适应能力，以获得更大的利润空间。

4. 生产成本的变化

在其他条件不变的情况下，如果文化商品的生产成本不会随着产量的增加而显著增加，那么该文化商品的供给价格弹性就较大。这是因为生产成本的稳定性使得厂商在增加产量的过程中不会面临过高的成本压力，从而更容易调整产量以适应市场需求的变化。相反，如果文化商品产量的增加会导致生产成本显著增加，那么该文化商品的供给价格弹性就较小。在这种情况下，厂商可能需要承担更高的成本来增加产量，这可能限制了他们调整产量的能力，使得供给更加不灵活。这种生产成本与供给价格弹性的关系反映了不同文化商品在生产过程中的经济性和效率。对于那些生产成本稳定的文化商品而言，厂商可以更加灵活地调整其产量，以适应市场需求的变化，从而更好地平衡供给与需求。而对于那些生产成本会随产量增加而显著增加的文化商品而言，厂商可能需要更加谨慎地考虑产量调整策略，以避免造成过大的成本压力。因此，了解不同文化商品的生产成本与供给价格弹性的关系非常重要，这些关系可以更好地优化资源配置，推动文化产业的健康发展，促进文化市场的稳定和繁荣。

第三节　文化商品供求均衡理论及其均衡调节

一、文化商品供求均衡理论

文化商品供求均衡是指在一定时期内，文化商品和服务的供给与需求达到平衡的状态。这种平衡状态可以通过市场机制来实现，当市场价格高于均衡价格时，文化商品和服务的供给量会超过需求量，导致市场价格下降；反之，当市场价格低于均衡价格时，文化商品和服务的需求量会超过供给量，导致市场价格上升。通过不断调整市场机制，文化商品和服务的供给与需求最终将达到平衡状态。

文化商品的供求均衡与调节规律是文化商品流通领域中的基本规律。文化供给和文化需求是文化商品流通的两个重要方面，它们既相互对立又相互依存。供求双方在数量上相互适应或不平衡是文化商品供求关系的重要特征。当供求双方在数量上相互适应时，文化商品的供求关系实现均衡。这种均衡状态是供求双方都感到满意并愿意持续下去的状态。均衡的实现意味着市场上的需求量与供给量相等，没有剩余或短缺的情况。在均衡状态下，价格稳定，供求双方的交易活动正常进行，市场处于稳定状态。

然而，当供求双方在数量上不相适应时，就会造成文化商品供求关系的失衡，即不均衡。这种不均衡可能是由多种因素引起的，如市场需求的变化、生产成本的增加、政策的调整等。当出现不均衡时,市场会自发地调整以恢复均衡。在文化商品的流通领域中,供求关系的均衡和不均衡是一个循环往复、无穷无尽的运动过程。这种过程构成了文化供求的全部矛盾运动。正是这种矛盾运动推动着市场的不断变化和发展。为了更好地理解和应用这一规律,我们需要密切关注市场动态,了解市场需求和供给的变化趋势。同时,政府和企业也需要制定合理的措施,促进市场的稳定和健康发展。只有这样,我们才能更好地应对市场变化,满足消费者需求,推动经济繁荣和社会发展。

(一)均衡价格的形成及决定

文化供求均衡理论对于文化市场的稳定和持续发展具有重要意义。在文化市场中,如果供求关系不平衡,会导致市场价格的波动和资源的浪费。例如,如果文化商品的供给量过多,会导致市场竞争加剧,价格下降,进而影响生产者的收益;反之,如果文化商品的需求量超过供给量,会导致价格上涨,消费者负担加重,进而影响消费者的消费意愿。

微观经济学中的商品价格是指商品的均衡价格[①]。一种商品的均衡价格是指该商品的市场需求量与市场供给量相等时的价格。在均衡价格水平下的相等的供求数量被称为"均衡数量"。从几何意义上说,一种商品的均衡价格出现在该商品的市场需求曲线与市场供给曲线的交点上,该交点被称为"均衡点"。市场上的需求量与供给量相等的状态,也被称为"市场出清"的状态,如图4-13(a)所示。以下将文化需求曲线与文化供给曲线结合在一起,用图4-13(b)来说明一种文化商品的均衡价格的决定。

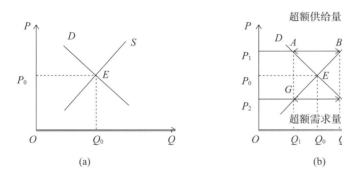

图 4-13 均衡点及均衡价格的形成

在图4-13(b)中,曲线D为市场需求曲线,曲线S为市场供给曲线。需求曲线与供给曲线相交于E点,E点为均衡点。在均衡点时,消费者的购买量与生产者的销售量是相等的。

那么,文化商品的均衡价格是如何形成的呢?文化商品的均衡价格是在市场需求

---

① 刘辉煌.西方经济学[M].北京:中国金融出版社,2004.

和供给两种相反的力量的共同作用下形成的。市场供求力量的自发调节决定了均衡价格的形成。当价格偏离均衡价格时,市场会出现需求量与供给量不相等的非均衡状态。如果价格高于均衡价格,市场会出现文化商品过剩或超额供给的情况。为了销售更多文化商品,供给方会竞相降价,逐步减少供给量。同时,需求方在购买时会压低价格,逐步增加购买量。这种竞争最终会导致价格不断下降,供给量和需求量趋于一致,直到达到均衡价格和均衡数量。相反,如果价格低于均衡价格,则会出现文化商品短缺或超额需求的情况。这时,购买方会竞相购买,使得价格上涨,进而使得购买量逐步减少。同时,供给方会因为价格上涨而愿意增加供给量。这种竞争最终会导致价格上涨,供给量与需求量趋于一致,直到达到均衡价格和均衡数量。

上述结论同样可用数学模型求得。根据线性需求函数和线性供给函数的一般形式,以及均衡方程式,我们可以构建一个完全竞争市场模型的基本方程式。设线性需求函数为 $Q_d = a - b \times P$,线性供给函数为 $Q_s = c \times P - d$,均衡方程式为 $Q_d = Q_s$。

$$\begin{cases} Q_d = a - b \times P \\ Q_s = c \times P - d \\ Q_d = Q_s \end{cases}$$

将线性需求函数、线性供给函数和均衡方程式联立,得到 $a - b \times P = c \times P - d$,整理得 $(b+c) \times P - d - a = 0$。这个方程式就是完全竞争市场模型的基本方程式。根据这个方程式,我们可以解出均衡价格 P_0 和均衡数量 Q_0,即

$$\begin{cases} P_0 = \dfrac{a+d}{b+c} \\ Q_0 = Q_s = Q_d = \dfrac{a \times c - b \times d}{b+c} \end{cases}$$

P_0 和 Q_0 是市场需求和供给这两种相反力量共同作用的结果。当实际价格偏离均衡价格时,市场总存在变化的力量,最终达到市场的均衡或市场出清。这种均衡状态是买卖双方都感到满意并愿意持续下去的状态。

(二)文化供求变化对均衡价格的影响

文化供求的矛盾运动是文化商品矛盾运动的一个重要表现,它反映了文化供给与文化需求之间的相互作用和关系。这种矛盾运动是文化商品在供给和需求过程中各种不同文化力量相互作用的产物。文化供求的矛盾运动表现为一种互为因果的关系。当供求双方在数量上适应时,市场处于均衡状态。然而,当供求关系失衡时,市场会自发地调整以恢复均衡。这种调整过程可能是通过价格变化、生产调整或消费习惯改变等方式来实现的。正是这种互为因果的力量形式推动了文化商品的运动。在文化商

品的流通领域中,供求关系的这种均衡和不均衡是一个循环往复、无穷无尽的运动过程。这种矛盾运动是文化商品市场发展的内在动力,它促使市场不断变化和发展,以满足消费者日益多样化的需求。

影响文化供给与需求的矛盾运动的因素有很多,其中价格是一个非常重要的因素。在不同的价格水平下,文化商品的供给量和需求量都会有所不同。这是因为价格的变化会影响生产者的利润和消费者的购买能力,进而影响市场的供求关系。当价格上升时,生产者的利润增加,可能会增加供给量;而消费者在购买时需要花费更多的钱,可能会减少需求量。相反,当价格下降时,生产者的利润减少,可能会减少供给量;而消费者在购买时可以节省一些钱,可能会增加需求量。因此,文化供求的均衡变化与文化商品的价格水平密切相关。在一定的价格水平下,供给量与需求量会达到平衡状态,从而实现均衡。然而,如果价格发生变化,均衡就会被打破,市场就会发生供求矛盾运动。

在图4-13(a)中,S是文化供给曲线,D是文化需求曲线。当价格为P_0时,曲线S与曲线D相交于E点,文化供给与文化需求在量上相平衡。对应于交点E的供求量为Q_0。换句话说,在供给曲线和需求曲线已定的情况下,文化供求运动均衡的条件是价格为P_0,这一价格就称为一定时期内文化供求的"均衡价格",与之相对应的供求量Q_0是均衡供求量。

文化商品的量价均衡关系是由文化市场供求规律的内在运动自发形成的,它的运动形态如图4-13(b)所示。当文化商品的价格高于均衡价格P_0而表现为P_1时,需求量A点对应Q_1点,供给量B点对应Q_2点。这说明,当价格为P_1时,文化市场上文化商品供大于求,价格的上涨对供给者有利,而对需求者不利,于是引起供给的增加和需求的减少,这二者呈逆方向运动,形成超额供给的局面。在供求规律和市场竞争机制的共同作用下,供大于求,即需求的减少必然会导致价格的下降,而价格的下降又使供求双方产生新的逆方向运动,即价格下降使供给减少,使需求增加,二者的变化方向均为向均衡点E运动。

当文化商品的价格低于均衡价格P_0而表现为P_2时,供给量G点对应Q_1点,需求量F点对应Q_2点。这表明,当价格为P_2时,市场上文化商品供不应求,需求量大于供给量,形成超额需求的局面。同样,在供求规律和市场竞争机制的共同作用下,需求的增加必然导致市场价格的重新上涨,从而出现又一轮供求关系的逆方向运动,以寻求新的均衡。

因此,不管价格是高于还是低于均衡价格,在供求规律的作用下,价格都会自发地向均衡点E所对应的均衡价格P_0运动,供求量也由于同样的引力作用向均衡点E所对应的均衡供求量Q_0运动,使得文化商品的供求关系从不均衡达到均衡。文化商品供求关系的这种从不均衡到均衡的循环往复的矛盾运动,是文化商品在流通领域中的基本规律和发展趋向,其形成原因包括两个方面。一方面是受到文化生产与消费相制约规律的影响。任何生产都是为了消费,没有消费也就没有生产。在供求关系的矛盾运动中,如果说供给联系着生产,那么需求则与消费相联系,需求是消费的表现形态,供给体现着生产的基本状况。生产与消费的矛盾运动是制约着现代文化艺术生产发展的主要的矛盾运动,这在客观上就要求文化商品的供给与需求的总体发展水平必须相适应,呈均衡运动态势。否则,要么造成文化生产过剩和空耗,要么不能满足市场的需求,进而导致文化经济运动的失衡。另一方面是文化商品供求双方自身的矛盾运动也要求二者趋于均衡,以形成良性循环机制。文化商品供求双方都以对方为依存条件,这种关系反映在市场上就是文化商品的销售与购买行为之间的对立统一。在这当中,供求关系的任何失衡,都会造成市场的震荡,而供求双方要想确保自己的利益,就必然会在价值规律的作用下,自发地去寻求二者之间的均衡。

虽然文化供求关系的矛盾运动的总体发展趋势是均衡,但是,在实际中,文化供求关系的矛盾运动的基本形态总是不均衡的,区别主要体现在不均衡的量的大小上。因为在影响文化供求关系的矛盾运动中,价格因素虽然是重要的因素,但并不是唯一的因素。除了价格因素,还有其他因素也会影响文化供求关系的矛盾运动,如政策调整、消费习惯改变、技术进步等。这些因素也可能导致市场供求关系的变化,从而影响文化供求关系的矛盾运动。因此,在我们充分认识到价格因素是在文化供求关系的矛盾运动中起主导作用的因素的同时,还必须充分注意其他方面的因素对文化商品供求均衡的影响,从而最大限度地实现文化供求的均衡发展。

二、文化供求均衡调节

(一)文化供求均衡理论的应用

1. 预测市场趋势

我们可以深入分析文化产品和服务的供求状况以及各种影响因素,如市场需求、消费者偏好、技术进步等,并结合分析结果,对市场的发展趋势和变化趋势进行预测。这种预测可以为生产者提供决策依据,使其提前调整生产计划和产品策略,以满足潜在的市场需求。同时,对于消费者而言,了解市场的发展趋势有助于他们制订更为合理的消费计划。

2. 制定产业政策

政府在文化产业的决策中扮演着重要角色。通过对文化产业的供求状况进行深入分析,政府可以发现市场存在的问题和发展瓶颈,从而制定出相应的产业政策来促进文化产业的健康发展和市场的稳定。例如,政府可以通过提供财政支持等来鼓励文化创新和产业发展,或者通过规范市场秩序来防止过度竞争或垄断。

3. 优化资源配置

在文化产业中,资源配置的优化至关重要。监测和分析文化商品的供求状况以及价格变化,发挥市场机制的调节作用,引导资源向更有价值的领域流动,这样不仅可以提高文化产业的效率和竞争力,还可以避免资源的浪费和过度集中。

4. 引导消费行为

消费者在文化市场中占据着重要的地位。通过了解文化商品的供求状况和价格变化,消费者可以更好地判断自己的消费需求和预算约束,从而制订更为合理的消费计划。同时,那些具有较高文化素养和品位的消费者可以根据市场趋势来选择更有价值的文化产品和服务,提升自己的消费体验和生活品质。

综上,文化供求均衡理论在文化产业的发展中具有不可替代的作用。通过对这一理论的深入研究和应用,我们不仅可以维护文化市场的稳定,还可以推动文化产业实现更为健康和可持续的发展目标。通过加强市场监管、优化资源配置、引导消费行为等多方面的努力,我们可以为文化产业的繁荣发展创造良好的环境。

(二)文化供求不均衡的表现

1. 文化供给与需求的结构性不均衡

文化供给与需求的结构性不均衡是指文化商品在内容与形式构成的层次方面的供给不均衡状况。这种矛盾源于主体精神构成的层次性,因为人们的精神需求和价值取向具有不同的结构。对于一些需要较高文化素养、专业知识和审美能力的文化商品,如交响乐、芭蕾舞、歌剧、文学作品等,由于其生产能力、生产周期、投资规模及市场需求等方面的限制,往往难以形成大规模和大众化的供给。相反,一些通俗文艺作品因其娱乐性、消遣性和通俗性,更容易受到文化层次不高的消费者的青睐,从而形成市场规模。由于主体精神构成的层次性差异,人们对不同层次的文化商品的需求也存在差异,这就导致了供给能力和供给取向的差异。如果这种差异不能得到有效适应和调整,就会导致供求关系的失衡,影响市场的均衡运动。因此,为了实现文化市场的健康和稳定发展,需要关注主体精神构成的层次性差异,合理调整供给与需求的匹配关系,以满足不同层次消费者的需求。

文化供给与需求的结构性不均衡的一个表现方面是人们收入水平的差异带来的需求选择的结构性差异。人们对文化商品的质量和层次的需求在很大程度上取决于他们的可支配收入水平。在可支配收入水平普遍较低的情况下,高层次的文化商品,尤其是高档次的文化娱乐消费,如豪华舞厅、KTV包房等,难以形成大量需求。即使像字画、古玩、特种工艺美术品等具有一定投资价值的文化商品,由于其风险性,一般的工薪阶层也难以将有限的可支配收入用于消费这类文化商品。这种可支配收入水平的差异导致了对不同层次文化商品的需求差异,进而影响了供求结构。这也是我国美术品市场出现艺术品投资热,同时又出现大批画廊纷纷关门歇业的重要原因之一。因此,不同层次的文化商品之间的供求结构失衡也是由这种可支配收入水平差异造成的。要想解决这种矛盾,我们需要关注消费者的可支配收入水平的差异,并采取相应的措施来平衡不同层次的需求和供给。例如,可以通过提供更多适合中低收入群体的文化产品和服务,或者通过政策的引导和市场机制的调节来促进高层次文化商品的需求与供给的平衡。此外,提高教育水平和审美能力也是解决这种矛盾的重要途径。提升消费者的文化素养和审美能力,可以促进对高层次文化商品的需求和供给,从而实现市场的均衡发展。

文化供给与需求的结构性不均衡的另一个表现方面是由消费者不同的年龄、性别、职业和文化习惯等所形成的对于不同种类和层次文化商品的需求的差异。社会角色的不同决定了消费者对文化消费内容、等级的选择不尽相同。因此,文化商品供给的各个部分与文化消费者需求构成之间的矛盾是不可避免的,这影响了文化供求的总均衡。这种矛盾在很大程度上缘于不同社会群体对文化商品的需求和消费习惯存在差异。例如,年轻人可能更喜爱流行音乐和电子游戏,而中年人可能更喜欢经典文学作品或古典音乐。不同职业和文化背景的消费者可能有着不同的文化消费需求和偏好。

为了解决这种矛盾,社会或相关机构,包括文化产业的从业者、文化机构、市场研究机构等可以深入了解不同社会群体的需求和消费习惯,并针对不同目标群体提供相应的文化产品和服务。同时,教育机构和文化推广部门可以通过教育和文化推广活动来提高人们的文化素养和审美能力,以促进对高层次文化商品的需求和供给。此外,政府可以通过制定相关政策来引导和支持文化产业的健康发展,鼓励文化创新和文化多样性,以满足不同社会群体的文化需求。以上这些措施可以有效地平衡不同层次的文化商品供给和需求,有助于实现市场的均衡发展。

2. 文化供给与需求的地域性不均衡

文化供给与需求的地域性不均衡是指文化商品在不同地区之间的供求不均衡状况。这种矛盾主要表现在城市与农村、经济发达地区与经济落后地区、中心地区与偏远地区之间的文化商品供求的质、量差异和贫富差异。在农村、经济落后地区和偏远地区,文化供给难以满足需求,造成这种矛盾的主要原因在于文化产业结构与文化经济发展的不均衡。作为政治、经济、文化的中心,城市、经济发达地区或中心地区由于地理位置和经济历史背景的优势,其文化产业结构相对合理,文化经济发展相对繁荣,具有较大的文化商品生产和供给能力。这些地区居民的人均文化需求量较高,并且其产业结构完善、生产能力较强、文化商品货源充足,因此仍能保持供求大体均衡,能够满足人们对各类文化消费品的需求。然而,在农村、经济落后地区或偏远地区,由于经济发展相对落后,文化产业结构发育不成熟,文化商品的生产能力较低。这限制了这些地区的文化供给能力,导致人们日益增长的文化消费需求难以被满足。要想解决这些地区的文化供给问题,往往需要依靠城市、经济发达地区或中心地区的供给。如果城市供给能力有限,那么供求失衡的矛盾就会更加突出。此外,城市人口集中,各种文化设施比较完善,为文化商品的供给和需求提供了有利的硬件条件。然而,农村的人口居住分散,各种文化设施不足且功能不全,加上交通不够畅通等因素,直接制约了农村的文化供求。

这种地域性矛盾需要采取有效措施来克服。首先,促进文化产业的均衡发展是关键,负责文化产业发展或文化基础设施建设的部门或机构应加强经济落后地区的文化基础设施建设,提高这些地区的文化生产能力。其次,加强文化交流与合作也是重要的途径,负责文化交流与合作的组织或部门可以通过文化下乡、对口支援等形式促进城市与农村之间的文化交流,缩小地域间的文化差距。此外,政府应加大对文化落后地区的政策扶持力度,制定合理的文化产业政策,鼓励文化创新和文化多样性发展。总之,解决文化供给与需求的地域性矛盾需要全社会的共同努力,要通过制定相关政策、推动文化产业发展和促进文化交流等多种途径来实现文化的均衡发展,满足不同地区人们的文化需求。

3. 文化供给与需求的价值取向不均衡

文化供给与需求的价值取向不均衡是指文化商品供求关系在经济效益与社会效益、经济商业票房价值与社会文化审美价值之间的不均衡状况。这种不均衡状况主要源于文化商品的特殊构成,形成了两种不同的价值评价指标,进而在引导文化生产和消费过程中导致两种效益的分离和两种价值的倒挂。例如,文化商品的社会效益可能与其经济效益呈现倒挂,经济效益与负值社会效益同步增长。某些本应提倡的文化产品可能在经济上陷入"生存危机",而某些本应限制或取缔的文化产品却因能为制作者和传播者带来巨大利润而泛滥成灾。一方面,大量文化产品由于这种矛盾运动未能进入流通领域,形成供大于求的状况;另一方面,进入流通的文化产品又可能因质量、品种、风格等不能满足社会需求,形成表面上的供不应求。这种由效益分离和价值取向背反性所形成的供求非均衡运动,在影视、戏剧、图书、音像制品等文化商品的供求过程中尤为突出。因此,消除两种价值和两种效益相互矛盾、相互分离、背反运动的状况已成为影响我国文化供求均衡发展的一大难题。合理解决这一问题成为文化经济学研究的一个重要课题。

解决这一矛盾需要从多个方面入手。其一,政府应加强对文化产业的引导和监管,制定合理的政策措施,促使文化企业提高社会责任感,平衡经济效益与社会效益。

其二，政府或相关组织应加强文化教育和宣传工作，提高公众的文化素养和审美水平，引导消费者树立正确的文化消费观念。此外，文化企业自身也需积极探索创新发展模式，寻求经济效益与社会效益的平衡点，推动文化产业健康可持续发展。

（三）文化供求均衡的调节

文化供求均衡的调节是根据文化供求关系的矛盾状况，运用一定的手段进行调整，以保持基本均衡的行为，根据其发生的机制和性质的差异，可以分为自发的调节和自觉的调节两大类。

自发的调节是指由市场进行调节，即文化商品的生产和供给随着市场需求和价格的变化而变化，这是根据价值规律调节文化商品生产和流通的表现形式。在自发的调节中，市场主体根据供求关系和价格变化来调整生产和供给，以适应市场需求。

自觉的调节则是指市场主体根据价值规律和供求规律运动的特点，自觉地通过某种手段对供求矛盾运动进行干预的宏观调控行为。这种调节旨在使供求关系成为受人们控制的经济运动。自觉的调节可以采用经济性调节手段和非经济性调节手段。经济性调节手段主要运用经济杠杆来调节，如税收、利率等；非经济性调节手段则主要通过行政措施来调节，如制定相关政策、法规等。

以上调节手段都可以对文化供求关系进行有效的调节，以保持市场的平衡和稳定。合理的调节可以解决文化供给与需求之间的矛盾，提高市场的效率和公平性，促进文化产业的健康可持续发展。要想实现有效的文化供求均衡调节，政府、文化企业和消费者应共同努力。政府应加强对文化产业的监管和引导，制定合理的政策措施，促使文化企业提高社会责任感，平衡经济效益与社会效益。文化企业则需积极探索创新发展模式，寻求经济效益与社会效益的平衡点，推动文化产业健康可持续发展。消费者应树立正确的文化消费观念，提高文化素养和审美水平，引导市场需求向更高层次发展。

1. 自发的调节手段——价格调控

价格是市场机制的核心环节，也是调节文化市场供求关系最重要的杠杆。在文化市场经济运行中，价格与供求相互影响，不断循环往复地由平衡到不平衡，再由不平衡到平衡。在充分竞争的市场经济中，市场价格的形成是供给与需求两种相反力量相互作用的结果。价格变动能够同时调节供给量和需求量朝相反方向变动，因此比其他经济杠杆更能有效地调节供求平衡。对于一些像电影制作、图书出版、报刊发行等方面的文化企业以及实行企业化管理的文化事业单位的文化商品供求而言，价格的调节作用尤为明显。在现代文化市场经济中，政府通常会将价格调控作为干预文化经济运动的手段之一。例如，政府为了支持某一行业的发展，实行支持价格，或者为了防止价格上涨造成对需求的误导，对某种商品实行限制价格。政府可以根据文化商品的不同市场情况,通过支持和限制对供求实行有效的调控。然而,对价格的这种干预和调控应当适度,并遵循价值规律和供求规律的基本原则。否则,过度干预可能会导致不良后果。

2. 经济性调节手段——税收杠杆

结合对文化生产和供给的分析,根据不同性质和层次实行不同的税收政策,是调节文化供求矛盾的重要手段之一。例如,在出版物方面,可以对学术价值高、艺术价值高、社会效益好的著作实行低税、减税或免税政策。在艺术演出方面,可以对社会公益性演出实行减税或免税政策。

此外,适当调整各文艺部类、样式、品种的稿酬标准,征收个人调节税,也是调节文化供求矛盾的有效手段。对于电影制片厂、出版社、新华书店等文化企业,其缴纳的税种和税率应当与其他工商企业有所区别。总之,对于文化供给、文化生产,应根据不同性质、不同层次区别对待,实行不同的税收政策。通过税收杠杆对文化生产和供给的不同利益进行调节,可以引导生产和消费,从而使文化供求关系实现有效的均衡。这种税收调节不仅可以促进文化产业的健康发展,还有助于提升社会的文化水平和审美水平。

3. 非经济性调节手段——财政资助

财政资助是社会自觉调节文化供求关系的重要手段之一,包括政府直接财政拨款、间接资助手段和民间赞助等形式。根据投入与产出关系的一般原理,财政部门对文化的投入量在很大程度上决定了文化生产和供给的状况。政府可以通过财政资助对文化艺术生产活动进行调节,进而调节文化供求关系。政府可以通过增加对文化产业的财政拨款,鼓励和促进文化生产和供给,满足市场需求。同时,政府可以通过间接资助手段,如提供贷款、实行税收优惠等措施,支持文化产业的发展,从而调节文化供求关系。此外,民间赞助也是财政资助的一种形式。通过吸引社会资本投入文化产业,扩大文化生产和供给,满足不同层次、不同方面的文化需求。财政资助在调节文化供求关系中发挥着重要的作用,它可以弥补市场调节的不足,防止文化商品生产出现供不应求或供过于求的情况,促进文化产业健康发展。同时,财政资助还可以引导社会资本流向文化产业,提高文化产业的整体实力和竞争力,推动文化产业成为国民经济的支柱产业。如图4-14所示,2018—2022年,我国财政支出逐渐增多;在财政文化体育与传媒支出方面,2018—2020年略有上升,2020—2022年略有下降,但文化产业营业收入逐年增多。这说明我国对文化发展实行的财政资助还不够。面对文化需求的增多,政府应对文化发展实行一定的财政资助,这是满足社会各类文化需求、保证文化供给、提高市场整体供给能力、缓解需求压力、调节文化供求平衡的内在要求。

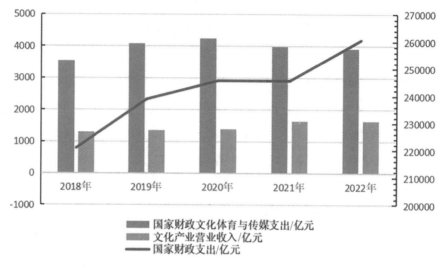

图 4-14　国家财政支出及文化产业营业收入

4. 非经济性调节手段——行政立法

文化行政立法是政府运用法律形式对文化供求进行调节的文化行政管理手段,通过立法对文化艺术生产和供给实行禁止或提倡,体现国家关于文化的管理意志,保证文化供给的国家利益和人民利益。我国已制定的文化方面的法律法规文件包括《中华人民共和国文物保护法》《中华人民共和国著作权法》《关于严禁淫秽物品的规定》等。这些法律法规文件对于禁止有害于人们身心健康的文化产品的生产、制作和控制消遣性、娱乐性产品的过多过滥具有重要作用,具有限制、控制、监督的性质。尤其是实行《关于严禁淫秽物品的规定》,能有效保护广大人民特别是青少年的身心健康,维护社会治安,保证社会主义现代化建设的顺利进行。同时,文化行政立法具有保护的性质,鼓励能够彰显民族文化和民族精神的优秀作品的创作和传播,以繁荣国家的文化科学事业,促进文化的对外开放和交流。例如,《中华人民共和国著作权法》不仅保护文学、艺术和科学作品作者的著作权,同时也保护出版者、艺术表演者、音像制作者和广播电视组织所享有的与著作权有关的权益,即所谓的"邻接权"。这不仅在整体上使文化事业得到保护,而且使优秀文化艺术产品的生产得到保护,从而使广大群众在文化消费方面的根本利益得到保护。通过禁止有害的、保护有益的,实现文化供求均衡、社会整体调节,确保文化供求关系的健康发展,这是文化行政立法的重要作用。

复习与思考

一、重点概念

文化需求;文化供给

二、思考题

1. 文化需求和供给的基本规律分别是什么?
2. 文化需求弹性和文化供给弹性及其影响因素分别是什么?
3. 什么是文化供给均衡?怎样才能实现文化供求关系的基本均衡?

第五章
文化市场

本章概要

"社会分工和商品生产是市场存在的先决条件。"在人类社会中,商品生产和交换的经济活动催生了市场的形成,为经济活动提供了空间。文化经济是物质生产和社会分工的直接产物,大部分文化产品以商品形式进入流通环节,这就不可避免地存在文化市场。换句话说,只要存在社会分工和商品生产,市场就会应运而生。同样的,文化市场的发展也是物质生产和社会分工的必然结果,因为文化产品通常以商品的形式进行交易和流通。

知识导图

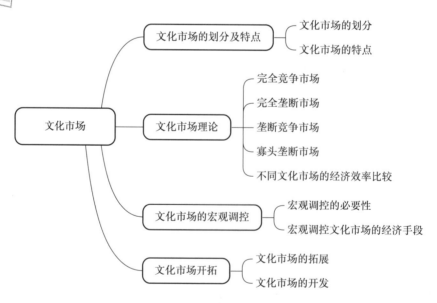

第一节　文化市场的划分及特点

一、文化市场的划分

"市场"一词在含义上有狭义和广义之分①。在狭义上，市场指的是商品交换的地点，如"文化市场"特指精神产品和有偿娱乐服务的交易场所。文化市场主要扮演连接文化艺术产品生产者与消费者的角色，促进双方交换劳动，实现文化商品的价值。广义上的文化市场所涵盖的范围更加广泛，并不仅仅是一个物理空间或具体的交换场所（如市场、商场等），它包括了文化商品在交换过程中所涉及的所有经济关系，这些关系不仅发生在特定的交换场所内，还涉及更广泛的经济活动。本章所讨论的"文化市场"是一个与物质产品市场相对应的，并与市场经济紧密联系的开放型市场。文化市场是一个复杂且多元化的领域，可以根据不同的维度进行划分。以下是几种常见的文化市场划分方式。

（一）按照流通对象划分

按照流通对象的不同，文化市场可划分为文化产品市场、文化要素市场和文化服务市场。

1. 文化产品市场

文化产品市场是直接面向消费者的商业形式的产品市场，主要涵盖图书出版、演出娱乐、广播影视、电子音像、文化会展、文化艺术品、动漫、网络游戏等领域。这些文化产品具有明确的商业价值和消费属性，是文化市场的重要组成部分。

2. 文化要素市场

文化要素市场是指各类文化要素的交易市场，包括资本市场、产权交易市场、技术市场、信息市场、人才市场等。这些市场为文化产业的发展提供了必要的资源和支持，促进了文化资源的优化配置和高效利用。

3. 文化服务市场

文化服务市场作为文化产业与其他产业厂商和消费者的中介，是为文化产业交易提供文化附加值的市场，主要包括文化中介市场、文化流通市场、文化行业组织等，它

---

① 刘建华.现代文化市场体系的六大核心问题[J].学术探索，2023（6）.

们为文化产业的发展提供了重要的服务和支持。

（二）按照市场结构划分

按照市场结构的不同，文化市场可分为完全竞争市场、垄断竞争市场、寡头市场和垄断市场。

1. 完全竞争市场

完全竞争市场是指市场上存在大量的买卖双方，产品同质化，价格由市场供求关系决定的市场。在文化市场中，一些文化产品可能具有这种市场结构，如某些流行文化产品。

2. 垄断竞争市场

垄断竞争市场是指市场上存在多个卖家，但每个卖家的产品都具有一定的差异性，因此每个卖家都有一定的市场控制力。在文化市场中，许多领域都呈现出垄断竞争的特点，如电影、音乐、出版等。

3. 寡头市场

寡头市场是指市场上只有少数几个卖家，它们共同主导着市场的供求关系和价格。在文化市场中，一些特殊的领域可能会形成寡头市场，如某些艺术品市场或特定文化服务市场。

4. 垄断市场

垄断市场是指市场上只有一个卖家，它完全控制着市场的供求关系和价格。在文化市场中，垄断市场较为少见，但在某些特殊情况下可能存在，如某些独家版权的文化产品。

二、文化市场的特点

文化市场，作为市场体系的核心组成部分，既遵循市场运作的普遍规律，又独具特色，主要体现为以下几个方面。

（一）主要经营精神文化产品

与一般市场经营的物质商品以满足物质生产和生活需求为主要目的不同，文化市场的商品以满足人们的精神生活需求为主要目的。虽然精神文化产品如图书、光盘、字画、雕塑品等通常以物质形态存在，但它们只是精神内容的载体。消费者购买这些产品，并不是为了消耗它们的物质形态，而是为了欣赏和理解它们所承载的精神内容和艺术价值。

（二）交换行为伴随着精神传播活动

文化市场的交换行为往往伴随着精神传播活动，这是物质商品市场所不具备的特点。与物质商品的广告宣传不同，文化产品的交换实质上是一种精神传播行为。演员的演出，既是对文化产品的传播，也是对其价值的交换。这种交换不仅实现了商品的经济价值，还创造了新的艺术价值。因为导演和演员在呈现剧本中的艺术形象时，不仅忠实于剧本，还融入了自己的审美观点和生活体验。

（三）交换过程一般不发生所有权转让

在物质商品市场中，商品交换完成后，商品的所有权由销售者所有转移至购买者所有。然而，在文化市场中，精神文化产品的交换并不涉及所有权的转移，尤其是知识产权。例如，购买戏票观看演出，并不意味着观众拥有了演出的所有权，这种交换形式具有其独特性，反映了文化市场的特殊性质。

第二节 文化市场理论

市场理论主要说明在消费者和厂商的经济行为的相互作用下，不同类型的市场对于价格和产量的决定。市场竞争程度的强弱是微观经济学划分市场类型的标准。影响市场竞争程度的具体因素主要有以下四点：其一，市场上厂商的数目；其二，厂商之间各自提供的产品的差别程度；其三，单个厂商对市场价格控制的程度；其四，厂商进入或退出一个行业的难易程度。根据以上四点，微观经济学中的市场被划分为四个类型，它们是完全竞争市场、垄断竞争市场、寡头垄断市场和完全垄断市场。

一、完全竞争市场

市场可以是一个有形的买卖商品的场所，也可以是一个利用现代化通信工具进行商品交易的接触点。任何一种商品都有一个市场。如果一个市场上买者和卖者都是既定价格的接受者（Price Taker），这样的市场称为"完全竞争市场"。与"市场"这一概念紧密相连的另一个概念是"行业"。行业是指为同一个商品市场生产和提供产品的所有厂商的总体。同一种商品的市场和行业的类型是一致的。例如，完全竞争的市场对应的是完全竞争的行业，等等。

（一）完全竞争市场的特点

完全竞争市场（Perfect Competition Market），又称"纯粹竞争市场"，是一种不受任何阻碍、干扰和控制的市场结构，即购买者和销售者的购买和销售决策对市场价格没有任何影响的市场结构。按照美国经济学家爱德华·哈斯丁·张伯伦(Edward Hastings Chamberlin)的观点,完全竞争就是没有任何"垄断因素"的竞争。

完全竞争市场的特点主要包含以下四个方面。

(1)市场上有无数的买者和卖者。由于市场上有为数众多的商品需求者和供给者,他们中的每一个人的购买份额或销售份额,相对于整个市场的总购买量或总销售量来说是微不足道的,好比是一桶水中的一滴水。他们中的任何一个人买与不买,或卖与不卖,都不会对整个商品市场的价格水平产生任何影响。因此,在这种情况下,每一个消费者或每一家厂商都是市场价格的被动接受者,对市场价格没有任何控制力量。

(2)同一行业中的每一家厂商生产的产品是完全无差别的。这里的完全无差别的商品,不仅指商品之间的质量完全一样,还包括在销售条件、商标、包装等方面是完全相同的。因此,对于消费者来说,购买哪一家厂商的商品都是一样的。如果有一家厂商涨价,那么这家厂商的商品就会完全卖不出去。当然,单家厂商也没有必要降价。因为在一般情况下,单家厂商总是可以按照既定的市场价格实现属于自己的那一份相对来说很小的销售份额。

(3)厂商进入或退出一个行业是完全自由的。厂商进出一个行业不存在任何障碍,所有的资源都可以在各行业之间自由流动。这样,各行业的厂商规模和厂商数量在长期内是可以任意变动的。但是在短期内,厂商规模和厂商数量仍然是不可变的。

(4)市场中每一个买者和卖者都掌握与自己的经济决策有关的商品和市场的全部信息。这样,市场上的每一个消费者或生产者都可以根据自己所掌握的完全的信息,确定自己的最优购买量或最优生产量,从而获得最大的经济利益,并且这样也排除了由于市场信息不畅通而可能产生的一个市场同时存在几种价格的情况。

显然,理论分析上所假设的完全竞争市场的条件是很严格的。西方学者承认,在现实的经济生活中,完全竞争的市场是不存在的,通常只是将某些农产品市场看作比较接近完全竞争的市场类型。我们之所以要对这一理论上抽象的市场进行分析,是为了理论体系的完整和加深对非完全竞争文化市场的理解。

(二)完全竞争文化厂商的需求曲线和收益曲线

在文化商品市场中,消费者对整个行业所生产的商品的需求量称为"行业所面临的需求量",相应的需求曲线称为"行业所面临的需求曲线"。消费者对行业中的单个厂商所生产的商品的需求量,称为"厂商所面临的需求量",相应的需求曲线称为"厂商所面临的需求曲线"。由于整个行业所面临的需求数量就是整个市场上全部消费者的需求总量,所以,行业所面临的需求曲线也就是市场的需求曲线,它一般是一条向右下方倾斜的曲线。完全竞争文化市场的需求曲线与完全竞争文化厂商的需求曲线见图5-1。

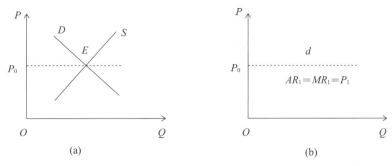

图 5-1　完全竞争文化市场的需求曲线与完全竞争文化厂商的需求曲线

如图 5-1(a)所示,D 曲线就是一条完全竞争市场的需求曲线,它是向右下方倾斜的。

文化厂商所面临的需求曲线,简称为"厂商的需求曲线"。在完全竞争市场上,市场价格由整个行业的供求总量所决定。对于单家厂商而言,只要按照既定的价格出售产品,有多少产品就可以卖出多少,如果涨价,产品将卖不出去;如果降价,不会使除了自己以外的任何人受损失。这也就是说,一旦行业的供求均衡决定了市场价格水平之后,对于某一家厂商来说,如果能按这一价格出售产品,则在这一价格水平下所面临的市场需求将是无限的,它的需求曲线是一条水平需求曲线,其函数形式为 $P=P_0$(P_0 为市场价格)。根据平均收益(AR)和边际收益(MR)的定义可知,此时的价格与厂商所获取的平均收益和边际收益在量上是相等的,即 $P=AR=MR$。也就是说,作为完全竞争市场上的单家厂商,其需求曲线、平均收益曲线、边际收益曲线是重叠的,如图 5-1(b)所示。

图 5-1(b)中的文化厂商的需求曲线 d 是相对于图 5-1(a)中的文化市场需求曲线 D 与文化市场供给曲线 S 的交点 E 所决定的均衡价格 P_0 而言的。如果图 5-1(a)中的市场供给曲线 S 的位置发生移动,就会与现有的市场需求曲线 D 相交,形成新的市场的均衡价格,相应地,在图 5-1(b)中便会有另一条从新均衡价格水平出发的呈水平线形状的厂商的需求曲线。可见,从向右下方倾斜的市场需求曲线上的任何一点出发,都可以引出一条水平的厂商的需求曲线,它们表示在每一个可能的市场价格下厂商所面临的需求状况。而在每一条水平厂商的需求曲线上,均有 $P=AR=MR$。

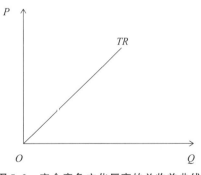

图 5-2　完全竞争文化厂商的总收益曲线

假定某文化厂商所面临的既定的市场价格为 $P=2$ 元,则在每一个商品销量水平下,文化厂商都按既定的市场价格出售商品。随着商品销售量的增加,文化厂商的总收益(TR)是不断增加的,如图 5-2 所示。但由于商品的单位销售价格是固定不变的,这就不仅使得厂商的平均收益(AR)必然保持不变,且等于商品的单位价格,还使得文化厂商每增加一单位商品的销售所获得的边际收益(MR)也必然保持不变,且等于商品的单位价格。这表明完全竞争文化厂商在任何商品销售量水平上都有 $P=AR=MR$。

总之,完全竞争文化厂商的收益曲线具有以下特征:①完全竞争文化厂商的平均收益曲线 AR、边际收益曲线 MR 和需求曲线 d 这三条曲线是重叠的。它们是用同一条水平线 d 来表示的。这是因为,对于完全竞争文化厂商来说,在既定市场价格下的任何需求量上都有 $P=AR=MR$,而完全竞争文化厂商所面临的需求曲线本身就是一条由既定的市场价格水平出发的水平线。②完全竞争文化厂商的总收益曲线 TR 是一条由原点出发的呈上升趋势的直线。其所以呈斜率不变的直线形,是因为每一销售量上的边际收益值是相应的总收益曲线的斜率,即 $MR=\dfrac{\mathrm{d}TR}{\mathrm{d}Q}$,而完全竞争文化厂商的边际收益是不变的,它等于既定的市场价格。

(三)完全竞争文化厂商的短期均衡

在完全竞争市场条件下的短期生产中,不但产品市场的价格是既定的,而且生产中的不变要素投入量是无法改变的,即文化厂商只能用既定的生产规模进行生产,所以,文化厂商只有通过调整产量来实现利润最大化($MR=MC$)。文化厂商短期均衡时的盈亏状况可以用图 5-3 来说明。

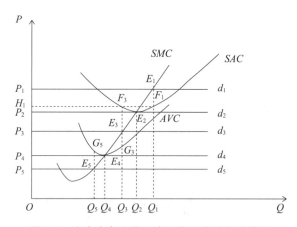

图 5-3　完全竞争文化厂商短期均衡的各种情况

情况 1:文化厂商所接受的价格高于其平均成本曲线最低点。当市场价格为 P_1 时,相应的文化厂商所面临的需求曲线为 d_1,根据 $MR=MC$ 的利润最大化原则,文化厂商选择的最优产量为 Q_1。对应于 Q_1 这一产量水平,短期边际成本曲线 SMC 和需求曲线 d_1 相交于 E_1 点,E_1 点是文化厂商的短期均衡点。这时,文化厂商的平均收益为 E_1Q_1,平

均成本为 F_1Q_1，平均收益大于平均成本，文化厂商在单位产品上所获得平均利润为 E_1F_1，利润总量为 $(E_1F_1 \times OQ_1)$，相当于图5-3中矩形 $H_1P_1E_1F_1$ 面积。此时，文化厂商获得超额利润。

情况2：文化厂商所接受的价格等于其平均成本曲线最低点。相对于第一种情况，市场价格由 P_1 下降为 P_2，文化厂商所面临的需求曲线相应地向下平移为需求曲线 d_2，文化厂商所面临的需求曲线 d_2 恰好与短期平均成本曲线 SAC 相切于后者的最低点 E_2，短期边际成本曲线 SMC 也经过该点。由于该点就是短期边际成本曲线 SMC 和需求曲线 d_2 的交点，所以，E_2 点就是文化厂商的短期均衡点，相应的均衡产量为 Q_2。对应 Q_2 这一产量水平，平均收益为 E_2Q_2，平均成本为 E_2Q_2，文化厂商的超额利润为零，但文化厂商的正常利润全都实现了。由于在这一点上，文化厂商既无利润，又无亏损，所以，短期边际成本曲线 SMC 与短期平均成本曲线 SAC 的交点也被称为"文化厂商的收支相抵点"。此时，文化厂商仅获取正常利润。

情况3：文化厂商所接受的价格低于其平均成本曲线最低点。当市场价格继续降至 P_3 时，相应的文化厂商所面临的需求曲线为 d_3，短期边际成本曲线 SMC 与需求曲线 d_3 相交所决定的短期均衡点为 E_3，均衡产量为 Q_3。对应 Q_3 这一产量水平，平均收益为 E_3Q_3，平均成本为 F_3Q_3，平均收益小于平均成本，文化厂商是亏损的，单位产品的亏损额为 F_3E_3，总亏损量为 $(F_3E_3 \times OQ_3)$。平均可变成本为 G_3Q_3，它小于平均收益 E_3Q_3。此时，文化厂商虽然亏损，但仍然生产。因为，只有这样，文化厂商才能在用全部收益弥补全部可变成本之后，还能弥补在短期内总是存在的不变成本的一部分。所以，在这种情况下，生产要比不生产强。

当市场价格进一步下降至 P_4 时，相应的文化厂商所面临的需求曲线为 d_4，而且曲线 d_4 与平均可变成本曲线 AVC 恰好相切于后者的最低点 E_4，短期边际成本曲线 SMC 也经过该点。在这种情况下，根据 $MR=MC$ 这一利润最大化原则，E_4 点就是文化厂商的短期均衡点。在短期均衡点 E_4 上，平均收益小于平均成本，文化厂商是亏损的。同时，平均收益与平均可变成本相等，都为 E_4Q_4。于是，文化厂商可能继续生产，也可能不生产。或者说，生产与不生产的结果对于文化厂商来说都是一样的。因为，若继续生产，文化厂商的全部收益只够弥补全部的可变成本，而不能弥补任何的不变成本；若不生产，文化厂商虽不必支付可变成本，但不变成本仍然是存在的。所以短期边际成本曲线 SMC 与平均可变成本曲线 AVC 的交点是文化厂商生产与不生产的临界点，通常称该点为"停止营业点"或"关闭点"。

当市场价格下降至更低的 P_5 时，相应的文化厂商所面临的需求曲线为 d_5，短期边际成本曲线 SMC 与需求曲线 d_5 的短期均衡点为 E_5，均衡产量为 Q_5。这时，平均收益为 E_5Q_5，它小于平均可变成本 G_5Q_5，文化厂商亏损，停止生产。因为，倘若文化厂商继续生产的话，其全部收益连可变成本都无法全部弥补，就更谈不上对不变成本的弥补了。而事实上，文化厂商只要停止生产，可变成本就降为零。显然，此时不生产要比生产强。

因此，完全竞争文化厂商短期均衡的条件是 $MR=SMC$。其中，$MR=AR=P$。在短期均衡时，文化厂商既可以获得最大利润，也可以利润为零，还可以蒙受最小亏损。

在完全竞争的条件下，从文化厂商追求利润最大化的经济行为分析中可以推导出完全竞争文化厂商的短期供给曲线，如图5-4所示。文化厂商根据 $P=MC$ 确定在每一价格水平下能给其带来最大利润的产量。因此，平均可变成本曲线之上的边际成本曲线就是文化厂商的短期供给曲线。在边际报酬递减规律的作用下，文化厂商的边际成本递增，因此完全竞争文化厂商的短期供给曲线是一条向右上方倾斜的曲线。

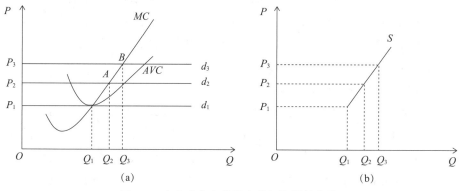

图5-4　完全竞争文化厂商的短期供给曲线

因为行业的短期供给曲线是单家厂商的短期供给曲线的水平相加，所以，行业的短期供给曲线也是向右上方倾斜的。而且，行业短期供给曲线上的每一点都表示在相应价格水平下能够使全体厂商获得最大利润（或最小亏损）的行业的短期供给量。

（四）完全竞争文化厂商的长期均衡

在长期生产中，所有的生产要素投入量都是可变的，完全竞争文化厂商通过对全部生产要素投入量的调整，来实现利润最大化的均衡条件 $MR=MC$。

完全竞争文化厂商在长期内对全部生产要素的调整一方面表现为文化厂商进入或退出一个行业，也就是行业内企业数量的调整，另一方面表现为文化厂商对生产规模的调整。完全竞争文化厂商的长期均衡就是通过对这两个方面的调整来实现的。完全竞争文化厂商的长期均衡点为长期平均成本曲线 LAC 的最低点。完全竞争文化厂商长期均衡的条件为 $MR=LMC=SMC=LAC=SAC$，其中，$MR=AR=P$。此时，单家文化厂商的利润为零，如图5-5所示。

在完全竞争的条件下，单家企业的产量增减所引起的对生产要素需求量的增减，不会对生产要素价格产生影响。但是，整个行业产量的变化有可能会引起生产要素价格的变化。根据行业产量变化对生产要素价格变化的不同影响，完全竞争行业的长期供给曲线分为三种类型：水平的、向右上方倾斜的和向右下方倾斜的，它们分别是成本不变行业、成本递增行业和成本递减行业的长期供给曲线。

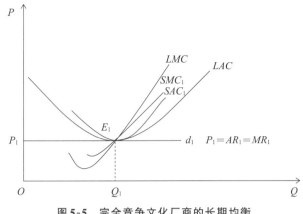

图 5-5 完全竞争文化厂商的长期均衡

1. 成本不变行业的长期供给曲线

成本不变行业是这样的一种行业:它的产量变化所引起的生产要素需求的变化,不对生产要素的价格产生影响。这是因为要素市场也是完全竞争市场,或者说这一个行业对生产要素的需求量只占生产要素市场需求量的很小一部分,所以,随着行业产量的增加,投入要素价格不变,长期平均成本不变,企业始终在既定的长期平均成本曲线的最低点从事生产。这种成本不变行业的长期供给曲线是一条水平线,$P=LAC$,斜率为零。

2. 成本递增行业的长期供给曲线

成本递增行业是这样一种行业:它的产量增加所引起的生产要素需求的增加,会导致生产要素价格的上升。如果行业投入具有专用性,或者占据要素市场很大的份额,那么,随着行业产量的增加,投入要素价格上涨,长期平均成本不断上升。这种成本递增行业的长期供给曲线是一条向右上方倾斜的曲线,斜率为正值,且二阶导数大于零。

3. 成本递减行业的长期供给曲线

成本递减行业是这样一种行业:它的产量增加所引起的生产要素需求的增加,反而使生产要素的价格下降了。这是因为生产其生产要素的行业具有明显的规模经济,随着行业产量的增加,长期平均成本不断下降。这种成本递减行业的长期供给曲线是一条向右下方倾斜的曲线,具有负的斜率。另外,完全竞争市场是最有效率的市场,因为在完全竞争均衡里,消费者剩余和生产者剩余的总和达到最大。

二、完全垄断市场

(一)完全垄断市场的特点

完全垄断市场,又称"垄断市场"或"独占市场",是指整个行业中只有唯一的一家文化厂商的市场类型。完全垄断市场的形成,有以下几方面的原因:①规模经济的需要。有些产品的生产需要大量固定设备投资,规模经济效益十分显著,大规模生产可使成本大大降低。在这种情况下,效率高的工厂规模相对市场需求来说非常之大,以至于只需要一家厂商即可满足需要,两家厂商很难获得利润。许多公用事业,如交通、供水、发电等,通常由一家厂商独家经营。由于规模经济的需要而形成的垄断,称为"自然垄断"。②专利与专营权的控制。对于文化厂商的专项发明创造,政府有专门的法律加以保护,禁止其他厂商擅自使用其专利技术,在这种情况下会形成独家生产和经营的垄断。有时,政府基于公众利益或其他方面的原因,对一些特定产品的生产经营做了限制,只许某家文化厂商生产经营,如烟、酒经营等,在这种情况下也会形成垄断。③独家文化厂商控制了生产某种商品的全部资源或基本资源的供给。这种对生产资源的独占,排除了经济中的其他厂商生产同种产品的可能性,因而也会形成垄断。

完全垄断文化市场主要具有以下几方面的特点:①完全垄断市场只有一家文化厂商,控制整个行业的商品供给,因此,厂商即行业,行业即厂商。②该文化厂商生产和销售的商品没有任何相近的替代品,需求的交叉弹性为零,因此,它不受竞争的威胁。③新的文化厂商不可能进入该行业参与竞争。完全垄断文化厂商通过对价格和原材料的有效控制,使任何新厂商都不能进入这个行业。④独自定价并实行差别价格。完全垄断文化厂商不但控制商品的供给量,而且还控制商品的价格,是价格制定者,可使用各种手段定价,保持垄断地位。完全垄断文化厂商还可以依据不同的销售条件,通过实行差别价格来获取更多的利润。

与完全竞争文化市场一样,完全垄断文化市场的假设条件也很严格,在现实的经济生活中,完全垄断文化市场也几乎是不存在的。

(二)完全垄断文化厂商的需求和收益

在完全竞争文化市场上,由于文化厂商数量众多,单家文化厂商只能按照既定的市场价格出售任何数量的商品,是价格的接受者,因而文化厂商面临的是一条水平的需求曲线。而在完全垄断文化市场上,一个行业只有一家文化厂商,完全垄断文化厂商是独家卖主,其面对的需求也就是整个市场的需求。完全垄断文化厂商是价格的制定者,其可以制定高价,也可以制定低价,但其也要受市场需求规律的限制。这是因为,如果完全垄断文化厂商制定高价,销售量就必然会下降,要想扩大销售量,就必须降低价格,这就意味着在完全垄断文化市场上,需求量与价格呈反方向变动,完全垄断文化厂商所面临的需求曲线是一条向右下方倾斜的曲线。

在完全垄断文化市场上,文化厂商是价格的制定者,文化厂商每出售一单位商品所获得的收益等于商品的价格,即平均收益等于商品的价格,因此平均收益曲线与需求曲线重叠。文化厂商的平均收益随着商品销售量的增加而减少。

在完全垄断文化市场上,不仅文化厂商的平均收益随着商品的销售量的增加而减少,而且边际收益也是随着商品的销售量的增加而减少的。但在平均收益递减的条件下,边际收益总是小于平均收益的,因此边际收益曲线总是位于平均收益曲线的下方。文化厂商的总收益则是先增加后减少的。

如图5-6所示,文化商品的市场价格(P)随着文化厂商的商品销售量的不断增加而下降。平均收益(AR)等于文化商品的价格(P),因而也是不断下降的;边际收益(MR)亦呈不断下降的趋势。在每一个销售量上,边际收益都小于平均收益,即$MR<AR$,其原因在于:如前文所述,边际量与平均量之间的关系体现为,只要平均量下降,边际量就总是小于平均量的,所以,在文化商品价格即平均收益(AR)不断下降的同时,必有$MR<AR$。而在每一个销售量上的边际收益(MR)都是总收益曲线TR的相应的斜率,因此,当$MR>0$时,总收益曲线TR是上升的;当$MR<0$时,总收益曲线TR是下降的;当$MR=0$时,总收益曲线TR达到极值点。

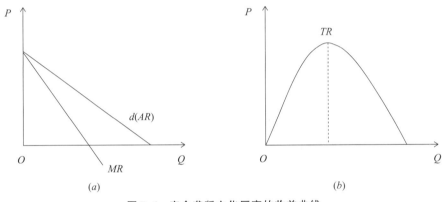

图5-6 完全垄断文化厂商的收益曲线

(三)完全垄断文化厂商的短期均衡

完全垄断文化厂商要想获得最大的利润,也必须遵循$MR=MC$的原则。短期内,文化厂商无法改变不变要素投入量,文化厂商是在既定的生产规模下通过对产量和价格的同时调整,来实现利润最大化的。短期内,文化厂商既可能获得超额利润,也可能只获得正常利润,还可能存在亏损。完全垄断文化厂商短期均衡的各种情况如图5-7所示。

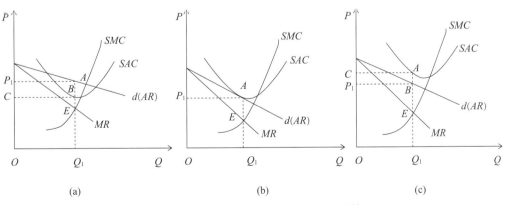

图5-7 完全垄断文化厂商短期均衡的各种情况

1. 获得超额利润的短期均衡

在图5-7(a)中,曲线$d(AR)$为文化厂商的需求曲线,曲线MR为边际收益曲线,曲线SAC、曲线SMC分别为短期平均成本曲线、短期边际成本曲线。当文化厂商需求曲线d位于短期平均成本曲线SAC之上或与短期平均成本曲线SAC相交时,文化厂商根据$MR=MC$的利润最大化均衡条件,将产量和价格分别调整到Q_1和P_1的水平。在短期均衡点E上,文化厂商的平均收益为AQ_1,平均成本为BQ_1,平均收益大于平均成本,文化厂商获得利润。单位产品的平均利润为AB,总利润为$(CP_1 \times OQ_1)$,相当于图5-7(a)中矩形$ABCP_1$的面积。

2. 获得正常利润的短期均衡

假定文化厂商的成本曲线保持不变,而其需求曲线向左下方移动,在不断移动的过程中,一定会出现需求曲线d与短期平均成本曲线SAC相切的状况,如图5-7(b)所示,A点即切点。文化厂商根据$MR=MC$的利润最大化均衡条件,将产量和价格分别调整到Q_1和P_1的水平。在短期均衡点E上,文化厂商的平均收益为AQ_1,平均成本也为AQ_1,平均收益等于平均成本,文化厂商获得正常利润。

3. 存在亏损的短期均衡

当文化厂商的需求曲线低于短期平均成本曲线时,在$MR=SMC$的短期均衡点上文化厂商也是亏损的(尽管亏损额是最小的)。造成文化厂商需求曲线低于短期平均成本曲线的原因,可能是既定的生产规模的成本过高(表现为相应的成本曲线的位置过高),也可能是文化厂商所面临的市场需求过小(表现为相应的需求曲线的位置过低)。在图5-7(c)中,文化厂商需求曲线d在短期平均成本曲线SAC之下。文化厂商遵循$MR=SMC$的原则,将产量和价格分别调整到Q_1和P_1的水平。在短期均衡点E上,文化厂商是亏损的,这时,文化厂商的平均收益为BQ_1,平均成本为AQ_1,平均收益小于平均成本,单位产品的平均亏损额为AB,总亏损额为$(CP_1 \times OQ_1)$,相当于图5-7(c)中矩形ABP_1C的面积。

综上所述,在完全垄断文化市场上,文化厂商达到短期均衡的条件是$MR=SMC$。文化厂商在短期均衡点上既可能获得超额利润,也可能只获得正常利润,还可能蒙受亏损。

(四)完全垄断文化厂商长期均衡

完全垄断文化厂商在长期内可以调整全部生产要素的投入量即生产规模,从而实现最大的利润。完全垄断行业排除了其他厂商加入的可能性,因此,与完全竞争文化厂商不同,如果完全垄断文化厂商在短期内获得利润,那么,它的利润在长期内不会因为新厂商的加入而消失,完全垄断文化厂商在长期内是可以保持利润的。如果完全垄断文化厂商在长期内只能获得正常利润或存在亏损,那么其可以通过调整规模来获得超额利润或者消除亏损。假如无论怎样调整都有亏损,那么完全垄断文化厂商会离开该市场,转移到有利的市场。完全垄断文化厂商之所以能在长期内获得更大的利润,其原因在于长期内企业的生产规模是可变的和市场对新加入的厂商是完全关闭的。完全垄断文化厂商的长期均衡条件为 $MR=LMC=SMC$,文化厂商在长期均衡点上可以获得利润。

三、垄断竞争市场

(一)垄断竞争市场的特点

垄断竞争市场是这样一种市场:市场中有许多厂商,它们生产和销售的是同种产品,但这些产品又存在一定的差别。在这里,产品差别不仅指同一种产品在质量、构造、外观、销售服务条件等方面的差别,还包括商标、广告方面的差别和以消费者的想象为基础的虚构的差别。例如,虽然在两家不同饭馆出售的同一种菜肴(如清蒸鱼等)在实质上没有差别,然而,消费者可能会认为其中一家饭馆的清蒸鱼比另一家的鲜美。这时,即存在着虚构的产品差别。

在完全竞争市场和完全垄断市场条件下,行业的含义是很明确的,它是指生产同一种无差别的产品的厂商的总和。而在垄断竞争市场中,产品差别这一重要特点使得上述意义上的行业不存在。为此,在垄断竞争理论中,把市场上大量的生产非常接近的同种产品的厂商的总和称作"生产集团",如快餐食品集团等。

垄断竞争市场主要具有以下特点:①市场上厂商数量非常多,以至于每家厂商都认为自己的行为影响很小,不会引起竞争对手的注意和反应,因而自己也不会受到竞争对手的任何报复措施的影响。②各厂商生产具有差别的同种产品,这些产品彼此互为非常接近的替代品。一方面,市场上的每种产品之间存在着差别,或者说,每种带有自身特点的产品都是唯一的,因此,每家厂商对自己的产品的价格都具有一定的垄断力量,从而使得市场中具有垄断因素。一般说来,产品的差别越大,厂商的垄断程度也就越高。另一方面,有差别的产品相互之间又是很相似的替代品,或者说,每一种产品都会遇到大量其他相似产品的竞争,因此,市场中又具有竞争因素。如此,便构成了垄断因素和竞争因素并存的垄断竞争市场的基本特征。③厂商的生产规模比较小,因此,进入和退出生产集团比较容易。

在现实生活中,垄断竞争的文化市场在文化产品的创作和生产中较为普遍,由于创意的独特性和难以复制性,可能会出现较高的市场集中度,形成垄断竞争的市场格局。

(二)垄断竞争文化厂商的需求曲线

由于垄断竞争文化厂商可以在一定程度上控制自己商品的价格,即通过改变自己所生产的有差别的商品的销售量来影响商品的价格,所以,与完全垄断文化厂商一样,垄断竞争文化厂商所面临的需求曲线也是向右下方倾斜的。所不同的是,由于各垄断竞争文化厂商的产品彼此互为很接近的替代品,市场中的竞争因素又使得垄断竞争文化厂商的需求曲线具有较大的弹性。因此,垄断竞争文化厂商所面临的向右下方倾斜的需求曲线是比较平坦的,相对地比较接近于完全竞争文化厂商所面临的水平形状的需求曲线。

垄断竞争文化厂商所面临的需求曲线有两种,它们通常被区分为主观需求曲线 d 和实际需求曲线 D。以下用图 5-8 说明这两种需求曲线。

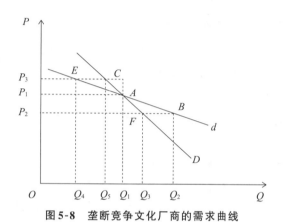

图 5-8　垄断竞争文化厂商的需求曲线

主观需求曲线 d 表示当垄断竞争生产集团中的某家文化厂商改变商品价格,而其他文化厂商的商品价格都保持不变时,该文化厂商的商品价格与销售量之间的关系。在图 5-8 中,假定某垄断竞争文化厂商开始时处于价格为 P_1、产量为 Q_1 的 A 点上,该文化厂商想通过降价来增加自己商品的销售量。因为,该文化厂商认为,其降价以后不仅能增加自己商品的原有购买者的购买量,而且能把购买者从生产集团内的其他文化厂商那里吸引过来。该文化厂商认为其他文化厂商不会对其降价行为做出反应。随着该文化厂商的商品价格由 P_1 下降为 P_2,其销售量会沿着主观需求曲线 d 由 Q_1 增加为 Q_2。反之,若该文化厂商的商品价格由 P_1 上升为 P_3,其销售量会沿着主观需求曲线 d 由 Q_1 减少为 Q_4。

实际需求曲线 D 表示当垄断竞争生产集团的某家文化厂商改变商品价格,而且集团内的其他所有文化厂商也使商品价格发生相同的变化时,该文化厂商的商品价格与销售量之间的关系。在图 5-8 中,当某文化厂商将商品价格由 P_1 下降到 P_2 时,集团内其他所有文化厂商也将商品价格由 P_1 下降到 P_2,于是,该文化厂商的实际销售量是实际需求曲线 D 上的 Q_3,Q_3 小于它的预期销售量即主观需求曲线 d 上的 Q_2。这是因为集团内其他文化厂商的购买者没有被该文化厂商吸引过来,每家文化厂商的销售量增加仅来自整个市场的价格水平的下降。反之,当某文化厂商将商品价格由 P_1 增加到 P_3 时,集团内其他所有文化厂商也都将商品价格由 P_1 增加到 P_3,于是该文化厂商的实际销售

量是实际需求曲线 D 上的 Q_5，Q_5 大于它的预期销售量即主观需求曲线 d 上的 Q_4。

（三）垄断竞争文化厂商的短期均衡

西方经济学家通常利用垄断竞争生产集团内的代表性企业来分析垄断竞争厂商的短期均衡和长期均衡。以下分析中的垄断竞争文化厂商均为代表性文化企业。

在短期内，垄断竞争文化厂商是在现有的生产规模下通过对产量和价格的同时调整，来实现 $MR=SMC$ 的均衡条件。以下用图 5-9 来分析垄断竞争文化厂商的短期均衡的形成过程。

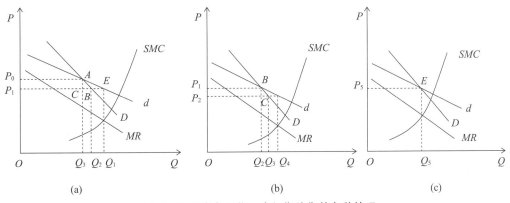

图 5-9 垄断竞争文化厂商短期均衡的各种情况

在图 5-9(a)中，假定该文化厂商最初在主观需求曲线 d 和实际需求曲线 D 相交的 A 点上进行生产。该文化厂商在 A 点的价格 P_0 和产量 Q_0，与实现最大利润的 $MR=SMC$ 的均衡点 E 所要求的产量 Q_1 和价格 P_1 相差很远。于是该文化厂商决定将生产由 A 点沿着主观需求曲线 d 调整到 E 点，即将价格降低为 P_1，将产量增加为 Q_1。如果该文化厂商相信自己改变价格不会遇到集团内其他文化厂商的竞争，那么相应的需求曲线为 d，该文化厂商利润会有所增加。然而，其他文化厂商也会假定只有自己改变价格，别的文化厂商保持价格不变，从而都把价格降到 P_1，这样与之相适应的需求曲线不是 d，而变成了 D。这表明在价格 P_1 下，每家文化厂商的销售量不是 Q_1，而是 Q_2。

上述结果如图 5-9(b)所示，所有文化厂商都定价为 P_1，主观需求曲线 d 已向下移动，并与实际需求曲线 D 相交于 B 点，因为新的需求曲线 d 表示的是其他文化厂商价格变为 P_1 时，该文化厂商在各种价格下的销售量。这样，价格 P_1 在主观需求曲线 d 上对应 B 点，此时所有文化厂商都定价为 P_1，而该文化厂商的销售量为 Q_2。在这种情况下，该文化厂商在新的需求曲线 d 的基础上使利润最大，把价格定在 P_2 上，期望产量为 Q_4，其他文化厂商也采取同样的行动。结果新需求曲线又不是 d，而是 D，每家文化厂商的产量将是 Q_3 而不是 Q_4。期望需求曲线 d 再次向下移动，并在新价格 P_2 的条件下，与实际需求曲线 D 相交于 C 点。

上述的过程一直要持续到该文化厂商没理由再继续降价为止。在图 5-9(c)中，当

价格为 P_5、产量为 Q_5 时,该文化厂商不会再调整价格了。因为此时 $MR=SMC$,实现了利润最大化,P_5 和 Q_5 分别为文化厂商短期均衡价格和均衡产量。

垄断竞争短期均衡的条件是两条需求曲线的交点与边际收益等于短期边际成本时的交点决定的是同一产量。与完全竞争和完全垄断一样,垄断竞争的短期均衡也可能有三种情况:获得超额利润;获得正常利润;存在亏损。这取决于两条需求曲线交点的位置,只要其在平均成本曲线之上,生产就会继续进行。

(四)垄断竞争文化厂商的长期均衡

在长期内,垄断竞争文化厂商不仅可以调整生产规模,还可能加入或退出生产集团。这就意味着,垄断竞争文化厂商在长期均衡时的利润必定为零,即在垄断竞争文化厂商的长期均衡点上,主观需求曲线 d 必定与长期平均成本曲线 LAC 相切。简单地看,这些情况与完全竞争文化厂商是相似的,但垄断竞争文化厂商所面临的是两条向右下方倾斜的需求曲线,因此,垄断竞争文化厂商的长期均衡的实现过程及其状态具有自身的特点。垄断竞争文化厂商的长期均衡形成过程可以用图 5-10 来说明。

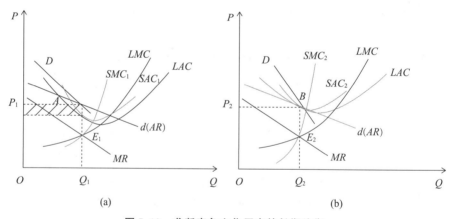

图 5-10 垄断竞争文化厂商的长期均衡

在图 5-10(a)中,假定某家文化厂商开始时在 A 点上经营。在 A 点所对应的产量 Q_1 上,最优生产规模由曲线 SAC_1 和曲线 SMC_1 所代表;该文化厂商的边际收益曲线 MR、长期边际成本曲线 LMC 和短期边际成本曲线 SMC_1 相交于 E_1 点,即存在均衡点 E_1;主观需求曲线 $d(AR)$ 和实际需求曲线 D 相交于 A 点,即市场供求相等。该文化厂商获得利润,其利润量相当于图中 5-10(a)的阴影部分面积。

如果生产集团内存在利润,新的文化厂商就会被吸引进来。随着生产集团内文化厂商数量的增加,在市场需求规模不变的条件下,每家文化厂商所面临的市场销售份额就会减少。相应地,该文化厂商的实际需求曲线 D 便向左下方平移,从而使该文化厂商原有的均衡点 E_1 的位置受到扰动。当该文化厂商为建立新的均衡而降低价格时,主观需求曲线 $d(AR)$ 便沿着实际需求曲线 D 也向左下方平移。这种实际需求曲线 D

和主观需求曲线$d(AR)$不断地向左下方的移动过程,一直要持续到不再有新的文化厂商加入为止,也就是说,一直要持续到生产集团内的每家文化厂商的利润为零为止。最后,该文化厂商在图5-10(b)中的E_2点上实现长期均衡。在该文化厂商的长期均衡产量Q_2上,曲线SAC_2和曲线SMC_2表示获得Q_2产量的最优生产规模;曲线MR、曲线LMC和曲线SMC_2相交于同一均衡点E_2,即$MR=LMC=SMC$;曲线$d(AR)$与曲线LAC相切于B点,曲线LAC与曲线SAC_2也相切于B点,即$d(AR)=LAC=SAC_2$,该文化厂商的超额利润为零;实际需求曲线D与$d(AR)$曲线也相交于B点,意味着市场上的供求相等。

以上分析了代表性文化厂商由盈利到利润为零的长期均衡的实现过程,至于代表性文化厂商由亏损到利润为零的长期均衡的实现过程,其道理是一样的,只是表现为生产集团内一部分原有的文化厂商退出的一个相反的过程而已,对这一过程的分析从略。总而言之,垄断竞争文化厂商的长期均衡条件为$MR=LMC=SMC$,$AR=LAC=SAC$。在长期的均衡产量上,垄断竞争文化厂商的利润为零,且存在一个主观需求曲线d与实际需求曲线D的交点。

四、寡头垄断市场

寡头垄断又称"寡头""寡占",意指为数不多的销售者。在寡头垄断市场上,只有少数几家厂商供给该行业全部或大部分产品,每家厂商的产量占市场总量的相当份额,对市场价格和产量有举足轻重的影响。寡头垄断市场是处于完全竞争与完全垄断之间的一种市场结构,与垄断竞争市场一样,都是中间形态的市场,但偏向于完全垄断。寡头垄断市场与完全垄断市场都有垄断的因素,但寡头垄断市场的垄断程度小于完全垄断市场。相互依存是寡头垄断市场的基本特征。寡头垄断市场的厂商数量少,但占据市场份额大,不管怎样,一家厂商的行为都会影响对手的行为,进而影响整个市场,因此,每个寡头在决定自己的策略时,都非常重视对手对自己的策略的态度和反应。寡头厂商是独立自主的经营单位,具有独立的特点,但是寡头厂商之间互相依存,行为互相影响。这样,寡头厂商之间可以通过各种方式共谋或协作,形式多种多样,如签订协议等。

对于寡头在市场中的行为,已有不少的理论和模型,但与其他三种市场理论相比,寡头理论要复杂得多,具体表现为:①种类多。例如,少数纯质寡头垄断、双头纯质寡头垄断、双头异质寡头垄断等。②行为多样。寡头相互依存,其市场行为方式不同,可能表现为相互猜测的独立行为,体现出不同程度的勾结和协作。③竞争方式不同。寡头之间可能是价格竞争,也可能是非价格竞争。具体分析参照经济学相关教材。

五、不同文化市场的经济效率比较

经济效率是指利用经济资源的有效性。高的经济效率表示对资源的充分利用或能以最有效的生产方式进行生产;低的经济效率表示对资源的利用不充分或没有以最有效的方式进行生产。不同市场结构下的经济效率是不相同的。西方经济学家通过对不同市场条件下厂商的长期均衡状态进行分析,得出结论:完全竞争市场的经济效率最高,垄断竞争市场的经济效率较高,寡头垄断市场的经济效率较低,完全垄断市场的经济效率最低。可见,市场的竞争程度越高,则经济效率越高;反之,市场的垄断程度越高,则经济效率越低。以下对上述结论进行具体分析。

在完全竞争市场条件下,厂商的需求曲线是一条水平线,而且厂商的长期利润为零,因此,完全竞争市场厂商达到长期均衡时,水平的需求曲线与长期平均成本曲线的最低点相切,此时商品的均衡价格最低(等于最低的生产平均成本),而均衡产量最高。

在不完全竞争市场条件下,厂商的需求曲线是向右下方倾斜的。厂商的垄断程度越高,需求曲线越陡峭;垄断程度越低,需求曲线越平坦。在垄断竞争市场上,厂商的长期利润为零,所以,垄断竞争市场厂商达到长期均衡时,向右下方倾斜的、相对比较平坦的需求曲线与长期平均成本曲线的最低点的左边相切,此时商品的均衡价格比较低(等于生产的平均成本),均衡产量比较高,厂商存在着多余的生产能力。在完全垄断市场上,厂商在长期内获得利润,所以,完全垄断市场厂商达到长期均衡时,向右下方倾斜的、相对比较陡峭的需求曲线与长期平均成本曲线相交,此时商品的均衡价格最高,且大于生产平均成本,均衡产量最低。若完全垄断市场厂商肯放弃一些利润,降低价格,其产量就可以增加一些。显然,完全垄断市场多余的生产能力是最高的。在寡头垄断市场上,厂商的需求曲线不太确定。一般认为,寡头垄断市场是与完全垄断市场比较接近的市场组织,在达到长期均衡时,寡头厂商的产品的均衡价格比较高,均衡产量比较低。

以上是经济学家在比较不同市场的经济效率时的基本观点,这些观点同样适用文化市场。也有一些经济学家从技术进步状态、规模经济和产品差别程度等方面对以上四种市场的优劣进行了分析,如果从这几个方面看,三种不完全竞争市场未必是低效率的。

在技术进步状态方面。有不少西方经济学家认为,虽然垄断厂商有凭借垄断地位阻碍技术进步的一面,但垄断也有利于技术进步的一面。这是因为,一方面,垄断厂商可以利用高额利润所形成的雄厚经济实力,进行各种科学研究和重大的技术创新。另一方面,垄断厂商可以利用自己的垄断地位,在长期内保持由技术进步所带来的更高的利润。这恰恰是完全竞争市场上厂商所不具备的。

在规模经济方面。寡头垄断市场和完全垄断市场比完全竞争市场和垄断竞争市场有利的一个方面体现为能够取得规模经济效应。

在产品差别程度方面。在完全竞争的市场条件下,所有厂商的产品是完全相同的,它无法满足消费者的各种偏好。在垄断竞争市场条件下,众多厂商之间的产品是有差别的,多样化的产品使消费者有更多的选择自由,可以满足不同的需要。在产品差别程度这一问题上,寡头垄断行业也存在与垄断竞争生产集团相类似的情况。当然,也要认识到,垄断竞争市场与寡头垄断市场的产品之间也有一些是虚假的差别,会给消费者带来损失。与此同时,垄断竞争市场和寡头垄断市场往往伴随过于庞大的广告支出,会造成资源的浪费和抬高销售价格,此外,有些广告内容过于夸张或存在一定的诱导倾向,这些都是对消费者不利的。

第三节 文化市场的宏观调控

为了推动文化经济的稳步发展,我们不仅需要依赖市场机制以优化资源配置,还需充分发挥政府文化主管部门的职能,强化其对文化经济事业发展的宏观调控。宏观调控,作为国家对文化市场的一种全面调控方式,意味着从文化市场发展的整体视角出发,灵活运用各种调节手段,确保文化产品和文化娱乐服务的生产、经营、分配、流通、交换、消费等微观活动均符合国家设定的发展方向与目标。这样,我们可以实现总量的平衡、结构的优化、布局的合理化、效益的最大化,维持正确的导向,进而确保文化市场能够健康、有序地运作。

一、宏观调控的必要性

宏观调控基于对市场经济发展经验的深刻总结,对于文化市场的发展至关重要。对文化市场进行宏观调控体现了文化市场经济发展的内在需求。

首先,市场机制的功能在文化市场中存在一定的局限性。虽然市场机制在配置文化资源、推动文化市场多元化发展方面发挥着关键作用,但它并不能有效调节公益性设施的建设。例如,图书馆、博物馆、文化馆和艺术宫等,由于其经济效益较低,主要依靠国家的投资来建设和运营。此外,当文化产品和服务的长期发展与短期利益相矛盾时,单纯靠市场调节往往难以妥善处理矛盾。

其次,市场发展本身也存在盲目性。市场调节通常是一种事后调节,从价格形成到信号反馈,再到产品生产,其中的各个环节之间存在时间差。同时,部分文化生产者和经营者受限于视野和知识储备,可能无法充分掌握文化市场信息,导致微观决策滞后。这可能导致某些文化经营项目盲目跟风、过度发展,而一些人民群众真正需要的文化事业却得不到充分关注和投资。

最后,市场反馈的失真性也是一个不容忽视的问题。文化市场是一个特殊的市场,其中的文化产品不仅具有商品属性,还具有意识形态属性。这使得文化产品的价值在文化市场上呈现出复杂多变的情况。有时,一些本身价值不高的文化产品可能受到消费者的热烈欢迎,甚至形成短暂的"热潮"。在这种情况下,文化产品所反映的往往是特定时期和条件下的交换价值或商业价值,而非其真实的思想价值、艺术价值、知识价值或学术价值。如果文化艺术生产和经营完全依赖市场的直观信号和信息进行决策,可能会导致文化艺术生产和经营变得盲目和出现偏差,不利于国家和民族整体的文化积累和发展。

综上,为了克服文化市场的这些局限性,需要加强对文化市场的宏观调控,以确保文化市场的健康发展。

二、宏观调控文化市场的经济手段

宏观调控文化市场的手段,主要有行政手段、法律手段、舆论手段和经济手段等。每一种手段都有其他手段不可替代的作用,但哪一种手段也不是万能的,只有综合运用各种手段,并且使它们互相支持、配合,才能从宏观上有力、有效地调控文化市场。

行政手段具有很高的权威性,是调控文化市场的重要手段。特别是在文化市场管理法规并不健全的情况下,行政调控手段的作用更为突出。行政调控手段可以通过制订文化事业发展计划,确定各部类、各种类文化经营项目的发展目标和实现这些发展目标的保证措施,以达到调控文化经营项目的总量、结构、布局和效益等目的;通过制定各种方针政策,引导文化资源合理流动、合理配置;通过建立健全审批、检查制度,做好事前把关、事后检查工作,鼓励并推动健康、有益的文化的发展,遏制低级、庸俗的文化经营活动,打击各种非法、违法的文化行为。

法律手段的权威性高,而且具有科学性、规范性、稳定性。文化市场的相关法律法规中,不仅规定了建设和管理文化市场的基本原则、指导思想、管理内容,还规定了处罚办法,具有强制性。它既可以保证国家提倡的、保护的以及允许的各项文化事业在一个稳定的环境中健康地向前发展,又能够用强有力的手段取缔那些有害于人民的文化经营活动。

舆论手段也是调控文化市场的重要手段。舆论包括社会舆论和媒体舆论,媒体舆论是社会舆论的反映,社会舆论又支持和推动着媒体舆论。"民意不可违",正确反映人民群众意愿的媒体舆论,常常有力地推动行政工作和立法工作的开展。

文化市场之所以难于建设和管理,应当得到充分发展的难以得到充分发展,应当适度发展的超出了实际发展需要,不应当存在的却存在了,原因就是没有发挥好经济杠杆和价值规律的作用。某些文化经营者受利益驱动拼命追求经济效益,甚至不惜为此铤而走险;某些社会效益好的文化精品出现生产难题,甚至无人生产和经营,这些往往是因为经济政策不够合理。经济利益的牵动容易造成文化发展的失衡和畸形,因此,运用经济手段调控文化市场尤为重要。

调控文化市场的经济手段主要包含以下几个方面。

（一）价格杠杆

政府可以通过调整文化产品和服务的价格,影响市场供求关系,从而引导文化资源的配置。例如,对于热门文化产品,可以适当提高价格以抑制过度消费,对于冷门但有价值的文化产品,可以适当降低价格以鼓励消费。

（二）税收政策

政府可以通过实施差别化的税收政策,调节文化市场的收益分配和投资行为。例如,对于有利于文化传承和创新的文化产品和服务,可以给予税收优惠;对于过度商业化的文化产品,可以适当提高税收。

（三）财政补贴

政府可以通过财政补贴的方式,支持文化事业的发展。例如,对于公益性文化设施的建设和运营,可以给予一定的财政补贴;对于具有创新性和社会效益的文化项目,也可以给予一定的资金支持。

（四）信贷政策

政府可以通过调整信贷政策,影响文化市场的资金流动和投资决策。例如,对于有利于文化创新和市场拓展的文化项目,可以提供低息贷款或贷款担保;对于风险较高的文化项目,则可以适当提高信贷门槛。

（五）市场准入和退出机制

政府可以通过设定市场准入和退出条件,控制文化市场的竞争秩序和产业结构。例如,对于符合文化产业发展规划和市场需求的文化企业,可以适当降低市场准入门槛;对于经营不善、严重亏损或违法违规的文化企业,则可以实施市场退出机制。

以上这些经济手段可以单独或组合使用,以实现文化市场的宏观调控目标。同时,政府部门还需要与其他相关机构密切协作,共同推动文化市场的健康发展。

第四节 文化市场开拓

在如今文化市场日趋白热化的竞争中,文化生产者与经营者若想稳固其市场地位,必须积极主动地拓展文化市场,寻找新的销售渠道以推动其文化商品的流通。文化市场的拓展,实际上是一个围绕文化商品价值实现的过程,它紧密关联着文化市场的发掘、占领与扩张。这一过程不仅涉及对现有文化市场潜力的深入挖掘与高效利用,还涵盖了对新兴市场领域的拓展与开发。

一、文化市场的拓展

(一)致力于打造卓越的文化产品和服务

开拓文化市场的前提与基石在于不懈地追求文化产品与服务的卓越品质。唯有如此,方能吸引更多的文化消费者,从而激发文化市场的活力。在文化产品方面,我们应致力于呈现那些代表先进文化发展方向的内容,同时追求艺术形式和风格的多样性,将主旋律与多元化和谐地融为一体。而在文化服务层面,提升文化活动场所的硬件设施与文化服务人员的专业素养同样至关重要。在条件允许的情况下,我们不仅要改善硬件条件,为消费者提供优雅舒适的娱乐环境,还要在软件方面下功夫,确保服务文明礼貌、热情周到,为消费者创造一个整洁、卫生、舒适、安全的娱乐空间。

(二)深化文化市场调研

文化市场呈现为一个多元且持续变化的网络,其动态不仅与经济发展紧密相连,还深受政治氛围、社会环境、民族习俗,以及消费者的心理倾向、审美趋势和文化潮流等多重因素的影响。因此,深入的文化市场调研成为拓展市场和优化经营决策的关键。这种调研旨在通过科学方法和多元途径收集、整理、分析文化市场的相关数据,以揭示市场现状和未来动向,进而为文化企业的战略决策提供有力支持。缺乏这样的调研,文化企业将无法准确把握市场动态,其经营也将面临更大风险。文化市场调研内容应涵盖宏观经济状况、科技发展态势、消费者需求变化、产品销售情况及竞争对手分析等多个维度。

(三)持续优化文化市场架构

文化市场是由多个细分市场组成的复合体,各细分市场之间相互影响、相互制约。要想有效拓展文化市场,首要任务是大力发展文化产品和文化服务市场,这是其他细分市场存在和发展的基石。然而,根据当前市场发展的实际情况和现代市场经济的要求,文化要素市场的成熟度明显不高。因此,在推动文化产品和文化服务市场发展的同时,必须加大对文化要素市场的投入和完善,包括人才、培训、信息、资金和中介等各个方面。目前,我国在文化人才市场、培训市场、信息市场及资金市场等方面都存在不同程度的不足和缺陷,需要加大力度进行改进和完善。

(四)积极拓展文化市场空间

拓展文化市场空间意味着将文化产品和服务推向更广泛的领域,以增加市场的覆盖面和影响力。随着改革开放的深入和农民收入的提高,农村文化市场逐渐成为一个具有巨大潜力的新市场。然而,当前农村文化市场在基础设施、活动项目和文化生活等方面都存在明显的不足。因此,将文化产品和服务延伸到农村市场,不仅可以满足农民日益增长的文化需求,加强农村的精神文明建设,同时也为文化生产者提供了一个新的、广阔的市场空间。此外,还需要加强对农村文化市场的规范和管理,防止不良文化的滋生和传播。

二、文化市场的开发

(一)加深对文化市场全球化趋势的认知

在全球化的浪潮中,文化市场同样展现出国际化的面貌。一个真正意义上的世界市场,其特征鲜明:关税大幅下降,非关税壁垒受到削弱,汇率市场化得到推动,互惠原则广泛应用,贸易歧视受到限制,贸易自由化组织的影响力日益扩大。文化市场作为现代市场体系的关键组成部分,连接着文化产业和文化消费。完备的文化市场是文化产业生存的前提,而文化消费则成为推动其发展源源不断的动力。随着经济社会的不断发展,文化消费日益成为民众生活的重要组成部分,对文化市场的成长起到了强大的推动作用。在全球化的背景下,文化市场正经历着范围扩大和内涵深化的双重变革。所谓"范围扩大",意味着文化市场的边界逐渐拓宽,品牌、剧目、创意、人才等开始融入市场配置。而"内涵深化"则指的是文化市场的各项功能,如信息、配置、调节、服务以及跨国沟通等方面,正在逐步强化。这反映了人类生活全球化的趋势,为文化市场带来了前所未有的挑战与机遇。

(二)推动先进民族文化走向国际舞台

在全球化背景下,文化商品不仅应满足国内需求,还应致力于走向世界,展现国家的文化魅力与经济实力。日本、韩国和法国在这方面的成功经验值得借鉴。他们通过政府文化部门主导,借助官方或半官方机构的资金支持,推动民族文化走向国际。首先,这些国家注重语言的国际传播。语言是文化的载体,也是沟通的桥梁。例如,韩国致力于让韩语成为全球通用语言之一,并计划在全球范围内增加使用韩语的人数;日本则在全球范围内资助设立日语学校,并通过政府性贷款推动日语的推广;法国则在多个地区设立法语教学机构,以扩大法语的影响力。其次,这些国家在全球重要城市设置能够体现民族文化的标志性景观。这不仅展示了国家的文化特色,还增强了人们对该文化的理解和认同。最后,这些国家在国际组织中积极培养本民族的精英担任重要职务,这些精英不仅推动民族文化的传播,还为本民族争取国际资源。总之,推动先进民族文化走向世界不仅有助于提升国家的文化软实力,还能为国家的经济发展和国际地位的提升提供有力支持。

复习与思考

一、重点概念

垄断竞争市场；寡头垄断市场；文化市场

二、思考题

1. 文化市场的划分标准是什么？文化市场的特点是什么？
2. 政府对文化市场的宏观调控手段和调控前提分别是什么？
3. 发挥文化市场在文化资源配置中的基础性作用的理论前提是什么？
4. 试论述如何推进民族文化输出。

第六章
文化商品及其价值、价格

本章概要

文化商品,作为一种历史性的特殊商品形态,在现代经济中占据了重要地位。文化产业,以文化商品的生产、销售和服务为核心,已逐渐成为各国推动经济和社会发展的重要产业策略。因此,深入研究文化商品的属性特征、价值、矛盾运动及其一般规律等,不仅对文化经济学领域具有重要意义,而且对促进文化产业发展和制定相关政策具有至关重要的作用。价格作为价值规律的主要表现形式,在文化商品市场中扮演着至关重要的角色。文化商品价格不仅反映了文化经济的多个方面,而且其变动对整个国民经济价格体系都具有深远的影响。因此,系统研究文化商品价格的形成机制、变动规律及其与国民经济各方面的关系,是文化经济学研究不可或缺的基础。总之,我们需要深入探索文化商品价格形成的原因和机制,了解文化商品价格变动的特殊规律,分析文化商品价格体系的基本形态,并研究国民经济各个方面对文化商品价格的影响及其相互关系。这样的研究不仅有助于我们更全面地理解文化经济的运作机制,还能为文化产业的发展提供科学的指导。

知识导图

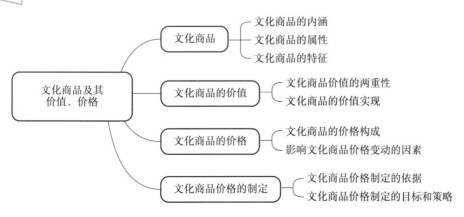

第一节 文化商品

一、文化商品的内涵

文化商品是指用于交换的文化劳动产品或文化劳动服务,具有特定的文化含量,直接作用于人的精神,旨在促进和提高人的思想境界、改善人的精神状态、培育人的道德情操,以及全面提高人的素质。文化商品是文化经济化趋势下文化的商品属性日益被发掘出来的产物[①]。文化商品可以分为公益性的文化商品和非公益性或市场营利性的文化商品。公益性文化商品不以市场营利为目的,而是以满足人们的精神文化生活需要、提高科学文化水平、促进精神文明建设、推动社会和谐发展与全面进步为宗旨。非公益性或市场营利性的文化商品则以市场交换为目的,是文化产业中所要讲的"文化商品",也是商业性文化产品。消费者通过购买这些文化产品或服务,获得一种文化享受,满足某种精神需求,或受到某种文化熏陶与启发。

具体来讲,文化商品的内涵可以从以下几个方面来理解。

(一)文化价值

文化商品作为精神消费品,具有特定的文化价值。它们承载着一定的文化信息、文化意义和文化价值,能够满足人们的精神文化需求,提高人们的文化素养和审美能力。

(二)商品属性

文化商品也是一种商品,具有商品属性。它们需要通过市场交换来实现其价值,具有一定的市场价值和价格。同时,文化商品的生产和流通也需要遵循市场经济规律,符合市场需求和消费者需求。

(三)精神效用

文化商品的精神效用是其标志性效用。它们不仅能够满足人们的精神文化需求,还能够提高人们的思想境界、改善人们的精神状态、培育人们的道德情操,以及全面提高人们的素质。与其他商品相比,精神效用是文化商品所独有的。

---

① 刘阳河.从文学经典到文化商品:梅兰芳《黛玉葬花》的舞台展演与接受流变[J].文化遗产,2023(5).

（四）创意与创新

文化商品需要具有创意，并进行不断创新。文化企业在设计文化商品时，可以利用独特的文化元素、创新的表现形式等，以吸引消费者的注意力，满足消费者的个性化需求。同时，文化商品的创意和创新也能够推动文化产业的发展和进步。

总之，文化商品作为文化经济化趋势下的产物，具有特定的文化内涵和商品属性。文化商品不仅能够满足人们的精神文化需求，还能够推动文化产业的发展和进步，促进社会文化的繁荣发展。

二、文化商品的属性

文化商品具有双重属性，它既是一种独特的商品形态，又是一种具有特定社会意义和物质存在的文化现象。这种特殊性源于文化商品所蕴含的价值和使用价值与一般商品存在本质差异。这种差异构成了文化商品的独特属性，主要体现在以下几个方面。

首先，从消费的主客体关系视角出发，文化消费主体无论其性质如何，以及无论他们消费的是何种形态或存在样式的文化商品，其目的均非满足物质需求。相反，消费主体占有消费对象，是为了满足其精神和心理层面的需求，如情感体验、意义想象、感知交流等。在消费过程中，消费主体通过与消费对象的存在方式（载体）进行互动，进而与其内容建立多种形式的心灵对话。这种对话、交流和沟通，乃至共鸣，所可能产生的结果，与任何一种形式的物质消费所产生的结果均存在本质区别。其最终形态是，消费主体对宇宙、社会、人生形成整体性判断和态度，这便是其意义世界。这种整体性的判断和态度，将最终决定消费主体人生道路的选择。例如，相同的货币量，一个人可能用来购买面包以满足生存需求，这种需求与动物的需求无本质差异；而另一个人可能选择购买一本《共产党宣言》，从而走上为消灭社会饥饿、解放全人类而奋斗的道路。相同的货币量，但消费对象的不同质性，导致了截然不同的消费结果。这两者都是用一种劳动交换另一种劳动，前者交换的是具有商品共性的面包，而后者交换的是文化商品——一本书，它拥有一般商品所不具备的特殊价值和使用价值。这些使用价值所构成的意义世界，通常被称为"意识形态"，其文化成分正是文化商品的本质属性。文化商品之所以被称为"文化商品"，是因为其使用价值具有文化性和意识形态性。它既具有一般商品的共同属性，又具有一般商品所不具备的特殊性。正是这种矛盾的特殊性，使文化商品与其他商品区分开来，并赋予了文化商品的全部价值和存在意义。文化商品既具有可供交换的商品属性，又具有文化的意识形态性，这两个方面的属性在一个对象上完整统一、不可分离，如果这两个方面可以被分离，那么这种商品就不再是文化商品，而是其他类型的商品了。

其次，文化商品与一般商品在使用价值的构成上有所不同。尽管许多文化商品都有物质载体,如图书、电影、音乐等,但它们所承载的有用性并不仅限于物质形态本身。与一般商品直接服务于人的衣、食、住、行不同,文化商品所承载的有用性更多是关于内容的符号、线条、光线、色彩、旋律或数字系统。这使得文化商品的物质形态与其有用性之间存在差异,同一意识形态的内容可以以多种物质形态存在和表现。以梁山伯与祝英台的故事为例,它不仅可以通过民间传说、舞台表演、电影等形式呈现,还可以转化为小提琴协奏曲等音乐形式,这些不同的形态都有助于受众理解作品所传达出的人们对神圣爱情的理解和追求。而一般商品一旦生产出来,其提供的消费性存在系便固定不变。文化商品则可以在不同的创作主体和消费主体手中演绎出完全不同的意义世界,这正如"有一千个读者(观众)就会有一千个哈姆雷特"所揭示的道理。综上所述,文化商品的使用价值构成形式与一般商品存在显著差异。文化商品所承载的有用性更多是关于内容的多样性和变化性,这使得文化商品具有更高的审美价值,能使消费者获得更丰富的消费体验。

最后,文化商品的独特属性使得社会针对文化商品的检测、检验和评估所构建的指标体系及标准存在显著差异。一般商品的评价体系往往是基于统一、可量化的标准,这些标准在国内乃至全球范围内都是通用的,违反这些标准可能会受到相应的处罚。这种标准具有普遍适用性,是所有商品都必须遵守的。然而,对于文化商品而言,检测、检验主体的文化背景和价值观念不同,所奉行的意识形态也各不相同,因此不同检测、检验主体得出的结论可能大相径庭。例如,某一本书尽管纸质、装帧和印刷质量都堪称上乘,但不同读者对于这本书的内容的接受度和评价可能存在巨大差异。这种差异不仅存在于国内,在国家间表现得更为明显,各国之间的书报检查和电影审查标准可能截然不同。这些不同的评价最终将影响文化商品在国际文化市场中的地位和准入程度。这一切都源于文化商品的意识形态属性,而非其他非意识形态性成分。这种双重属性规律使得文化商品在市场中具有独特的地位和影响力。

三、文化商品的特征

文化商品的特征主要体现在其双重属性上,这些属性是构成文化商品特殊性质的关键因素,并使其与其他商品明显区分开来。

(一)"与生俱来"的知识产权性

这是文化商品与其他商品最为本质的区别。除了发明创造可以申请专利、获得知识产权,其他商品通常不具备这种"与生俱来"的特性。而文化商品,无论是文学作品、美术作品还是音乐作品,创作一旦完成,它们就自动获得了著作权的合法保护。这种合法性是随着作品的诞生而自然生成的,不需要额外的申请程序。与其他商品需要申请发明专利或商标注册才能获得合法性相比,文化商品的这种特性使其从形成后就受到著作权法的保护。任何未经著作权人许可的使用、复制等行为,都构成侵权,将受到法律的制裁。在文化市场上,打击非法经营行为时,针对文化商品的主要目标是打击"盗版和非法出版物",而对其他商品则主要是打击"假冒伪劣"。文化商品知识产权的保护期远远长于一般商品专利的保护期,此外,公民死亡后,如果其著作权中的财产权在版权保护期限内,可以依照继承法的规定转移。这种对文化商品知识产权的高度保护体现了对人类文化遗产的普遍尊重。这种尊重基于人类自身生存和发展的需要,要想使这种需要获得持续的动力,就必须对人类社会所创造的一切精神财富给予合法性的确认和保护。

(二)潜在的价值系统和意义世界

文化商品作为观念形态的存在,其生产核心在于价值系统和意义世界的构建。这不仅是对物质世界的反映,还体现了文化商品生产者对于人与世界关系的文化、艺术、哲学、宗教等方面的深刻思考。这种思考基于生产者在特定历史时期所拥有的精神系统状态,包括审美倾向、价值观念、道德标准及哲学观念等方面。这些要素共同决定了文化商品内在价值的丰富程度和持久性。在人类精神文明的发展历程中,许多伟大的作品最初可能并不被当时的文化市场所接受。它们可能因为超越了时代的局限,或者在艺术、文学、哲学等领域有着独到的见解和大胆的探索,而遭到误解、忽视甚至打压。然而,随着时间的推移,这些作品的内在价值逐渐被人们所认识和珍视。例如,凡·高的作品在他生前并未得到市场的认可,但如今却成为无价之宝。与一般商品不同,文化商品的价值并非完全取决于市场的短期需求。相反,它们的价值往往随着人们认识世界的程度的加深和把握世界的能力的提高而逐渐显现。这种内在意义价值的潜隐性使得文化商品能够在历史的长河中持续发挥作用,为不同时代的人们提供启示和灵感。这便是经典作品能够跨越时空,成为推动人类文明发展的重要力量的原因。总的来说,文化商品的内在意义和价值具有潜在性和持久性。它们不仅是生产者精神世界的产物,还是人类文明发展的宝贵财富。这种特性使得文化商品在市场中具有独特的地位和价值,并成为推动社会进步不可或缺的力量。

(三)意义世界魅力的持久性

每一种文化商品都是生产主体精心创造的一个独特意义世界。这个意义世界可能通过概念或形象系统来展现,但无论其形式如何,它都是生产主体生命体验的反映,是他们深度理解世界的结果。这个意义世界并非孤立存在,它反映了生产主体的真理追求、价值判断、丰富想象力和审美观念。尽管这些文化商品在表现形式、接近真理的程度、价值的含量、丰富性和审美性上存在差异,但它们都为消费者提供了情感共鸣的机会。这种共鸣源于文化商品与消费者之间的心理、情感和文化需求的匹配。因此,文化商品的生产与消费之间存在一种力的同构关系,这种关系确保了文化商品能够满足不同消费者的需求。然而,并非所有文化商品的意义世界的魅力都是永恒的。事实上，文化商品的意义世界的魅力的持久性与其接近真理的程度、内容的价值、丰富性、深刻性和审美的多样性密切相关。那些更接近真理、内容更丰富、审美更独特的文化商品，往往能够跨越时空，吸引不同时代的消费者。与一般商品不同，文化商品的意义世界的魅力并不随着物质的消耗而削弱。即使是最昂贵的物质商品，一旦失去实用价值，它的生命周期也就结束了。但文化商品不同，即使历经漫长的岁月，它们依然能够保持其魅力，因为它们所承载的意义和价值是永恒的。这种永恒性使得文化商品能够超越种族和时空的限制，持续影响后人。因此，我们可以认为：文化商品中的意义世界的魅力与文化商品的文化意义、精神内涵或价值含量的丰富程度成正比。这种魅力不仅赋予了文化商品独特的价值，也使文化商品成为推动人类文明进步的重要力量。

（四）价值量的不确定性

文化商品作为精神生产劳动的结晶，其生产过程涉及复杂的劳动行为和过程。与一般商品不同，文化商品的生产不是简单的劳动力的使用和消费，而是表现为一种高级、复杂的劳动形态。这种劳动的目的在于改变对象的内容世界，揭示其与人的本质联系，而非仅仅改变物质形态。因此，从事文化生产的主体需要掌握丰富的知识和才能。以罗丹的雕塑作品《巴尔扎克像》为例，其创作过程体现了对细节的极致追求和对艺术的深刻理解。这种劳动的投入量极大，首创性难度极高，如何准确衡量其价值量是一个挑战。同样，巴尔扎克在创作小说时，融入了非常多的与经济学相关的生动知识和材料，构建了一个独特的审美世界。这种精神文化生产的复杂性是一般劳动难以比拟的，因此，其劳动量的确定也更为困难。此外，文化商品的价值量还受到社会认定的影响。由于精神劳动本身的难以量化和社会对价值的多元认定，文化商品的价值量往往呈现出不确定性。有时，巨大的劳动投入可能无法获得与之成正比的经济效益，甚至产生溢出效益。这种内外力作用下的非均衡运动，导致了文化商品价值量的不确定性。

总之，文化商品的价值量的不确定性是精神生产劳动的复杂性和社会认定的多元性共同作用的结果。这种不确定性也是文化商品市场运动的一个重要特征。

第二节 文化商品的价值

文化商品的属性构成复杂，这决定了其价值构成及运动的多样性。不同的文化商品拥有独特的价值构成，甚至相同的文化商品在不同的情景下也可能展现出不同的价值。深入研究文化商品的价值构成与价值运动，以及它们对文化发展的作用和影响，对于理解文化在市场经济条件下的基本动力至关重要。同时，探究文化商品的经济价值与文化传承之间的规律性关系,对于解决现代文化发展问题具有重要意义。这需要我们运用价值理论的一般学说,全面分析文化商品的经济特性,并据此制定相应的文化发展战略和政策。

一、文化商品价值的两重性

(一) 文化商品的价值和使用价值

商品,包括文化商品,都具备价值和使用价值这两种基本属性[①]。这两种属性构成了商品的基本矛盾,同时也体现了商品运动的核心关系。马克思在《资本论》中探讨资本主义运动的生产关系和基本规律时,特意撇开真正的艺术品不谈,认为对于艺术品的考察并不属于其讨论的范围[②]。马克思认为,要深入揭示社会生产关系,必须从社会存在的根本基础——物质生产出发,通过研究一般商品的矛盾运动来探索。在他所生活的时代,尽管文化商品已经开始存在并流通,但尚未充分展现其生命形态的丰富性,因此不足以完全揭示资本主义生产关系的本质。为此,马克思选择从社会存在和社会发展的基石——物质资料的生产和再生产入手。他坚信,只有这样,才能真正洞察资本主义社会的本质及其运动规律。因此,马克思从历史发展规律的视角论证了资本主义向社会主义过渡的历史必然性,这一判断完全基于他对社会经济运动规律的深入研究和理解。马克思的理论贡献主要体现在劳动价值理论和剩余价值理论上,这两大理论均是在深入剖析商品的价值与使用价值的矛盾关系的基础上形成的。如果对文化商品中的价值与使用价值之间的对立统一关系进行深入探讨,我们可以发现,这种关系的动态变化就像是一面镜子,映照出特定社会背景下的文化生产关系。这些文化生产关系不仅揭示了历史条件下物质生产的状况,还从马斯洛需求层次理论的角度出发,揭示了人们为满足精神层面的需求而开展的文化商品生产的深层次动机。简而言之,文化商品中价值与使用价值的矛盾运动,反映了社会文化生产活动的本质和人类对精神需求的追求。

这种精神需求远离了物质需求,是人类追求精神自由的表现。因此,文化商品的价值与使用价值的矛盾运动揭示了人类如何在精神领域中从受限走向自由,如何在克服异化的过程中实现人的本质力量的对象化。虽然这种关系在发生学意义上仍受物质生产关系的影响,但它所揭示的已不再是简单的物质生产关系,而是更深层次的精神生产关系和文化生产关系。马克思认为资本主义生产与某些精神生产部门之间存

---

① 姚景谦.论马克思文化观的内在逻辑——从"文化""文化商品"到"资本主义批判"[J].山东社会科学,2022 (1).
② 卫兴华.马克思与《资本论》[M].北京:中国人民大学出版社,2019.

在敌对关系①，这正是因为文化商品所体现的价值与使用价值的矛盾运动在资本主义社会中受到了限制和束缚，使得人的精神自由和文化生产关系无法得到充分展现。这也进一步强调了研究文化商品的价值与使用价值的矛盾关系在揭示社会生产关系和文化生产关系中的重要性。恩格斯同样认为，"现代资产者"成为科学、艺术以及文明交际方式发展的重大障碍②，且这种阻碍作用日益显著。他观察到，随着资本主义的发展，资产阶级对于利益和利润的过度追求，往往会导致对文化和艺术的忽视和压制，从而限制了它们的发展和创新。这种现象在文明交际方式的进步中也同样存在，资产阶级的狭隘视野和利益驱动，阻碍了不同文化之间的交流与融合，限制了文明的多样性和包容性。恩格斯的这些观点，为我们深入理解和研究文化与经济社会之间的关系提供了重要的理论支持。因此，为了全面理解文化商品的价值和使用价值，我们需要将其与一般商品的双重属性进行比较分析。这样的比较有助于我们更准确地把握文化商品的特殊性质，并从理论上进行深入的揭示。这种研究方法有助于我们更全面地认识文化商品在市场经济中的地位和作用，以及它们对文化发展和传承的影响。

价值是指商品中所蕴含的人类劳动，而使用价值则是指商品所具备的有用性。具体劳动是创造商品使用价值的直接手段，是价值的实际承担者。相比之下，抽象劳动则形成商品的价值，是商品交换的基础。商品的价值量由社会必要劳动时间决定，这意味着在一定的社会生产条件下，生产某种商品所需的劳动时间越长，该商品的价值量就越大；反之，劳动时间越短，价值量就越小。商品的价值量与劳动生产率成反比，即劳动生产率越高，单位商品所需的社会必要劳动时间越少，价值量就越小。这一理论为我们理解商品价值和使用价值提供了基本框架。基于马克思主义经济学的核心原理③，文化商品的价值源于凝结在其中的人类创造性劳动，是生产者精神劳动的结晶，能够对人类精神世界产生深远影响。这种影响产生的广泛有用性，构成了文化商品的使用价值。文化商品并非只为满足生产者自身的精神需求，而是通过交换，流向广大的文化消费者，从而实现其社会价值和意义。在此过程中，文化商品的生产者通过交换获得经济回报，进而确立其社会地位。在文化商品的生产与交换过程中，生产者与产品的关系逐渐外化为与其他社会主体的互动。这种互动背后隐藏着两种截然不同的劳动交换关系，即使在资本主义时期，这种关系也并不总是雇佣劳动关系。马克思通过是否从属于资本和是否创造剩余价值这两个标准，区分了不同性质的生产劳动及其背后的社会关系。

值得注意的是，文化商品的交换所体现的生产关系往往超越了一般的物质生产关系，呈现出与物质生产关系非对应性的文化生产关系。它反映的是精神领域里人们结

---

① 胡世祯. 读懂马克思的《资本论》[M]. 广州：暨南大学出版社，2020.
② 孟翔飞. 城市居住空间更新与社区治理[M]. 北京：中国人民大学出版社，2019.
③ 程恩富. 马克思主义政治经济学基础理论研究[M]. 北京：北京师范大学出版社，2022.

成的社会关系,体现为特殊的精神权力形式:精神占有和精神影响。正因如此,马克思特别指出了物质生产与艺术生产之间的不平衡关系。而"社会必要劳动时间"作为马克思劳动价值论的核心概念,为我们提供了一种测量商品价值的方法。在其他条件相同的情况下,社会必要劳动时间成为衡量商品价值,即交换价值的标尺。这正是马克思劳动价值论的精髓所在。然而,在现实中,劳动并非总是创造价值的唯一因素,价值的产生也不完全依赖于劳动。劳动时间本身并不一定具有价值。由于生产条件、科技水平和经济体系的不同,生产同一商品所需的社会必要劳动时间在不同时代、国家和经济体系中会有所差异。然而,这并不意味着社会必要劳动时间是衡量文化商品价值和价值量的唯一或适宜标准。在文化领域,某些具有重大意义的艺术形式的艺术价值在艺术发展的初期阶段可能更为显著,这表明了艺术价值与时代发展之间的非线性关系。因此,社会必要劳动时间这一尺度在文化商品的价值测定中并不适用,因为在精神产品的生产中并不存在一个统一的社会必要劳动时间标准。劳动价值论确实指出价值可以通过劳动创造,但并非所有商品的价值都能通过社会必要劳动时间来衡量。特别是文化商品的原创形态,每一件都是独一无二的精神产品,它们的价值更多地取决于凝结在其中的精神发现和创造性劳动的深度和独特性。这些文化商品的价值并非基于物质生产的劳动量,而是基于精神世界的发现和创新所达到的高度。因此,在评估文化商品的价值时,我们不能仅仅依赖于物质生产的劳动量,而需要更多地关注其中所蕴含的精神创造性和独特性。文化商品的市场价值与其文化价值之间可能存在差异,因为市场价值往往受到多种因素的影响,包括市场需求、消费者认知等。在文化商品的生产系统中,文化经济的增长和使用价值的提升与社会需求的扩大密切相关。这种增长实际上取决于个别劳动中精神独立性的提升,以及由此带来的从"必然王国"向"自由王国"的转变。这些复杂的逻辑决定了文化商品价值和使用价值的运动、变化和发展。

(二)文化商品的两重价值特性

文化商品通过形式化的创作,表达了人类的思想、情感、理智、想象和幻想,实现了生命自由活动的对象化。无论是理论还是艺术的表达方式,文化商品都能以大胆的想象和联想,呈现出奇特、荒诞的形象,并得出震撼人心的结论,同时保持内在生命逻辑的统一。在文学和艺术作品中,细微的改动都可能导致作品意义世界的巨大变化。美学家朱光潜曾以"推敲"为例,指出文字选择不仅关乎意境,更体现了作者内心的追求与整体的和谐。

文化商品的生产者通过形式化和形象化的手段,将自己的体验传达给他人,从而获得对生命主体和意义世界的价值确认。这种文化产品,无论是提供生动的形象系统还是严谨的逻辑世界,都能够帮助人们更深入地理解世界的多样性和复杂性,满足人们除了生理、安全和社交需求之外的精神表达和心灵沟通需求。因此,文化商品的价值一方面基于文化商品生产主体对文化商品的价值判断,另一方面基于社会整体对文化商品的价值判断,这两种价值度量系统构成了文化商品价值判断的两重性。

创作主体认为文化作品的精神价值并非先验标准或逻辑推理所能确定的,它深深植根于个体生命的直觉体验中,是主体在精神活动和精神世界创造过程中的意义选择。文化商品价值判断的第二层次体现在文化产品的潜在精神价值与其交换价值的两重性上,这也是文化商品所独有的特征。独特的文化产品蕴含着审美或认知方面的精神价值,但在未被广泛体验、感知、欣赏并通过市场交换融入人们的社会文化生活之前,其价值处于潜在状态,尚未实现。只有当这些产品经过文化产业的大量复制并进入市场,被消费者广泛消费时,其潜在价值才转化为现实价值。这种价值的实现取决于产品对社会需求的满足程度,同时,它也以产品的潜在文化价值为前提。历史上,"洛阳纸贵"和"千金难买相如赋"等现象揭示了文化商品的潜在价值与当时市场的交换价值(价格)之间的不一致性。一些具有独特文化内涵和贡献的文化商品,在尚未得到大众广泛认同和喜爱之前,可能在市场上并不被看好;相反,那些文化独创性不高的商品,由于迎合了部分消费者的品位或时尚,反而能获得更高的市场占有率和价格。这种现象在古今中外的文化史上屡见不鲜。这种不一致性主要缘于主体价值判断与社会价值判断的差异。随着社会整体文明程度的提高,这种差异会逐渐减小,使文化商品的价值更接近其交换价值。然而,旧有矛盾的解决往往伴随着新矛盾的产生,这种矛盾运动推动着人类社会文明不断向前发展。因此,在文化商品市场中,精神价值与交换价值之间的矛盾运动是常态,而这种矛盾的不断解决和新的差异的产生,正是推动社会文明进步的重要动力。

二、文化商品的价值实现

文化商品的价值实现机制是一个复杂而多元的过程,它涉及文化商品的创作、生产、流通和消费等多个环节①。

(一)文化商品的创作阶段

文化商品的价值源于创作主体的精神生产和艺术创造。创作主体根据独特的生命体验和艺术才华,创作出具有审美或认知价值的文化产品。这些产品可能是一部文学作品、一幅画作、一首歌曲、一部电影等,它们蕴含了创作主体的精神追求、情感体验和艺术探索。在这个过程中,创作主体的价值判断起着关键作用,他们根据自己的审美标准、文化观念和社会责任感等,赋予文化商品潜在的精神价值。

(二)文化商品的生产阶段

在这个阶段,文化产业将创作主体的精神产品转化为具有物质形态的商品。这个

---

① 马翀炜.论文化商品的价值[J].云南社会科学,2018(4).

阶段包括复制、包装等环节，使文化商品能够以一定的形式呈现在消费者面前。在这个过程中，文化产业通过市场调研、消费者需求分析和市场定位等方式，对文化商品进行商业化运作，以实现其交换价值。同时，文化产业还需要关注文化商品的品质、特色和差异化等因素，以在激烈的市场竞争中脱颖而出。

（三）文化商品的流通阶段

在这个阶段，文化商品通过市场渠道和营销策略，被推向消费者。这个阶段包括销售、推广等环节，使文化商品能够广泛传播并被消费者所接触和了解。在这个过程中，市场营销策略和渠道的选择对于文化商品的价值实现至关重要。文化企业通过有效的市场营销策略，可以提高文化商品的知名度和影响力，吸引更多消费者的关注和购买。

（四）消费者的参与和体验

文化商品的价值实现离不开消费者的参与和体验。消费者通过消费文化商品，获得其潜在的精神价值。在这个过程中，消费者的审美需求、文化修养和消费心理等因素对文化商品的价值实现产生重要影响。只有当文化商品能够满足消费者的精神需求，引起他们的共鸣和认同时，它才能够真正实现价值。

此外，文化商品的价值实现还受到社会环境、文化政策、市场竞争等多方面因素的影响。社会环境的变化和文化政策的调整可能对文化商品的市场需求和价值实现产生影响。同时，市场竞争的激烈程度也决定了文化商品能否在市场中获得一席之地。因此，文化商品的价值实现机制较为复杂，它涉及创作主体的精神生产、文化产业的商业化运作、市场流通和消费者的体验等多个环节。在这个过程中，创作主体的价值判断、文化产业的市场运作、市场营销策略和消费者的审美需求等方面的因素共同作用于文化商品的价值实现。

第三节　文化商品的价格

一、文化商品的价格构成

价格以价值为基础，并围绕价值上下波动①。文化商品的价值由三部分构成：其一，原材料的价值在生产文化商品时成为其固定部分。其二，劳动者和服务人员的必

---

① 王洪波，张朝阳. 马克思文化资本批判的三维逻辑探赜[J]. 思想理论教育导刊，2024（1）.

要劳动所创造的价值,是维持劳动力再生产所需的消费资料的价值部分。其三,劳动者和服务人员在必要劳动之外所创造的价值部分。这就是所谓的价值构成的"C＋V＋M",其中,"C"表示的是"不变资本"(Cost),"V"表示的是"可变资本"(Value),"M"表示的是"剩余价值"(Merit),这也是制定价格的一般经济学基础①。

然而,文化生产的特殊性在于其精神生产的本质。这种精神生产通常以个体性劳动为主要存在形式。因此,确定生产文化商品所必需的社会必要劳动时间变得至关重要。然而,在认定文化商品的价值时,其社会必要劳动时间往往难以量化和确定。对于非重复性的精神产品,如长篇小说、学术著作、交响曲或电影剧本,我们无法规定其社会必要劳动时间。因为这些产品的创作不仅耗费了某个人或少数人的劳动,还凝结了他人的劳动成果。我们能规定的只能是这些精神产品进入物化生产过程,如制版、印刷、装订等所需的社会必要劳动时间。这是社会用以确定相同页码、印数、纸张标准的长篇小说或学术著作价格的基础。同样,电影剧本也只有在整个制片生产过程中,其社会必要劳动时间才能被确定。在特定的生产方式下,我们可以精确地了解生产某种精神产品的物化形态的劳动量,但难以准确计算原创过程中消耗的劳动量。特别是对于篇幅相似的作品而言,劳动量与价值量并不总是成正比。相反,由于内容的不同,所耗费的劳动量与实现的价值量可能成反比。因此,文化商品的价格和价值构成有两种形式:一种是在原创过程中形成并被确认的产权价格,另一种是在物化过程中由社会必要劳动时间所形成的市场价格。

具体来讲,产权价格是现代社会创造的一种特殊货币形式,专门用于衡量文化商品的价值。它是通过法律手段对作品的著作财产权,即精神生产者原创成果的知识财产权进行确认而实现的。这种法律确认使得著作权的所有者可以在知识产权市场或拍卖市场上以一定价格出售其著作财产权,从而使得著作财产权成为一种可交换的产品。由于原创精神产品富有创造性,耗费的劳动时间长,《中华人民共和国著作权法》一般规定精神产品创造者(作者)对作品的产权占有时间为作者死后50年内有效,且著作权可以不是一次性地出售。当原创作品的价值以知识财产权的方式约定并以价格体现时,该作品便获得了文化商品的意义。在特定的文化市场,如知识产权市场或艺术品拍卖市场,这些作品以产权价格的形式实现其价值。此外,在企业征集广告语、商标或企业识别标志的过程中,在支付约定稿费后,著作权归企业所有,这实质上是以一定价格购买创作者的知识财产权。这种交易方式体现了产权价格在文化商品交换中的重要地位。

市场价格是指原创作品经过物化后转化为商品形态(无论是实物还是非实物)所耗费的社会必要劳动时间的货币体现。这一价格以价值规律为基础,并遵循价值的一般运动规律。知识财产权的确立使得原创作品的价值和价格成为文化商品价格体系

---

① 薛龙春.十八世纪后期文化商品的价格——以黄易的朋友圈为中心[J].中国书法,2017(17).

中的重要组成部分。著作权人因拥有著作权而享有财产权,除了美术品等特定作品,原创作品通常不与消费者直接产生联系。原创作品的价值在通过产权价格转让后,作为文化商品的社会性意义变得有限。如果获得原创作品知识财产权的人不将原创作品投入生产以实现交换价值,那么这种产权对这个人来说仅仅具有理论和法律意义,而不具备现实意义。因此,原创作品必须经过物化生产过程,使得物化产品按照社会必要劳动时间确定的价值进行商品交换,并以一定价格实现其价值。无论是实物形态的文化商品还是非实物形态的文化商品,其价值构成和价格表现都包括精神生产过程中所耗费的社会个别劳动和物化生产过程中所耗费的社会必要劳动。由于精神生产中的个别劳动时间难以用统一标准衡量,因此物化后的文化产品的价值判断主要基于社会必要劳动时间。而用于购买产权价格或支付稿费的部分,则作为原材料费用,成为文化商品价值构成中的固定部分。

经过深入探究我们可以发现,文化商品在其价值的形成和社会实现过程中,经历了两次不同的价值判断和价格构成。产权价格作为初次价值判断,是基于社会个别劳动时间进行衡量的;而市场价格作为后续价值判断,则是以社会必要劳动时间为基础进行衡量的。这二者之间虽然存在矛盾,但又相互依存,共同构成了文化商品的价值和价格体系。这种价值和价格运动的现实性表现,引发了劳动时间与价值量、劳动复杂程度与价值量之间的深刻矛盾。在同类文化商品中,不同品种可能因为所耗费劳动的差异而实现与价值量的反比关系。复杂劳动与简单劳动在文化商品价值量的决定和实现上也呈现出相反的趋势。此外,文化商品领域中的"马太效应"也导致了人们精神劳动所决定的价值量出现巨大差异。文化商品在价值形成和价格确定上所展现的这种独特性,既体现了市场经济条件下商品生产的一般规律,又凸显了其鲜明的个性特征。深入理解这一现象,对于在实践中合理制定文化商品价格具有至关重要的意义,有助于文化产业的健康发展。

二、影响文化商品价格变动的因素

文化商品不仅是一种物质产品,还是一种精神产品,其价格体系因此具有独特性和复杂性。影响文化商品价格变动的因素多种多样,这些因素相互作用,共同决定了文化商品在市场上的价格水平。

(一)文化商品的价值

文化商品的价值是其价格的基础。文化商品的价值取决于生产该商品所耗费的社会必要劳动时间,以及该商品所蕴含的文化、艺术、学术等方面的价值,这是文化商品交易的基本规律。因此,文化商品的价值量变动会直接导致其价格水平的变化。在多数情况下,当其他条件保持不变时,文化商品的价格会跟随其价值的变动而变动。各文化产业部门文化商品价值的变化,由于时间、程度和方向的不同,可能会使得原有的价值比例关系发生变化,从而使价格之间的比例关系做出相应的调整。文化商品价值的变化通常与文化劳动生产率的变动密切相关。具体来说,文化商品的价值量与文化劳动生产率成反比关系。当文化劳动生产率提高时,意味着生产一定数量的文化商品所需的社会必要劳动时间减少,进而使得其价值量降低。因此,各类文化商品价值量的不同变动,会直接导致价格体系中各类文化商品价格相应的不同变动。这种变动直接受到生产各类文化商品的劳动生产率变动的影响。总的来说,文化商品价格的变动是一个复杂的过程,受到多种因素的影响。了解这些因素及其相互关系,有助于我们更好地理解和预测文化商品市场的价格动态。

(二)市场供求关系

一般来讲,市场供求关系是影响文化商品价格变动的重要因素。当市场上某种文化商品供不应求时,其价格往往会上涨;反之,当供过于求时,其价格则可能会下降。供求关系的变化反映了消费者对文化商品的需求和市场的竞争状况。而文化商品的供求结构是文化产业之间关系的核心体现。文化供给结构,作为一定时期文化总产出的构成,反映了文化产业结构的发展成果,表现为各文化产业部门向市场提供的产品和服务数量的比例关系。这一结构不仅作为下一个文化生产周期的起点,还从物质和精神两个层面制约了文化产业结构的发展水平。例如,音像制品业等文化产业的兴起,便是技术能力和智力创造发展到一定程度后的产物。同时,文化商品价格体系在价值规律的引导下,对文化产业结构的发展方向起着重要作用,它驱使文化产业朝着能够最大化创造和获取利润的方向发展。文化需求结构虽然受到文化产业结构与产业之间需求关系的制约,但其核心是人的消费需求。因此,文化需求结构的形成既受到特定时期文化产业结构及其商品价格体系的影响,也在很大程度上引导着文化产业结构和价格体系的变动。正如第四章所述,在供需关系理论中,当支付能力不变时,价格结构的变动会导致需求结构与其呈反向运动,而供给结构则与其呈同向运动。这意味着当某一产业部门的产品价格上升时,该产业部门的产品供给会增加,同时其他产业的资金流向也可能转向该产业,导致其他产业的产品供给减少。反之,当该产业部门的产品价格下降时,其产品供给会减少,而其他产业的产品供给会增加。这种循环往复的过程表明,文化商品的价值、价格、供需结构之间存在着紧密的相互作用关系。正是这种相互作用,使得文化商品价格结构不断调整,从而实现文化供需结构的平衡。而这种平衡又深刻影响着文化商品价格体系的运动。因此,文化商品价格结构的调节对于实现文化供需结构的适应和平衡至关重要。

(三)版权和更广泛的知识产权

对于具有原创性和独特性的文化商品,如书籍、音乐作品、影视作品等,其市场价格受到版权保护机制的深刻影响。版权保护的核心在于赋予创作者对于其智力成果的独占权利,这有效地确保了创作者对其作品享有排他的控制与利用权。这种独占权的保障使得文化商品在市场上呈现出更高的稀缺性,因为未经授权的使用和复制行为被严格限制。这种稀缺性的提升,加之创作者对作品艺术价值及市场定位的考量,共同促使文化商品在市场中获得了更高的价值认同。

版权与更广泛的知识产权保护体系,为文化商品构建了一个坚实的法律屏障,不仅维护了创作者的合法权益,还激励了文化产业的持续创新与繁荣。保护程度的加强,通常意味着创作者能够更有效地控制其作品的市场流通,对抗侵权行为,从而在一定程度上对文化商品的市场价格形成正向的支撑与提升作用。因此,知识产权的保护力度与文化商品在市场上的价格水平之间存在着密切的关联与互动。

(四)时间

时间也是影响文化商品价格变动的重要因素。随着时间的推移,一些经典的文化商品可能会因为稀缺性增加而价格上涨,而一些流行的文化商品则可能因为时间的推移而逐渐失去市场价值。此外,文化商品的生命周期也会影响其价格变动。

(五)消费者的心理和文化偏好

消费者的心理和文化偏好对文化商品的价格也有一定影响。消费者对某些文化商品的追捧或抵制,以及市场上的流行趋势等都会对文化商品的价格产生影响。例如,热门明星的周边商品往往因为粉丝的追捧而价格上涨。

(六)政策和法规

政府出台的政策和法规也会对文化商品的价格产生影响。例如,政府对文化产业的扶持政策可能会导致相关文化商品的价格下降;而对盗版等侵权行为的打击则可能提高正版文化商品的价格。显然,国家文化经济政策对文化商品价格体系的运动具有显著影响。作为一种特殊商品,文化商品不仅具备经济功能,还深刻影响着人们的思想道德、社会行为准则和审美观念。因此,文化商品的价格不仅受到经济规律的制约,还受到其所传达的特殊社会意识形态的制约。国家通过文化经济政策来引导和干预文化发展走向,这体现了国家管理意志对文化商品价格体系的制约。国家文化经济政策的目标在于促进文化经济的增长、文化资源的合理配置,满足公众对文化产品和文化服务的需求,保护本民族文化的生存和发展,从而维护国家和民族的整体利益。为实现这些目标,国家通过直接干预和间接影响两种方式调控文化商品价格。直接干预是指政府直接参与文化商品价格的制定和调整。例如,为了保障教育和科学的普及,国家会对中小学教材和科普读物等实行指令性低价,并对亏损的出版单位给予政策性价格补贴。这种干预旨在使文化商品价格与价值背离,以平衡社会总供求,促进国家整体文明程度的提高。间接影响则是指政府通过不同的文化产业政策、文化投资政策、金融信贷政策等手段,有意识地扶植或限制某些文化产业部门,从而调整产业间的经济关系、干预文化商品价格。这种方式旨在实现文化商品结构的合理调整和价格体系的有序变动,引导消费市场的发展。总的来说,国家文化经济政策通过直接干预和间接影响两种方式,调控文化商品价格体系的运动,以实现文化经济的增长、文化资源的合理配置,以及民族文化的保护与发展。这种调控不仅符合经济规律,也符合国家和民族的整体利益。

(七)生产成本

文化商品的生产成本包括直接材料成本、人工成本、版权费用等。当生产成本发生变化时,文化商品的价格也会进行相应调整。例如,如果版权费用上涨,那么相关文化商品的价格可能也会上涨。

因此,影响文化商品价格变动的因素众多且复杂。在制定文化商品价格时,需要综合考虑这些因素的作用,并根据市场变化和消费者需求进行灵活调整。同时,政府也应关注这些因素的变化,以便更好地制定相关政策措施。

第四节　文化商品价格的制定

为了确保价格能够科学合理地反映文化商品的内在价值,需要采取科学合理的价格制定策略。这样的策略选择不仅有助于提高文化商品的市场竞争力,还能增强其文化积累能力,有助于其充分发挥应有的价值。同时,文化商品价格制定策略可以有效提高文化生产效率和控制成本,为文化产业的健康发展提供有力支持。在制定文化商品价格策略的过程中,应综合考虑市场供求关系、文化商品的价值、消费者需求等多方面的因素,以确保价格制定的合理性和有效性。

一、文化商品价格制定的依据

文化商品价格的制定在文化商品价值实现中起着至关重要的作用。过去,在计划经济体制和文化商品意识形态的影响下,我国文化商品的价格主要由国家行政部门设定,通常较低,有时仅具有象征意义。这种价格机制虽然在普及文化和占领文化市场方面发挥了积极作用,但随着经济体制的转变和文化市场经济的形成,其局限性日益凸显。价格与成本脱节、无法反映市场供求关系、不按质论价等问题导致价格在市场资源配置中的作用受限,甚至阻碍文化产业的发展。因此,要想将文化产业纳入市场经济体系并培育社会主义文化市场,必须改革不合理的文化商品价格及其管理体制。应确立符合市场经济原则的定价策略,使价格能够充分发挥在资源配置中的作用,确保整个文化经济活动遵循价值规律,能够灵活应对供求关系的变化。

在制定文化商品价格的过程中要综合考虑其影响因素,具体包含以下几个方面。

(一)价值基础

价格是商品价值的货币表现形态。文化商品的价格首先基于其价值来确定。价值由生产文化商品所耗费的社会必要劳动时间决定。这意味着,生产文化商品所耗费的社会必要劳动时间越长,其价值量越大,其价格通常也越高。

(二)供求关系

文化商品的供求关系是影响其价格的重要因素。当文化商品的需求超过供应时,价格可能上涨;反之,如果供应超过需求,价格可能下降。供求关系的变化反映了市场对文化商品的认可程度和消费者的支付意愿。

(三)劳动生产率

劳动生产率是文化商品价格制定的另一个关键因素。劳动生产率越高,生产一定量文化商品所需的社会必要劳动时间越短,从而价值量降低,价格也会相应下降。相反,劳动生产率较低时,价格可能较高。

(四)国家文化经济政策

国家的文化经济政策对文化商品价格具有显著影响。政府可能通过直接干预或间接影响来调整文化商品价格,以实现文化资源的合理配置、保护本民族文化的生存和发展,以及满足公众对文化商品的需求。

(五)市场竞争情况

市场竞争情况也是影响文化商品价格的重要因素。在竞争激烈的市场环境中,为了吸引消费者和保持市场份额,文化商品的生产者或供应商可能会调整价格策略,如降价促销或提供优惠等。

(六)成本

成本也是制定文化商品价格的考虑因素,包括原材料成本、劳动力成本、运营成本等。成本的高低直接影响文化商品的定价策略。

(七)消费者需求

消费者需求对文化商品价格具有重要影响。消费者对某种文化商品的偏好和需求强度会影响其价格水平。如果消费者对某种文化商品的需求强烈,其价格可能会上涨。

综上,文化商品价格的制定过程需要综合考虑价值基础、供求关系、劳动生产率、国家文化经济政策、市场竞争情况、成本和消费者需求等多方面的因素。生产者或供应商需要权衡这些因素,以制定出既符合市场需求又能够实现盈利的价格策略。

二、文化商品价格制定的目标和策略

在市场经济环境中,文化商品的价格制定过程兼具策略性和规律性。这一决策过程主要包含两大核心方面:定价目标和定价策略。

(一)定价目标

定价目标,简而言之,是文化生产单位在设定文化商品价格之前所预期达成的结果。这通常基于文化生产单位的文化经营总目标和价格在市场策略中的地位。换句话说,定价目标是文化经营总目标的具体化和细化。对于独立的文化经济实体而言,其根本目标是实现最大的利润。然而,在文化生产的不同阶段,以及在应对不同的市场状况时,文化生产单位可能会选择不同的定价目标。常见的定价目标包含以下几类。

1. 最大利润目标

这是指文化生产单位试图通过价格策略在特定时间内获得最大利润。要想实现这一目标,通常需要文化商品在文化市场中具有一定的竞争优势,如品质卓越或创新性强等,从而实现供不应求,获得消费者较高的评价。

2. 投资回报率目标

此目标关注长期稳定的利润。文化生产单位可能希望通过价格策略获得一定的投资回报,这通常要求文化生产单位在文化市场中占据主导地位,对文化市场需求有深入的了解,并有充足的资金支持。

3. 市场占有率目标

市场占有率,即商品在同类商品市场中的销售比例,这是市场占有率目标的核心。文化生产单位可以通过降低价格、增加文化商品的供给来实现规模效益,进而增加总利润。但这需要文化生产单位具有较大的生产潜力和灵活的成本结构。

4. 竞争适应目标

在竞争激烈的市场中,为避免引发过度的价格竞争,文化生产单位可能需要设定一个既能反映文化商品价值,又能避免直接竞争的价格。这需要文化生产单位对竞争对手的价格策略有深入的了解。

综上,在制定文化商品价格策略时,需要综合考虑多种因素。通过明确定价目标,并选择合适的定价策略,文化生产单位可以确保文化商品价格既能反映其价值,又能适应市场的需求和竞争状况。

(二)定价策略

定价策略是文化生产单位在设定商品价格时,为达成其定价目标,依据特定的经营环境和市场状况所采用的指导性原则或方法[1]。在文化商品定价的实践中,由于文化生产单位的战略重点和市场需求的不同,常见的定价策略主要包含以下几种。

1. 歧视性定价策略

在完全竞争市场中,供给方通常必须遵循给定的价格,这使得价格歧视变得不可能。然而,艺术领域的情况却有所不同,因为每一场演出、展览或节日活动都具备其特性。价格歧视的核心在于找到一种方式,从而既能向价格敏感的消费者提供较低的价格,又能向需求价格弹性较低的消费者提供更高的价格。

实施价格歧视主要有两种方法。第一种是三级价格歧视,这种方法涉及根据不同的需求价格弹性向不同的消费者群体收取不同的价格。文化产品供给方通常能够轻松识别消费者属于哪个群体。例如,博物馆通常会为学生或超过某一特定年龄段的个人提供折扣票价。这种方法的有效性取决于是否存在套利行为。例如,如果学生购买了折扣票后将其转售给不符合规定的人,那么这种方法就可能失效。第二种是二级价格歧视,这种方法根据消费者购买的产品数量来设定价格。许多博物馆除了提供单次门票,还提供年票,这就是一个典型的例子。此外,一些咖啡馆也会为第二杯咖啡提供折扣,以鼓励消费者多消费。总的来说,歧视性定价策略在艺术领域中具有广泛的应用,有助于文化产品供给方更好地满足不同消费者的需求,同时获得更高的收益。

2. 捆绑定价策略

这种策略的核心在于文化产品供给方将一种文化产品与其他产品组合在一起,并以一个整体价格销售给消费者。例如,剧院经营者深知观众愿意为观赏戏剧支付较高的价格,因此他们可能会制定较高的门票价格。为了吸引更多游客,剧院可能会进行捆绑定价,将门票与观众巴士票和正餐组合成一个套餐,并以一个相对较低但仍高于成本的价格来销售。这个套餐价格明显低于单独购买这些产品的价格之和。通过这种方式,剧院可以在不降低门票价格的情况下,吸引更多游客进入剧院。同时,这种策略对需求价格弹性较低的当地消费者不会产生负面影响,因为他们可能对这个套餐并不感兴趣。捆绑定价策略是一种灵活而有效的营销手段,有助于文化产品供给方扩大市场份额,提高收益。

3. 关联定价策略

当产品之间存在相互关联的需求时,如互为替代品或互补品,则我们可以将这种关系纳入定价考虑范围。这意味着我们不应该单独地设定某一产品的价格,而是需要考虑这种价格如何影响另一种产品的需求,以最大化企业的总利润。一个实用的方法是为消费者提供不同组合的价格菜单,这些组合包括门票和各种互补品。这样,消费者可以根据自己的偏好选择最适合自己的组合。例如,博物馆在出售门票的同时,可

---

[1] 杨剑英,张亮明. 市场营销学[M]. 南京:南京大学出版社,2022.

能还会对馆内的其他活动项目单独收费。消费者可以根据自己的兴趣和需求选择参加哪些项目。此外,电影院也常采用这种策略。他们可能会通过降低电影门票的价格来吸引观众,然后高价出售爆米花和其他零食来增加利润。这种策略允许电影院从每个消费者那里获取更多的收入,同时也满足了消费者的多样化需求。总的来说,关联定价策略能够帮助文化产品供给方,更好地满足消费者的需求,同时实现更高的利润。

4. 质量差别定价策略

这种策略的核心在于,文化产品供给方根据产品质量的差异来设定不同的价格。实施这种策略时,供给方需要仔细考虑如何避免消费者选择低质量、低价格的替代品。为了实现这一目标,供给方在为低质量产品定价时,应努力使其接近边际消费者愿意支付的价格。而对于高质量的产品,定价应低于高需求消费者的最大支付意愿,以防止他们选择价格更低的替代品。例如,在剧院中,普通的座位和平装版小说的定价较低,以吸引对价格敏感的消费者。而一楼的头等座位和精装版小说则定价更高,因为供给方知道有一部分消费者愿意为高质量的产品支付更高的价格。质量差别定价策略不仅有助于文化产品供给方满足不同消费者的需求,还能实现更高的收益。同时,它还能鼓励文化企业不断提升产品质量,以吸引更多愿意支付高价的消费者。

5. 薄利多销策略

与厚利限销策略相反,薄利多销策略强调通过降低商品价格来吸引更多消费者,从而迅速扩大市场份额和销量。这种策略通常适用于需求价格弹性较大的文化商品,如中小学教学参考书等。通过降低价格,定价主体可以更快地打开销路,增加销量,并通过规模效应降低单位产品的生产成本和销售费用。虽然单位商品的利润额较低,但总利润额可能因销量的增加而增加。例如,剧院为中小学生开设的观摩专场,通过低价策略,既完成了演出场次和利润指标,又丰富了中小学生的课余生活。

6. 其他重要的定价策略

除了上述定价策略,还有一些其他重要的定价策略值得探讨。

(1) 当文化产品供给方的目标不仅仅是利润最大化时,定价策略就需要相应地进行调整。例如,由国家或非营利机构运营的博物馆或管弦乐队,在定价时可能会更多地考虑如何扩大服务范围,如资助教育项目或服务贫困社区。在这种情况下,价格可能并不会发生太大变化,博物馆或管弦乐队甚至可能为了吸引更多人参观或听音乐会而采取折扣策略。

(2) 随着技术的进步,特别是在在线交易和数据管理方面,文化产品供给方也在不断探索新的定价方法。例如,音乐会举办方可以通过在线拍卖的方式售出门票,或者根据特定时期的需求变动来调整整个活动的定价。这些新的定价方法不仅有助于文化产品供给方更好地管理库存和满足消费者需求,还有助于获得更高的收益和效率。

总的来说,文化商品价格的制定是一项复杂而关键的任务。在实践中,定价主体需要根据不同的产品特点、市场需求和经营环境选择合适的定价策略。同时,随着文化市场壮大,非价格竞争手段日益重要,涉及规模优势、产品差异化、品牌塑造、质量保证、创新及技术应用等方面。因此,在制定文化商品价格时,必须综合考虑多种因素,以实现市场的繁荣和文化的健康发展。

一、重点概念

文化商品;文化商品价值;文化商品价格

二、思考题

1. 文化商品的特征是什么?
2. 什么是文化商品价值的两重性?
3. 试论述文化商品价格制定的依据、目标和策略。

案例分析

第七章
国际文化贸易及其保护

本章概要

在全球经济、政治和文化日益交融的背景下,国际文化贸易以其独特的知识信息、娱乐和休闲内容,逐渐在经济全球化的浪潮中崭露头角,备受各国瞩目,发展势头强劲。在此时代背景下,国际文化贸易不仅成为一种显著现象,其作为学科的地位也逐渐稳固,这具有深刻的历史必然性。本章旨在结合国际文化贸易相关理论与实践,深入浅出地介绍其关键理论与经典案例,帮助读者对其形成全面而深入的了解。

知识导图

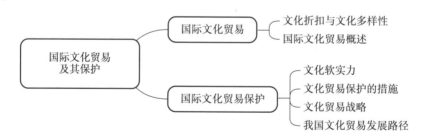

第一节　国际文化贸易

一、文化折扣与文化多样性

(一) 文化折扣

"文化折扣"又称"文化贴现",由加拿大学者科林·霍斯金斯(Colin Hoskins)和米卢斯(Mirus)在1988年发表的论文《美国主导电视节目国际市场的原因》(Reasons for the U.S. Dominance of the International Trade in Television Programmes)中提出并进行了深入探讨。文化折扣是指因文化背景差异,国际市场中的文化产品不被其他地区受众认同或理解进而使得其价值降低,这是文化产品区别于其他一般商品的显著特征之一。霍斯金斯等人认为,扎根于一种文化的特定的电视节目、电影或录像带,在国内市场很具吸引力,因为国内市场的观众拥有相同的常识和生活方式,但在其他地方其吸引力就会减弱,因为那里的观众很难认同该类文化产品的风格,及其所体现的价值观、信仰、历史、神话、社会制度、自然环境和行为模式等。在该书中,他们还提出了一个公式用以量化文化折扣:文化折扣 = $\dfrac{国内相应产品价值 - 进口价值}{国内相应产品价值}$。产品的文化折扣越高,则越不易被受众接受;文化折扣越低,则越容易被接受。通常,电视节目、电影与录像带等文化产品在国际贸易中都面临着文化折扣的问题。

文化结构差异是形成文化折扣的主要原因。文化传统差异是文化折扣产生的首要原因。世界上各个民族在其历史发展过程中逐步形成了其独特的文化,外来的文化产品如果与接受者的传统文化背景差距较大,那么接受者的消费兴趣、理解力将降低,从而产生文化折扣。中国与韩国因为地缘接近,同处亚洲文化圈,在历史、文化和心理上比较接近,因此,韩剧对中国的输出获得较大成功,文化折扣相对来讲较小。而中国与西方国家则存在较大的文化折扣,这是由于二者的传统文化差距较大,而西方国家消费者对中国深厚的传统文化欠缺深度了解,导致理解困难、认同度较低。

语言差异是形成文化折扣的又一大原因。语言是文化产品接受当中的一大障碍,虽然翻译能够起到桥梁作用,但在翻译中存在着误译、漏译、词不达意以及因为不了解文化背景而产生的错译等问题,从而影响了接受效果。例如,《道德经》中提到的"道",有"Tao""Tau""Dao""Way""Law""Rean""God""Nature"等不同译法,但这些普遍缺乏对中西宇宙观的整体观照和透视,未能表现《道德经》的精神实质和语体色彩,从而导致国外消费者不能正确理解其信息。

与"文化折扣"相对的是"文化增益"这一概念,指文化产品在出口贸易中产生积极接受的现象,例如,张艺谋的《菊豆》虽在国内不被看好,但在国外市场上获得了较高的市场回报。

(二)文化多样性

每个国家、每个民族、每个地域都有其与众不同的文化,中国古语"百里不同风,千里不同俗"是对文化多样性的通俗诠释。西方经济学家斯蒂芬·A. 马格林(Stephen A. Marglin)曾提出,文化多样性可能是人类这一物种继续生存下去的关键[1]。文化多样性

---

[1] 《文化遗产蓝皮书:中国世界文化遗产保护状况报告(2021—2022)》发布[J].新西部,2023(5).

缘于文化的差异性。民族文化是一个民族在历史发展过程中形成的关于世界的认知方式和成果的积累。然而在全球化浪潮的冲击下,文化多样性生态环境不断恶化,全球文化趋同趋势明显,因此在文化贸易自由论广受追捧的同时,文化多样性理论应运而生。

2001年11月,联合国教科文组织通过《世界文化多样性宣言》,指出应当特别注意创作意愿的多样性,公正地考虑作者和艺术家的权利,以及文化物品和文化服务的特殊性,因为它们体现的是特性、价值观和观念,不应被视为一般的商品或消费品。2005年,联合国教科文组织通过了《保护和促进文化表现形式多样性公约》。文化多样性理论的相关观点主要包括以下几个方面:文化商品、服务与其他产品是有区别的,蕴含着文化特殊性;多样性的文化是人类共同的财富;有必要采取政策措施保护文化多样性;文化多样性是推动人类发展进步的途径;过于强大的文化产业国际集团会阻碍各个民族的文化交流和原创活动;理想的全球化文化生态是创造的多元化和文化多元主义,这应受到保护和支持[①]。

二、国际文化贸易概述

关于"国际文化贸易"的概念的定义,至今还存在争议。联合国教科文组织对文化贸易的界定较有权威性,认为其可被定义为能够传达文化内容的有形产品和无形产品的贸易活动。其中,文化产品包括文化商品和文化服务。国内学者一般认为国际文化贸易是指与知识产权有关的文化产品和文化服务的贸易活动,是国际贸易的重要组成部分。国际文化贸易以文化产业为产业基础,是文化产业国际化经营的必然产物,内容涉及电影行业、电视行业、演出行业、会展行业、图书行业、版权行业等具体行业的国际公司、贸易环境、贸易历史、文化政策等。国际文化贸易按照贸易方向分为贸易输出和贸易输入,贸易一方向另一方提供文化产品和服务并获得收入的过程称为"文化产品和服务出口"或"文化产品和服务输出",购买外国文化产品和服务的过程称为"文化产品和服务进口"或"文化产品和服务输入"。

(一)国际文化贸易的发展历程

在20世纪之前,由于传播技术、交通条件等的限制,国家间的文化贸易十分稀少。20世纪以来,国际文化贸易逐渐发展起来。由于受到以美国为首的资本主义阵营和以苏联为首的社会主义阵营之间政治对立的影响,在20世纪中叶以前,文化被赋予了较多的意识形态色彩,成为意识形态对抗的一部分。"冷战"结束后进入全球化时代,世界经济一体化趋势明显,与此同时各国之间的文化冲突日益激烈。20世纪80年代以来,国际文化贸易发展迅猛,但同时不容忽视的是,国际文化贸易的很大一部分发生在少

① 昝胜峰.文化经济学[M].北京:中国人民大学出版社,2005.

数发达国家之间。国际文化贸易的发展现状主要呈现出以下特征。

1. 国际文化贸易发展具有不平衡性

世界各国之间在文化生产和文化服务能力、技术和资源上存在较大差距。以美国为代表的少数几个发达国家在国际文化贸易中处于主导地位。广大发展中国家的文化产品生产和文化服务则在国际贸易中处于劣势。

2. 文化服务贸易的比重逐步增大

步入知识经济时代,知识含量高的文化服务贸易在国际文化贸易中的比重不断上升,占有越来越突出的地位。

3. 跨国文化集团垄断国际文化市场

20世纪90年代初,跨国企业集团通过兼并重组等手段建立全球化的投融资体系和分工合作机制,在国际文化贸易中处于主导地位。例如,一些国际知名的传媒集团如时代华纳、迪士尼等,通过合并其他传媒公司或业务部门,实现了资源的整合和优化,进一步巩固了自身在国际文化市场上的地位。

4. 国际文化贸易的法律性文件是WTO规则

世界贸易组织(WTO),其基本精神是自由贸易,致力于消除关税和商品进口配额,目的在于推动产品和服务实现跨国界的自由流动,但其仲裁机构侧重经济因素而忽视文化动因,而且其制裁具有强制性,因此各国不得不主动接受或被迫适应WTO的要求。联合国教科文组织是致力于支持文化多样性的国际性组织,因此在国际文化贸易中当有关文化问题的谈判发生激烈冲突时,一些国家希望由它来调停。

(二)国际文化贸易理论发展概述

国际学术界关于国际文化贸易的研究还处于起步阶段。1987年,弗雷和波默林从心理学和公众选择的角度研究了文化贸易,但未能深入讨论贸易本身。2006年,帕特里克·弗朗索瓦等运用现代经济学的方法对文化贸易的效应和文化竞争进行了探讨。关于国际文化贸易的理论研究,国际上学术界主要围绕贸易理论的适用性、文化贸易影响因素的数量分析和文化贸易在"保护"与"自由"之间的政策选择等方面展开。以下重点介绍前两个方面。

1. 贸易理论的适用性讨论

关于经典贸易理论对文化贸易理论的适用性,学术界从传统贸易理论和新贸易理论两个角度进行了相关研究。传统经济学比较优势理论中未提及文化贸易,但有的学者认为传统贸易理论在文化贸易领域也是适用的。规模经济理论也被运用到文化产品的生产研究中,并且提出了文化产品也存在外部规模经济。有的学者提出消费资本理论及文化折扣对文化艺术品贸易具有制约作用等。

2. 文化贸易影响因素的定量分析

许多学者运用贸易理论对文化贸易中的个案进行研究分析,得出的结论成功支持了经典贸易理论对文化贸易的适用性。例如,有的学者运用数量分析的方法研究美国、加拿大两国一段时间内文化产品的双边贸易影响因素,建立了净出口关于资本—劳动比率、人均收入和人口等独立变量的函数,其结果与要素禀赋理论和需求相似理论相吻合。

(三)文化安全

文化安全是指一国的观念形态的文化,如民族精神、政治价值理念、信仰追求等,其生存和发展不受内外威胁的客观状态。文化安全是国家安全的重要组成部分,是国家身份认同的基础,是国家安全的重要保障。文化安全的状态是随着条件的变化而不断辩证运动的,因此需要用动态、战略的眼光来看待。

文化安全的重要性首先体现在它对国家内部不同群体的文化认同的影响。文化认同是一个国家之所以成为一个整体的重要基础,它既包括历史也包含当前。没有文化认同,轻则会产生不和谐、冲突,重则可能导致分裂。欧洲近代史上的宗教战争和民族国家间的残酷战争,以及奥斯曼帝国的瓦解等历史事件,也都显示出了文化认同对国家安全和社会稳定的深远影响。保证文化安全的前提是保护传统价值,这些价值通过社会领域的精神、道德、历史、宗教等方面来体现。文化安全主要包括语言安全、风俗道德安全、价值观安全、生活方式安全等方面。这些都是构成一个国家文化特征和文化主权的重要组成部分,一旦受到威胁,就可能影响国家的稳定和发展。

要想维护文化安全,需要采取一系列的措施。例如,可以加强文化教育,提高公民的文化素养和文化自觉,增强公民对传统文化的认同感和自豪感;可以加强文化产业的发展和创新,推动文化产品的多样化和优质化,提升国家文化的软实力和影响力;可以通过法律法规来保障文化安全,加大对文化领域的违法犯罪行为的打击力度,维护良好的文化秩序。总之,确保文化安全是维护国家长治久安、保障人民幸福安康的重要基石。在实际生活中,我们也应该积极关注和参与文化安全的维护工作,为国家的文化繁荣发展和安全稳定贡献自己的力量。

第二节 国际文化贸易保护

随着全球化进程的加速,文化贸易已经成为国际贸易的重要组成部分。文化产品的特殊性,如具有精神价值、民族特色等,使得文化贸易保护显得尤为重要。我们可以通过保护本国文化产业和文化产品,确保文化多样性和文化创新,促进文化交流与互鉴,以推动国家文化软实力的提升。

一、文化软实力

"文化软实力"这一概念,是在国际政治学与文化学交叉领域中,对"软实力"理论进行深入研究和中国化实践后,形成的中国特色理论成果。文化软实力是指一个国家或地区基于其文化而具有的凝聚力、生命力、创新力和传播力,以及由此而产生的感召力和影响力,它是软实力的核心构成要素,与硬实力(如经济、科技、军事实力)相对,共同构成了一个国家的综合国力。2021年发布的《中华人民共和国国民经济和社会发展第十四个五年规划和2035年远景目标纲要》中明确提出,要"发展社会主义先进文化,提升国家文化软实力"。该文件详细规划了推进社会主义文化强国建设的具体路径,包括坚持马克思主义在意识形态领域的指导地位、坚定文化自信、坚持以社会主义核心价值观引领文化建设等。因此,国家文化软实力的范围主要包括一个国家的国家形象、民族精神、核心价值观、政治制度、发展模式和狭义的文化创造。

一个国家文化软实力的功能及其发挥是由该国的国际政策决定的。硬实力的强大是使得一国的文化具有吸引力的前提条件,塑造他国行为偏好的能力取决于硬实力的大小。目前,中国的文化软实力的作用未能充分发挥出来,这不但会影响社会和谐、内部影响力、综合国力和国家发展战略,而且会影响中国在国际社会的接受度,中国发展的国际经济环境、外交环境,进而影响中国国际化的步伐。

中国文化软实力的功能主要体现为价值整合和规范整合。中国传统文化是中国文化软实力的源泉,因此,对传统文化进行提炼,大力弘扬中华优秀传统文化并推动其现代化发展势在必行。这里的价值整合是指用传统文化的精髓来重构社会认同体系,用共享的文化价值来夯实市场价值体系,以实现文化的价值整合。规范是指明文规定或约定俗成的标准,规范整合即借助于文化的教化功能使文明的规范内化为个人的行为准则,进而将社会成员的行为纳入一定的轨道和模式,对内以维持社会秩序,对外以塑造国家形象。发展文化产业是提升国家文化软实力的有效途径,也是适应国际发展趋势的实践探索。通过大力发展文化产业,积极开发优秀文化创意产品,不断提升我国文化创意产业的竞争力,并有效整合新兴传媒产业资源,我们能显著提高我国文化的创意表达力和现代化传播能力,进而有力地增强国家文化软实力。

二、文化贸易保护的措施

在国际文化贸易中,文化贸易保护措施主要涉及进口关税、国产内容配额、文化生产或出口补贴、市场准入限制等方面。

(一)关税措施

关税壁垒是指通过征收高额进口税和各种进口附加税来限制和阻止外国商品进

口的一种手段。在国际文化贸易中,出于保护本国文化产业的目的,一些国家对外国的书刊、电影拷贝和影视磁带以及文化器材等文化产品征收关税。进口关税可以通过提高进口文化产品的成本,有效抑制外国文化产品的竞争力,但同时也会造成文化市场机制扭曲、文化资源配置作用降低等不利影响。如果遭到外方的贸易报复,关税壁垒的保护作用将大打折扣。实施关税壁垒的另一个不利影响是本国民众不得不承受额外的经济福利损失。

1947年,《关税及贸易总协定》签订,它是政府间缔结的有关关税和贸易规则的多边国际协定,简称"《关贸总协定》"。自《关贸总协定》订立以来,为了在全球范围内实现自由贸易,国际社会制定了相关的国际贸易规则来消除关税壁垒,关税得到了大幅降低,传统的关税壁垒起到的保护作用在逐步降低。同时,实施关税壁垒以保护本国的新兴产业,虽然在短期内可为新兴产业提供一定的发展空间,但若长期依赖该措施,可能导致相关产业缺乏进取心,从而不利于产业竞争力的持续增强与长远发展。

(二)国产内容配额

在国际贸易中,配额分为绝对配额与关税配额,其中绝对配额又分为全球配额与国别配额。在国际文化贸易中,国别配额演变为国产内容配额。国产内容配额是文化贸易壁垒中极具文化特色也是极为常用的方式,主要针对视听节目贸易或印刷品贸易,通常要求进口的外国文化产品必须包含一定比例的本国内容,或者对在本国建立的外国文化企业的资本构成、雇员的国籍、采用的本土性文化生产要素进行管制。国产内容配额作为政策工具,能够使本国的文化产业得到有效保护,防止其受到外来文化严重冲击。

从经济学的角度来看,国产内容配额的积极效应主要表现为,电视节目多样化提高了本国观众的经济福利水平;本国电视节目的需求量提高,推动了本国电视节目的发展。同时,实行国产内容配额也存在着消极后果:国产节目价格上升,增加了电视台的购买费用;配额的僵化会使得电视节目难以适应观众偏好的变化。

(三)补贴

相对于国产内容配额,国际文化贸易中补贴的针对性强并且更加灵活。世界贸易组织的《补贴与反补贴措施协议》(Agreement on Subsidies and Countervailing Measures)中对"补贴"进行了界定,认为补贴是指政府或任何其他公共机构授予的财政资助给接受者带来的利益,其中,财政资助主要包括:涉及资金的直接转移、资金或债务的潜在转移;放弃或未征收在其他情况下应征收的政府税收;政府提供一般基础设施以外的货物或服务。在国际文化贸易中,常常采用出口补贴和进口替代补贴。

当然,补贴在国际文化贸易实践中也遇到了种种问题。其一,补贴将导致本土文化企业产生惰性。补贴来自政府公共财政,将有可能导致一些企业将精力放在争取政府补贴资金上,而不是着眼于市场需求,谋求做大做强。其二,补贴资金的分配难以真正做到完全公平有效。作为补贴资金的分配者,相关政府部门很难掌握众多文化企业的精确信息,因此在接受补贴企业的选择上具有一定的随意性。其三,制约因素众多。在世界贸易组织的《补贴与反补贴措施协议》中,补贴分为禁止性补贴、可诉性补贴和不可诉补贴三类。总体来看,对补贴的限制比较多,一旦一国的某一文化企业发展到足够强大,能够步入国际文化市场时,将难免发生贸易纠纷和摩擦。

除此之外,进口许可制度和加强知识产权保护也是国际文化贸易保护的形式。虽然世界贸易组织在其《进口许可程序协定》中明确规定,成员方在使用进口许可证时应确保国际贸易的正常流动,不得以此作为限制国际贸易的手段,然而,在实际操作中,仍有许多国家利用进口许可证这一措施来限制国外文化产品的进口。我们可以通过完善知识产权相关法律法规、加强知识产权执法力度来保护本国文化产品的创意和知识产权。这也有助于激发文化创新活力,维护文化产业的合法权益。

三、文化贸易战略

(一) 比较优势

比较优势理论的源头可以追溯到亚当·斯密(Adam Smith)。亚当·斯密从分工的角度提出了后来经济学家所称的"绝对比较优势理论",又称"内生比较利益说",即在国际贸易中,一国可以选择生产、出口那些具有绝对优势的产品,选择进口在生产上处于劣势的产品。大卫·李嘉图(David Ricardo)在亚当·斯密理论的基础上提出了比较优势理论,又称"外生比较利益说",认为国际贸易是建立在生产技术的相对差别导致的相对成本差别的基础上的,因此,在生产产品上具有绝对优势或劣势的国家也能够通过国际贸易来获取更大利益。后来,瑞典经济学家赫克歇尔(Heckscher)及其学生俄林(Ohlin)在李嘉图的外生比较利益说的基础上提出资源禀赋比较优势理论,这一理论长期占据理论界的主流地位。近年来,在兼收并蓄中,比较优势理论获得进一步发展和完善。其中,保罗·罗宾·克鲁格曼(Paul Robin Krugman)、埃尔赫南·赫尔普曼(Elhanan Helpman)和吉恩·格罗斯曼(Gene Grossman)等对传统比较优势理论进行了批判,同时引入规模经济、产品差异等概念体系,形成了新的学术主流;其他学者则在对新学术主流进行批判的基础上,从制度、博弈、技术差异及专业化等角度对比较优势理论进行了延伸。

一些学者认为,比较优势理论适用于国际文化贸易。1979年,西奥多·威廉·舒尔茨(Theodore William Schultz)在将文化产品分为可复制、不可复制和现场演示三种类型的基础上,指出比较优势理论比较适用于第一类文化产品的分析研究:劳动力充裕、工资水平低的发展中国家生产可复制产品具有比较优势,因此出口这类产品将获得外生比较利益。1999年,安德鲁·马斯-克莱尔(Andreu Mas-Colell)在相关著述中研究了比较优势理论在文化贸易中的运用,并分析指出莎士比亚戏剧是英国在国际文化贸易中的比较优势,而绘画则是西班牙的比较优势。中国学者胡惠林(2003)认为,一个国家应该以发挥自身比较优势为战略目标来发展文化产业,唯有如此,相关文化企业在国际市场上方能具有竞争力,同时要素禀赋结构也将随之改进,最终实现处于世界前列的目标。

(二) 代表性文化贸易战略

20世纪80年代初期,斯宾塞(Spence)、布兰德(Brander)等人首次提出战略性贸易政策理论,经过支持这一理论的学者的不断完善,逐渐形成了比较完整的理论体系。战略性贸易政策理论是对幼稚产业论的开拓性发展,是指在不完全竞争和规模经济条件下,国家从战略的高度出发,通过生产补贴、信贷优惠、出口补贴以及国内税收优惠等保护措施对现有或潜在的战略性产业部门进行支持,即保护和扶持那些需要通过大规模生产以获取规模经济,并能带动本国相关产业发展的高新技术产业和对本国未来发展至关重要的行业,增强其国际竞争能力,最终达到增加国家福利的目的。在经济、文化全球化的背景下,文化贸易已经成为国际贸易的一个重要组成部分,成为国际贸易中一个新的竞争领域。各个国家为了推动本国文化贸易的发展,实施了相应的文化贸易政策措施,一些国家甚至将发展文化贸易上升到国家战略的高度。

1. 美国

自20世纪90年代起,美国文化贸易发展态势强劲。支撑美国文化内容生产的文化产业与军事工业成为主导美国经济的两大产业。文化产业与制造业、金融业融合发展形成产业群,以规模优势在国内外市场纵横驰骋。2012年,美国文化贸易额达到1627亿美元,在国际市场上占绝对优势地位,遥遥领先于其他发达国家[①];而且,美国文化贸易顺差大,出口额超过进口额两倍,文化产品的国际竞争力强大。美国文化贸易的兴旺发达与美国政府实施的一系列支持文化贸易发展的政策措施是分不开的。美国通过对内政策和对外政策两个方面来支持和保护文化贸易发展。

美国在国内实行放松管制的政策。首先是通过税收等政策措施鼓励企业自由竞争。美国没有设立专门的文化管理机构,也没有出台专门的文化产业政策,美国政府在市场导向的前提下,对文化产业的主体实施优惠扶持政策,支持其进行多元投资和多种方式经营,支持社会资本、境外资本投资美国文化产业。其次是利用法律手段培育本国文化产品在国际市场上的竞争优势。美国关于文化产业的政策主要涉及专利、版权等方面。联邦政府在成立初期就制定了《专利法》,以此为基础又建立了包括《商标法》《版权法》《反不正当竞争法》等在内的一套完整的知识产权法律制度,相关规定详尽、保护范围广泛。

---

① 王文俊. 美国现实主义文学与文化研究[M]. 昆明:云南大学出版社,2020.

美国在国外实行文化扩张政策。首先,美国国内法律将文化传媒企业集团在国外的竞争例外化。虽然在国内实行自由竞争政策,但在国际市场上,美国出台相关法律允许、支持和扶持企业在国际贸易中实施垄断,因此造就了好莱坞电影在国际市场上的绝对比较优势。老牌好莱坞制片公司时代华纳与控制现代传播网络的美国在线(American Online)联合打造出了美国文化传输的重要渠道。其次,美国在国际贸易中推行贸易自由化政策。在国际文化贸易中,美国政府致力于将世界贸易组织框架下的贸易自由推进到文化贸易中,通过对各国政府施加压力,要求放开文化产品市场,积极营造宽松的国际市场环境。例如:将不干涉美国在受惠国的文化宣传活动作为前提条件来与其他国家谈判享受最惠国待遇问题;在对其他国家进行经济援助的同时,要求对方接受文化扩张的内容条款等。美国文化产品的优势,尤其是电影业的强势发展,使得文化产品与政府政策形成了互动效应。

2. 欧盟国家

欧盟作为世界上重要的经济体,文化贸易在过去的20年中发展迅速。2011年,欧盟的文化产品的进口额和出口额分别占欧盟的对外贸易总额的0.3%和0.7%。发展文化贸易不是欧盟成立的初衷,但参与文化政策的制定和实施,是欧盟发展到一定阶段的必然要求,也是其文化产业发展的必然趋势;对于成员国而言,将部分文化领域的主权让渡给欧盟也是出于对国家利益的考量。在制定和执行文化贸易政策上,欧盟通过建立内部认同、促进文化产品内部流通和出口来推动贸易自由化。欧盟关于文化的贸易战略可以总结为文化贸易内部自由化和外部限制双轨制。

(1) 对内追求文化贸易自由化与文化多样性的统一。

追求文化贸易自由化与文化多样性的统一,一直是欧盟制定文化政策和文化贸易政策的宗旨,在基础条约中这二者总是相互交融,并且要求在其他领域政策的制定中要将这二者纳入考虑范围。加尔佩林(Galperin)等人曾说道,平衡经济一体化与文化多样性并不矛盾,欧盟视听服务自由化有利于欧盟共同文化遗产的发掘和产品保护①,从而营造单一的欧盟视听空间,该统一市场下的视听产品的规模经济将与美国的媒体产品形成有效抗衡。

在基础条约和一些二级立法规定中,欧盟通过出台区域内人员、资本、服务自由化等系列政策,有效推动区域内文化贸易的发展,使欧盟区域内文化产品流通和文化服务供给的发展环境优化、政策导向更加明确。2010年,欧盟议会和理事会出台视听媒体服务合作指令,统一各国立法和实践,对涉及广播电视播出与跨界收听、广告内容、电话购物、少数者保护等一系列问题进行协调,进一步规范了欧盟境内视听服务的发展。

---

① 宁玲玲. 论美国政治一体化的宗教文化基础[M]. 北京:世界图书出版公司,2013.

(2) 对外实行文化贸易限制政策。

欧盟在大力推进内部市场自由化的同时,高度警惕外来文化产品的输入。欧盟文化产业及其输出在国际文化贸易中居于前几位,但在电影媒体方面,美国影片的票房收入占据了欧盟影院收入的大部分,面对这一严峻的形势,欧盟在视听媒体服务指令中进行了荧屏配额限制,对播放欧盟电影的最低比例做出了规定。与美国在国际文化贸易中推行贸易自由化相反,为了使得美国文化产品对欧盟的输出得到控制,欧盟推行"文化例外"和"文化多样性"政策,在文化产品准入方面实施保守的政策措施。欧盟限制措施主要涉及补贴、税收、市场准入、许可、国产内容配额以及知识产权制度等方面。欧盟关于对外输出的文化贸易政策主要是通过在贸易协议中附加文化条款来实现的,主要针对伙伴国的文化遗产保护、文化交流等进行规定。

3. 韩国

为了扭转亚洲金融危机带来的巨大冲击和严重的经济衰退,韩国政府将文化产业作为国民经济的支柱产业,希望通过发展文化产业带动经济复苏。经过十几年的发展,1998年,韩国成为全球五大文化产业国之一,在国际文化贸易中占有5%的市场份额。韩国文化贸易之所以能够取得骄人的成绩,除了文化产业的蓬勃发展,还要归功于政府的政策支持(见表7-1)。

表7-1 韩国政府文化产业政策层面宏观构架表

政策	政策法规	支持资金	机构	园区
建立奖励机制	《文化产业振兴基本法》	文艺振兴基金	韩国文化产业局、文化产业支援机构协议会	10多个文化产业园区
开拓国际市场	《文化产业发展5年计划》	文化产业振兴基金	游戏综合支援中心	10个传统文化产业园区
开展跨国生产合作	《文化产业发展推进计划》	信息化促进基金	游戏技术开发资源中心	1—2个综合文化产业园区
建立区域"前沿据点"	《影像振兴基本法》	广播发展基金	游戏技术开发中心	—
加强流通现代化建设	《著作权法》	电影振兴基金、出版基金	韩国文化产业振兴委员会、韩国文化产业振兴院	—

注:资料来源于昝胜峰的《文化经济学》(中国人民大学出版社,2005年)。

对内制定"文化立国"战略和与之相关的法律法规。1998年,金大中总统上任之后就宣布,"21世纪韩国的立国之本,是高新技术和文化产业"。韩国政府正式确定将低耗、无污染、具有创新创意的文化产业作为21世纪国家经济发展的重点产业,并发布了《国民政府的新文化政策》。此后,韩国相继从政策、资金等多方面给予文化产业发展保障,将文化产业推向了快速、健康的发展道路。1999年,韩国政府制定了《文化产业振兴基本法》,为文化产业发展制订中长期计划和目标,这是关于文化产业的综合性法规,正式从法律方面为文化产业的发展提供保障。

加大对文化贸易的投资和国际营销。为了有效解决金融支援问题并激活文化创意贸易投资,韩国政府实行金融支援制度。韩国政府推出完片保证制度。完片保证制度是针对电影行业的一种担保一部电影按照预定计划拍摄完成的保险业务。同时为了有效开拓国际市场,利用文化相似性和地缘性,韩国政府将发展与东亚地区的中国、日本等国家之间的文化贸易作为走向国际市场的阶梯,大力发展文化贸易。韩国发展国际文化贸易的政策措施主要有以下几点:①加大市场调研力度,有针对性地开发适销对路的产品;②积聚力量打造名牌产品,实现名牌效应;③在具有战略意义的文化出口地区建立"前沿据点";④通过举办和参加国际性展销会,支持文化产业实现跨国生产合作;⑤以"选择和集中"为原则,加强对指向性文化商品出口的资金支持;⑥为提高文化企业的积极性,制定出口奖励制度;⑦构建海外营销网络等。

四、我国文化贸易发展路径

各国文化产业的发展推动国际文化贸易规模日益扩大,世界文化贸易总额增长迅猛。以电视节目为例,2014—2022年,我国进出口贸易总额年均增长速度为负(见表7-2)。在这一大背景下,随着文化产业的发展,我国文化贸易发展也有待提升。

表7-2 2014—2022年我国电视节目贸易进出口总额(单位:亿元)

年份	2014	2015	2016	2017	2018	2019	2020	2021	2022
出口总额	20.90	9.94	20.99	19.03	36.06	16.43	9.62	13.31	6.92
进口总额	16.98	2.95	8.15	8.15	8.07	3.38	3.79	6.31	3.31
进出口总额	37.88	12.89	29.14	27.18	44.13	19.81	13.41	19.62	10.23

注:数据来源于历年中国统计年鉴。

(一)发展战略

制定发展战略是实现发展目标的前提和重要保障。《中共中央关于深化文化体制改革 推动社会主义文化大发展大繁荣若干重大问题的决定》提出建设社会主义文化强国的目标,并将推动中华文化走向世界作为战略任务。党的二十大报告指出建设社会主义文化强国必须围绕的核心任务,即举旗帜、聚民心、育新人、兴文化、展形象。这些任务的提出,体现了党对文化工作的全面规划和部署,旨在通过多方面的努力,不断提升国家文化软实力和中华文化影响力。在未来的发展中,我国文化贸易的发展将努力实现从以功能类产品贸易为主,向各类产品贸易平衡发展的转变,从以文化产品为主,向产品与服务并重的转变,进一步提升对外文化贸易的质量、效益和文化影响力,加快实现由文化贸易大国向文化贸易强国的转变,为国家经济发展、文化软实力提升、人民文化生活丰富和人类文化多样性发展做出更大的贡献。中国的对外文化贸易发展要充分利用好两种资源(国内资源和国外资源)和两个市场(国内市场和国际市场),提升在价值链中的地位,在国际竞争与合作中实现互利共赢和利益最大化,具体战略措施主要包含以下几个方面。

1. 深化文化体制机制改革并防范安全风险

继续深化文化体制机制改革,释放文化产业发展活力,进一步改革部分行业的准入制度、视察制度。政府部门做好政策制定与实施服务工作,简政放权,为文化企业发展营造良好的政策环境,完善对外文化贸易政策,出台出口文化产品和文化服务优惠政策,提高国际文化市场份额,增强国际竞争力。与此同时,积极防范文化安全风险,设定文化安全警戒线,并建立文化安全风险应对机制,加强国际合作与交流,积极参与多边文化机制建设以利用多种平台保护我国文化安全。

2. "引进来"和"走出去"双管齐下

有机结合"引进来"和"走出去",不断创新利用外资的机制,建立外资溢出效应评估机制,通过对外资进行甄别以提高引进外资的质量。支持外资企业在我国设立创意设计中心以引进先进技术和创意,通过境外上市、发行境外债券、鼓励国外风险投资等,创新利用外资方式。与此同时,鼓励中国文化企业"走出去",培育大型跨国文化企业集团,塑造中国文化品牌,设立专项海外文化投资基金,支持跨国企业拓展业务链,协助构建海外文化产品营销渠道,鼓励企业通过独资、合资、并购等方式,建立出版集团、电影院线、剧场等。

3. 支持发展文化服务贸易并建立国家创意机制

积极支持文化服务贸易发展,不断扩大贸易规模,推动文化服务贸易和文化产品贸易平衡发展。在逐步开放边缘文化领域教育、体育和建筑等的基础上,推动文化服务领域对外开放稳步提高,进一步深化内容领域视听、出版等的对外开放程度。建立国家创意机制成为推动我国文化贸易结构转型升级的迫切要求,这将有助于推动科技与文化的融合和互动,能够为我国文化产业和文化贸易的发展提供不竭动力。国家创意机制包含创意人才培养机制、文化创意库工程、资金保障机制、法律机制等。

4. 进行文化贸易战略布局

就国内各地区而言,要充分发挥比较优势,准确定位本地区文化产业和贸易领域,形成分工合理、有序发展的局面。自2008年起,国家层面先后通过长三角、珠三角、北部湾经济区、黄三角、山东半岛蓝色经济区等的30多个区域发展规划,构建起中国经济社会文化发展的版图。各区域在研究比较优势的基础上找准定位、明确分工、大力发展各具特色的优势出口行业,形成对外文化贸易协调发展的局面。东部发达地区着重发展传媒、出版、视听等内容领域,不断提高内容领域的国际竞争力,着力打造"设计之都""媒体艺术之都"等世界知名城市。中西部地区加强民间文化资源挖掘,不断提高旅游、节庆会展等的文化含量,创建对接平台,将文化输出与观光旅游等结合起来,打造一批"音乐之都""民间艺术之都""烹饪美食之都"等。

5. 构建国际文化贸易版图

支持企业和国际贸易组织对世界上主要国家和地区的文化消费习惯和偏好进行研究,确定重点目标市场并根据其特点进行市场细分,进行有针对性的产品研发和服务设计。针对日本、韩国、新加坡等周边国家,着重研究文化的共通性,重点输出传统工艺、艺术品、影视作品等。针对欧美、非洲等地区的文化类型迥异的国家和地区,打造既具有浓郁中国文化特色又能体现全人类共同价值的影视产品。在文化商品设计方面,有效吸收出口地文化元素、文化符号,降低文化折扣。习近平总书记在2013年9月和10月先后提出共建"丝绸之路经济带"和"21世纪海上丝绸之路"的重大倡议(以下简称"一带一路"倡议)。"一带一路"倡议是促进全球和平合作和共同发展的中国方案,是依靠中国与有关国家既有的双多边机制,借助既有的、行之有效的区域合作平台,旨在借用古代"丝绸之路"的历史符号,高举和平发展的旗帜,主动地发展与沿线国家的经济合作伙伴关系,共同打造政治互信、经济融合、文化包容的利益共同体、责任共同体和命运共同体。我国文化贸易的发展要与"一带一路"倡议相结合,积极拓展贸易空间。

6. 加强文化产业监测评价

制定科学合理的产业政策的前提是对产业做出科学的发展评价。统计数据的搜集和整合是产品评价所必需的。而目前,我国涉及文化贸易统计的部门有国家统计局、海关总署、商务部、国家外汇管理局、文化和旅游部等,各部门主要针对管辖领域根据各自的分类标准进行统计,相关统计一般只涉及价值量,对文化受众数量、文化贸易的文化影响力的评估不足。同时,在新媒体领域和文化服务领域的统计方面较为薄弱,互联网下载、光盘销售以及文化服务的细分领域的统计工作有待深入。我国亟待建立多部门协同的文化贸易统计评价体系。

7. 增进对外文化交流

对外文化交流能够有效促进文化贸易的发展。应通过政府推动、企业参与等方式,推动对外文化交流方式实现多元化,将文化贸易与对外文化交流相结合、传统文化与现代文化相结合、引进与输出相结合。具体而言,可采用以下文化交流方式。

(1)继续发挥孔子学院、双边文化年等平台作用,鼓励地方政府根据地方特色开展专题性对外文化交流活动。

(2)培育和发展市场化发展较好的中介组织,使其成为文化企业"走出去"的桥梁。

(3)利用展览会、博览会等展示交易平台,通过参加国际展览、打造本土国际展览品牌等推动文化企业走向国际市场。

(4)加强与境外媒体的合作,扩大国产内容的境外播放空间,加强我国文化形象推广。

(5) 推动国际人才交流，积极引进文化产业技术和管理人才，制订文化产业人才交流计划。

（二）发展路径

在国际文化贸易中，贸易路径的丰富度与贸易流量成正比。在我国的国际文化贸易发展中，拓展多元的对外文化贸易渠道将有效提高我国文化产业的国际竞争力。

1. 直接出口文化商品

直接向国外出口图书、报刊、音像制品、艺术品等具有独立物化形态的文化商品，一直是我国文化产品、文化企业"走出去"的主渠道，应进一步拓展这一渠道空间，扩大出口范围。在财政支持和投入上，要加大对文化产品翻译的投入，打破语言障碍，推动中国文化走向世界，提高出口地消费者对我国文化产品和文化服务的接受度。同时，可以通过在国外设立中国文化传播机构，促进国外民众对中国传统文化的了解，激发他们对中国文化的兴趣，为我国文化产品和服务的消费提供背景支持。

2. 发展服务贸易

应将文化产业领域的设计、会议服务、展览、表演、咨询等非生产制成品作为文化服务向其他国家和地区出口。济南市杂技团杂技剧《粉墨》将济南市杂技团的金牌杂技节目与经典京剧剧目巧妙结合，全剧共分为薪火、醉酒、夜深沉、大闹天宫、三岔口、洛神、白蛇传、钟馗嫁妹、战鼓九个演出单元，将家喻户晓的中华传统故事和济南特有的历史文化以杂技艺术的形式表现出来，突出了杂技艺术的精美。该剧自2008年4月28日首演以来，截至2012年底，累计演出近600场，观众45万人次，开创了济南市专业艺术院团同一个剧目同一个地点连续演出场次的最高纪录，取得了经济效益和社会效益的双丰收，成为济南市的一个重要文化旅游演艺品牌。这一剧目的海外市场开发也卓有成效，但与成功的国际化演艺剧目的推广相比，还有较大差距。而在国内，这样优秀、成熟的剧目还有很多，亟待拓展国际文化市场。

3. 国际合作研发

应推动我国文化企业与外国文化公司合作开发新产品、新项目和新技术，从而共享文化市场。例如，通过与时代华纳合作，中央电视台成功进入美国纽约、旧金山和休斯敦的有线电视网与饭店网络，有力地传播了中国文化。中国与韩国在影视制作方面的合作较多，一些影片通过中韩合作，其故事往往跨越两个国家，演职人员由中国和韩国演员构成，这对两个国家的消费人群都有较高的亲和力和吸引力，从而赢得了两个市场，获得了较好的经济效益和社会效益。这方面，中国的派格传媒做出了有益的尝试，并取得了巨大成功。因此，我国有必要出台相关政策措施，支持条件成熟的文化企业加强国际文化合作。正如派格传媒的相关负责人所说，"立足亚洲，用亚洲的人，拍亚洲的电影,给亚洲人看,本土的品牌做强大了,自然就会引起国际的注意,自然就国际化了"。

4. 委托国际代理

我国文化企业可以通过委托国际代理公司和中介机构来加强文化产品和文化服务的国际销售。这一路径的好处是成本低、市场风险小,缺点是国内产品提供商只能获得微薄的利润,利润的绝大部分让国外代理商占有了。在文化产品和服务出口发展初期,这一渠道将为文化企业拓展国际文化市场及初步建立国际品牌知名度提供便利。例如,中国剧目《太极时空》在进入欧洲市场时,通过荷兰星辰国际娱乐公司委托代理取得了巨大成功。

5. 境外兼并控购

我国文化企业可以通过收购外国的公司,利用其人员、品牌和销售渠道直接进入外国市场。发达国家的文化企业已经将这种手段运用得炉火纯青。我国文化企业在境外兼并控股方面做了诸多有益探索,其中华钦科技收购 Shell Infotech 的案例尤为突出。华钦科技是一家专注于提供IT咨询管理服务的企业,为了加速在东南亚的业务扩张,它通过全资子公司 Ridik 收购了新加坡领先的 IT 咨询管理服务提供商 Shell Infotech 的所有股权。此次收购不仅为华钦科技带来了优质客户与技术资源,还显著扩大了其在东南亚的业务范围,符合其亚太增长战略,彰显出其强烈的全球扩张决心。这一案例体现了我国文化企业积极寻求海外发展机会,通过境外兼并控股实现业务增长和文化输出的能力。

6. 境外直接投资

在对相应国家和地区进行深入了解并适应其经营规则和竞争条件的基础上,文化企业在境外设立分公司或分支机构也是国际文化贸易发展的一条渠道。2014年的相关统计数据显示,从行业分布看,中国对外直接投资涉及28个行业,并购涉及16个行业大类,建筑业、文化产业是投资增速最快的领域,分别同比增长129.1%和102.2%。但中国部分文化企业国际化战略不清晰,准备不足,存在盲目国际化倾向;对国际化过程中可能产生的风险虽有意识,但防范措施不力;中小型文化企业对外直接投资、融资渠道狭窄,融资成本较高;部分文化企业在对外直接投资过程中缺乏合作;国际化专业中介服务机构的力量没有得到充分利用;应对及处理东道国复杂政治社会关系的能力有待提高。这些问题的解决,既需要文化企业自身的努力,同时也需要政府部门给予支持和帮助。

7. 发展出口基地

所谓"出口基地",是指出口规模优势突出、带动示范效应明显,具有相对完善的产业链和配套体系的产业集聚区。2010年以来,我国许多地区把建设出口基地作为稳出口、调结构的重要抓手,依托地方产业特色,先后建立了国家级、省级和市县级出口基地。2011年,在原有国家级出口基地建设基础上,商务部又推出外贸转型升级示范区,作为探索转变外贸发展方式的新途径。针对文化贸易出口地,我国文化企业可以通过建立专营中国文化产品和文化服务的平台,如中国音像城、中国书城、中国艺术城等,也可以发挥资本集中的优势,打造中国文化品牌,增强市场影响力。

复习与思考

一、重点概念

文化安全;文化折扣;文化贸易保护

二、思考题

1. 请概述我国文化贸易发展情况。
2. 请简述文化贸易保护措施。
3. 请简述文化贸易的发展战略及发展路径。
4. 请围绕如何维护国家文化安全进行论述。

第八章
文化经济增长与管理

本章概要

随着全球化的深入和科技的进步,文化产业已成为推动经济增长的重要引擎,厘清文化经济增长理论渊源及文化经济增长的制约因素,有助于推动文化产业持续健康发展,为经济增长和社会进步提供理论支撑。文化经济管理是一个涵盖了文化经济运动控制的过程系统、行为体系以及由此衍生出的制度和法律体系的综合性概念。它是文化经济运动和发展过程中,因应自身发展需求而自然形成的一种内生性机制,呈现出明确的客观规律性。这一领域的研究与学说,共同构建了现代文化经济管理科学的学科特色。文化经济管理不仅是文化经济运动现代化发展的产物,还是推动现代文化经济增长及运动向前迈进的重要动力之一。

知识导图

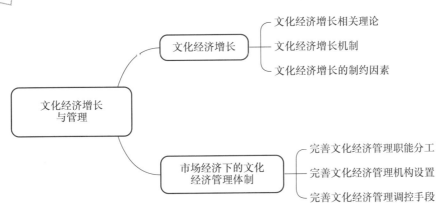

第一节　文化经济增长

　　文化经济增长通常指的是一个国家或地区文化产业的发展和壮大,以及其对整体经济增长的贡献①。这种增长可以体现在多个方面,包括但不限于文化产业的产值增加、文化产品和服务出口的增长、文化消费的扩大等。文化经济增长对一个国家或地区的经济社会发展具有重要意义。文化经济增长是一个综合性的过程,需要政府、企业和社会各方的共同努力和支持。制定科学的文化产业发展战略、优化文化市场环境、加强国际交流与合作等措施,可以推动文化产业的发展,实现文化经济增长的目标。

一、文化经济增长相关理论

(一)古典经济增长理论

　　经济增长是经济理论最基本的范畴,是一切社会形态存在和发展的物质前提和经济基础②。围绕经济增长的研究可追溯至历史的早期阶段,随着古典经济学相关理论的构建与发展,围绕经济增长的系统性研究得以展开。

1. 重商主义与重农主义学派关于经济增长的认识

　　重商主义是资产阶级最初的经济学说,它产生并发展于欧洲资本原始积累时期,反映了这个时期商业资本的利益和要求,它对资本主义生产方式进行了最初的理论考察。重农主义把研究对象从流通领域转向生产领域,法国重农学派的布阿吉尔贝尔把研究领域局限于农业生产领域,认为只有农业部门才是唯一创造财富的生产部门。虽然重农学派在政治经济学的研究上取得了成就,提出了"劳动创造价值"和其他一些重要的经济观点,但由于其研究领域的局限性及其缺乏较完整的理论体系,因而没有确立真正独立的政治经济学。

　　早在古典经济学产生以前,人们就开始探讨经济增长的原因。重商主义者认为经济增长的本质是货币财富的积累,要想增加财富就要加大对外贸易中的出口份额,依靠贸易的出超不断增加贵金属的存量;而重农主义者则认为只有农业才是生产,一国经济增长与否由农业收成的多寡决定,只有大力发展农业才能增加社会财富。

---

① 鲁婧颉,随洪光,周瑾.文化消费与经济增长质量提升[J].南开经济研究,2021(5).
② 杨瑞龙,周业安.经济新常态下的中国经济增长[M].北京:中国人民大学出版社,2019.

2. 亚当·斯密的经济增长理论

对于国民财富的看法,重农学派认为纯农产品是重要的财富,重商主义者认为贵金属是国家财富的象征,而亚当·斯密指出,贵金属的高价值可能并不是任何特殊国家贫困或富裕的证明,它仅仅证明向商业世界提供贵金属时期所发现的金矿的贫瘠。对亚当·斯密来说,国民财富不是用贵金属的价值来衡量的,而是用一国土地和劳动年生产物的可交换价值来衡量的。今天宏观经济学理论中所用的"GDP"概念是指一定时期内一国生产的最终产品和提供服务的市场价值的总值。可见亚当·斯密对国民财富的定义与"GDP"这一概念的含义很接近。我们的经济增长理论也是在这个概念的基础上进行讨论的。亚当·斯密是最早在理论上系统研究经济增长问题的经济学家,其划时代的著作《国富论》全面论述了经济增长的性质、因素,以及为经济增长创造有利条件的方法。亚当·斯密认为,经济增长是人均产出的增加,或劳动产品即社会纯收入的增加。亚当·斯密将经济增长因素归结为五个方面:劳动、资本、土地、技术进步和社会经济制度环境。

3. 大卫·李嘉图的经济增长理论

大卫·李嘉图从考察经济增长问题转向收入分配问题,着重分析地租、工资、利润等收入的变化规律,以及其分配比例是如何通过影响资本积累从而影响经济增长的。

大卫·李嘉图认为推动经济增长的主要原因是资本家将其净收入中除消费外的剩余部分追加投入生产中,由此形成了资本积累。经济剩余多,用于再生产上的资源就越多,生产能力扩大就快,生产增长率也快。同时,他还认为土地、劳动、资本的边际产量均递减。由于边际收益递减,生活资料价格上升,则工资的自然价格提高,地租率提高,利润率必然下降,利润在收入分配中的比率相应下降,资本积累进而趋于萎缩,经济增长放慢。因此,任何促进边际生产率提高的措施都会提高利润,从而提高资本形成率,加快经济增长。

4. 马克思的经济增长理论

西方经济学家所说的马克思的经济增长理论指的是马克思的社会资本再生产理论。马克思创立社会资本再生产理论的过程就是创立经济增长理论的过程。

马克思在经济思想史上第一次制定了社会总资本再生产和流通的科学理论体系。这一理论体系批判地继承英国和法国古典经济学有关理论遗产的成果,也是批判斯密教条的成果。马克思着重研究了社会资本再生产的核心问题,即社会总产品如何在实物形式和价值形式上补偿的问题。

马克思创立社会资本再生产理论时,科学地建立了两个基本前提。这两个前提曾经是长期困扰英国和法国古典经济学家的难题。前提一是社会总产品在价值形式上由不变资本、可变资本和剩余价值三个部分构成,前提二是社会总产品在实物形式上由生产资料的第一部类和生产消费品的第二部类两个部分构成。

(二)现代经济增长理论

1.哈罗德—多马经济增长模型

(1)哈罗德模型的基本假设与逻辑。

哈罗德从一个只生产一种产品,使用劳动(L)和资本(K)两种生产要素的封闭经济系统开始分析。在这个经济系统中,储蓄(S)与国民收入(Y)存在某种简单的固定比例关系,即$s=S/Y$,s表示边际储蓄倾向,也表示储蓄率;单位产出增加所需的资本量不变,也就是说规模报酬不变(或者说资本产出比不变);劳动力的增长率是外生变量。他进一步假定资本与劳动之间不能相互替代,也就是说,不存在技术进步;不存在政府干预和国际贸易。在这些假定条件下,哈罗德从充分就业的初始状态着手分析经济增长现象。

哈罗德提出了实际经济增长率、有保证的经济增长率和自然经济增长率三个概念。根据凯恩斯经济学的总量模型,即总投资等于总储蓄,可以得出有保证的经济增长率;由社会上众多独立生产者分散活动的结果所产生的有效需求,决定了实际经济增长率;如果把人口和技术等因素的变化考虑进来,就是自然经济增长率。一个国家或地区的国民经济要实现理想的长期增长,就必须保证实际经济增长率、有保证的经济增长率及自然经济增长率三者相等。

(2)哈罗德模型的主要内容和结论。

哈罗德把实际经济增长率定义为$G=S/V$,G表示国民收入的增长率$\Delta Y/Y$;把有保证的经济增长率定义为$G_w=S_d/V_d$,S_d表示人们的意愿储蓄率,V_d表示追求利润最大化的厂商满意的资本-产出率;自然经济增长率是指潜在的最大的经济增长率,是在充分就业的情况下,适应劳动力增长、技术进步和资本积累等的最大增长率,即$G_n=n+a$。其中,n代表劳动力增长率,即劳动力人口(通常指工作年龄人口)的增长速度。劳动力是经济增长的重要生产要素之一,劳动力增长率的快慢直接影响到经济产出和增长潜力。a代表技术进步率。技术进步的提高可以推动经济增长,因为它们能够提高单位劳动力的产出水平,从而增加经济总量。哈罗德认为,假定经济一开始处于充分就业状态,要保持长期充分就业,就必须保证$G=G_n$;要保持稳定的经济增长且充分利用生产能力,就必须保证$G=G_w$。如果实际经济增长率大于有保证的经济增长率,投资就会超过储蓄,引发通货膨胀;反之,投资就会小于储蓄,引起失业。如果自然经济增长率大于有保证的经济增长率,经济增长就不会受到劳动力和技术的限制,经济出现长期繁荣的趋势;相反,经济增长就会受到劳动力和技术的限制,经济则出现长期停滞。这样,哈罗德提出了一个国家或地区长期保持充分就业的稳定经济增长的实现条件,即$G=G_n=G_w$。

哈罗德的理论集中在有保证的经济增长率上。他指出,由于乘数原理和加速数原理的共同作用,一旦$G\neq G_n$或$G\neq G_w$,就无法调整到均衡状态,而且二者之间的背离会越来越大,任何高于均衡经济增长的实际增长速度都会不断增加,任何低于均衡经济增长的实际增长速度都会不断减少,结果是经济停滞或长期通货膨胀。因此,经济增长具有内在的不稳定性。多马模型表示为 $G=S\times\sigma$。式中,S 为储蓄率,σ 为资本产出率(一单位资本的产出率),即哈罗德模型中资本产出率的倒数。因此,哈罗德经济增长模型与多马经济增长模型的形式和结论极为相似,且提出的时间也相近,故一般将二者合称为"哈罗德—多马经济增长模型"。

2. 索洛新古典经济增长理论

哈罗德和多马虽然承认资本劳动比和资本产出比实际上是变化的,但是他们在分析中却假定它们是固定不变的,也就是说假定生产技术固定不变。这一假定排除了技术进步对经济增长的影响,从而把经济增长的解释变量限定为资本积累和人口增长。这一点受到许多经济学家的诟病,罗伯特·默顿·索洛(Robert Merton Solow)于1956年修正了这一假定,以总量生产函数为基础,提出了新古典经济增长理论。

(1)新古典经济增长理论的基本假设以及主要内容。

索洛认为,除了资本产出比不变,哈罗德—多马经济增长模型的其他所有前提假设都可以采纳。索洛采用的基本方法是把因技术变化而导致的劳动生产率的变化,与因人均资本变化而导致的劳动生产率的变化分离开来。他以完全竞争为前提,劳动、资本和商品市场处于竞争均衡状态,各种生产要素的报酬等于其边际产品,劳动投入与资本投入存在某种正的且平滑的替代弹性。索洛通过总量生产函数,把产出与资本和劳动的投入联系起来了。具体地说,他假定:资本与劳动存在替代关系,因而资本劳动比率可变;产出的增长主要由资本和劳动两种生产要素所推动,资本和劳动的产出遵循边际生产力递减规律;市场是完全竞争的,价格机制起着主要的调节作用,资本和劳动可以通过市场竞争实现替代;存在技术进步,但是,技术进步系数是一个有着固定趋势的常数,也就是说,技术进步属于"哈罗德中性",技术的变化不影响资本产出比,因而,规模收益保持不变。

(2)新古典经济增长理论的基本结论。

新古典经济增长理论认为,经济体系的增长源于人口增长和技术进步等外生因素,没有这些因素,经济将无法实现持续增长。发达国家或地区由于资本充裕,资本的边际生产力较低,而比较落后的国家或地区的资本稀缺,资本的边际生产力较高,资本将从发达国家或地区流向比较落后的国家或地区。这样,随着经济发展,各个国家或地区的经济增长将趋同,各个国家或地区政府的政策对经济的长期增长没有影响。

新古典经济增长理论把总量生产函数与储蓄率不变的假定相结合,构建了一个简单的经济增长的一般均衡模型,换个角度说,它是从供给方面分析经济增长的,这是它与哈罗德—多马经济增长模型的主要区别。新古典经济增长理论与哈罗德—多马经济增长模型的另外一个主要区别是它允许资本与劳动之间的相互替代。新古典经济增长理论的主要贡献在于把经济增长研究的重点明确地转到技术进步上来,强调了技术进步对经济增长的主要推动作用。

新古典经济增长理论的一个主要特征是生产要素的边际收益递减,因此,在没有技术进步的情况下,长期的人均经济增长率趋于零。也就是说,长期持续的经济增长只能用外生的技术进步来解释。

(三)新经济增长理论

新经济增长理论又称"内生经济增长理论",是由经济系统内部因素引起经济增长的模型框架,实际上就是把新古典经济增长理论下的外生的技术进步内生化。准确地说,新经济增长理论是由一些持有相同或相似观点的众多增长模型组成的松散集合,它不像新古典经济增长理论那样有一个基本的模型框架。

1. 新经济增长理论的基本逻辑

新经济增长理论仍然假设经济增长只依靠资本积累来驱动,这里的资本包括物质资本(机器设备)、人力资本(技能)和知识资本(技术)。新古典经济增长模型被称为"外生经济增长模型",是因为它关注的是物质资本的积累。但物质资本受到规模收益递减规律的影响,当资本劳动比率达到一种稳定状态时,人均资本就停留在某一水平,经济处于稳定状态。当经济处于稳定状态以后,经济增长只有通过外生变量(如外生的技术进步等)才能驱动。要想将长期增长率内生化,就必须抛弃资本积累的规模收益递减规律。

2. 新经济增长理论的主要内容

新经济增长理论大体上是沿着两个方向发展的:一是把知识积累看作经济增长的原动力;二是将资本作为增长的关键,这里的资本既包括物质资本,也包括人力资本。第一种发展方向基本上是沿着阿罗的干中学模型进行发展的,代表人物有保罗·罗默、格罗斯曼等。第二种则是对舒尔茨等人早期构建的人力资本模型的扩展,代表人物有卢卡斯、曼昆等。

阿罗把技术进步视为资本积累的副产品,实物资本存量增加的同时,知识水平也会提高。在完全竞争的假设前提下,厂商可以通过积累生产经验提高其劳动生产率。同时,其他厂商可以通过学习该厂商的经验来提高生产率。因此,投资能够产生溢出效应。在阿罗的模型中,整个经济系统是按规模收益递增原则运行的,这种收益递增对单个企业来说则是外在的,这决定了竞争均衡的存在。但是,持续的人均增长必须用外生的人口增长来解释。

保罗·罗默于1986年提出了知识溢出模型,该模型对阿罗的干中学模型做出重大修正和改进。在罗默的基础模型中,知识是生产函数中的一个独立变量。罗默认为,作为经济增长源泉的技术进步是经济系统的内生变量,由于外部性的存在,物质产品的生产具有规模收益递增的特点。但是,知识的私人边际产出低于社会最优的边际产出,因此,竞争均衡下的经济增长率低于社会最优的增长率。

另一种重要的内生经济增长理论模型是人力资本溢出模型。20世纪60年代,宇泽弘文根据舒尔茨的人力资本理论,构建了一个两部门模型,强调人力资本在经济增长中的作用。他假定经济体中存在一个生产人力资本的教育部门,从而把物质资本和人力资本都纳入模型,但是,这两种资本投资的私人收益和社会收益仅仅取决于这两种资本存量的比率。尽管该模型不存在收益递增和外部性,但是,他假定教育部门的生产函数是规模收益不变的线性形式,因此,即使经济系统中不存在任何固定的生产要素,也能实现平衡增长。卢卡斯吸收了宇泽弘文的建模思想,但是放弃了两部门结构,把舒尔茨的人力资本理论和索罗模型相结合,构建了人力资本溢出模型。他把人力资本看作索罗模型中技术进步的另一种形式,整个经济系统的外部性是人力资本的溢出效应导致的。

3. 新经济增长理论的基本结论

新经济增长理论是对传统经济增长理论的一次重大修正。与新古典经济增长理论相比,新经济增长理论认为:第一,经济增长是经济系统中内生因素作用的结果,在存在外部性或垄断因素的条件下,经济可以实现持续的均衡增长,但是,这种动态均衡是一种次优增长,只有通过政府的干预,消除市场机制造成的资源配置扭曲,才能实现帕累托最优;第二,技术进步是追求利润最大化的厂商进行投资的结果,这种内生的技术进步是经济增长的决定因素,技术(或知识)、人力资本的溢出效应是经济实现持续增长的不可或缺的条件;第三,经济政策(如税收政策、贸易政策、产业政策等)能够影响经济的长期增长率,通常情况下,政府为研发、教育和培训等提供补贴能够促进经济长期增长。

二、文化经济增长机制

(一) 文化产业创意化

在文化经济领域中,"创意"这一概念通常与"文化创意"紧密相连。所谓"文化创意",是建立在深厚文化底蕴之上,由创意人员凭借丰富的想象力,通过一系列创造性活动所诞生的新颖、独特的创意内容。这一过程不仅能够为创意企业注入新的活力,更能够为其带来潜在的经济利益①。

1. 文化创意区对当地经济的影响不容忽视

众多文化企业、非签约文化从业者和文化服务机构聚集于此,形成了直接和间接

---

① 林明华,杨永忠.创意产品:文化、技术与经济的融合物[J].科技进步与对策,2013(7).

的消费效应,共同推动着当地经济的发展①。直接消费主要指的是创意区内文化机构对商品和服务的购买行为,同时也包括了非签约艺术家在当地的创作活动。尽管这些消费数据难以精确统计,但我们可以通过问卷调查等方式进行估算。值得注意的是,在统计过程中,需要排除购买外部地区商品和服务所产生的费用,以确保数据的准确性。这些外部购买,如一家文化机构装修用的外地材料或画家购买的进口颜料,不能计入直接消费,而应视为"漏出量"。漏出量的占比越高,说明创意区对当地经济的直接刺激作用越小。

然而,文化机构的经济影响远不只表现为直接消费。它们的购买行为会促进其他当地企业的生产和销售,从而引发更多的经济活动。以一家文化机构印刷广告宣传单为例,文化机构需要支付给印刷厂费用,印刷厂则需要购买纸张、油墨等物品,以及支付房租等。这些费用中,如果包含了当地生产的产品和服务,就会对当地经济产生更大的推动作用。同样,如果印刷厂的建筑空间是由当地材料装修而成的,那么印刷厂支付给房东的费用也会带来第二轮的经济影响。这个过程会持续下去,形成一系列的间接消费。此外,文化机构支付给员工的工资也是直接消费的一部分。员工拿到工资后,会在当地进行一系列的消费活动,如购买食品、衣物等,从而进一步刺激当地经济的发展。这种由文化机构生产活动引发的间接消费,也是推动当地经济增长的重要因素。

总的来说,文化创意区通过直接和间接的消费效应,对当地经济产生了深远的影响。然而,这个过程中也存在一些"漏出量",可能会削弱其对当地经济的刺激作用。因此,在规划和发展文化创意区时,应充分考虑如何减少漏出量,提高其对当地经济的贡献度。

2. 乘数效应的应用

作为消费的影响机制,乘数效应是一个重要的经济概念,尤其在评估文化机构对当地经济的影响时。直接观察文化机构的消费相对容易,但估算其间接消费则更具挑战性,因为这涉及消费循环和乘数效应。乘数是一个关键的工具,它可以帮助我们将观察到的直接消费水平转化为文化机构带来的总消费额。这个转化过程是通过一个简单的数学公式实现的,即总消费=直接消费×乘数。

乘数值的变化与当地经济中消费的"漏出"变化方向相反。漏出量越少,意味着每轮消费中更多的资金留在了当地,从而使得间接消费与直接消费之间的比例值增大。乘数(k)与当地再次消费的边际倾向(e)之间的关系可以用公式$k=1/(1-e)$来表示,其中$0<e<1$。这意味着,当e(当地再次消费的边际倾向)增加时,k(乘数)也会增加,进而使得文化机构对当地的总消费额和对当地经济的影响增大。在文化创意区

---

① 黄斌. 北京文化创意产业空间演化研究[D]. 北京大学,2012.

内,如果有 n 个文化机构和 m 个个体从业者,每个文化机构和个体从业者的总消费额分别为 CF^i 和 CI^j,那么文化创意区的总直接消费额就是所有文化机构和个体从业者直接消费额的总和,即 $\sum_{i=1}^{n} CF^i + \sum_{j=1}^{m} CI^j$。

创意区对当地经济产生的影响 U 可以用以下函数表达式来描述,即 $U = k(\sum_{i=1}^{n} CF^i + \sum_{j=1}^{m} CI^j)$。这个表达式综合考虑了直接消费、乘数效应以及所有文化机构和个体从业者的消费贡献,为我们提供了一个全面评估文化创意区对当地经济影响的方法。

3. 文化创意区对社会发展具有深远的影响

当文化创意区成功吸引大量文化机构和独立艺术家时,其不仅提升了城市的整体形象,更成了城市的文化地标,如北京的798艺术区和成都的红星路35号文化创意产业园。这些聚集区的自发形成,通常意味着该地区的生活质量已达到相当高的水平,民众对精神文化产品的需求日益增强,同时社会氛围也更为开放和包容。有研究表明,文化机构的存在常被视为社会文明和文化水平的重要标志[①]。当一个地区拥有众多文化创意区时,这通常表明该地区具有宽松、包容的社会环境,进而能够吸引更多创意人才汇聚于此,共同推动社会的多样性发展和进步。然而,创意人才往往以其独特的个性、非传统的生活方式著称,这可能会对当地社会的传统结构产生一定的影响和挑战。尽管如此,这种冲击也带来了新的可能性,为社会的发展和变革注入了新的活力。

(二) 文化产业集聚化

经济学领域对经济增长的理论研究表明,知识和技术是推动经济增长的核心要素。新经济增长理论特别强调了知识创新和技术进步的报酬递增与正外部性特征,并将这二者作为经济增长模型的内生变量。在这一理论框架下,文化产业集聚现象显得尤为重要,因为它能产生知识与技术的溢出效应。文化产业因其知识密集和高附加值的特性,对经济增长具有显著的促进作用。MAR外部性指出,产业集聚能够带来规模经济,从而促进知识的溢出和区域经济的增长;Jacobs外部性则强调了产业集聚的多样化特征,这有助于形成范围经济;而Porter外部性则认为产业集聚加剧了市场竞争,从而激发了创新,增强了产业的竞争力。文化产业,作为一种以文化和创意为核心的产业,其产品本身就是一种知识的体现。因此,文化产业集聚在产生规模经济效应的同时,也伴随着技术溢出效应和知识溢出效应。此外,从产业集聚的角度看,文化产业集聚还能产生空间溢出效应,对周边地区的经济产生一定的影响。因此,文化产业集聚通过其产生的外部性效应,如规模经济效应、技术溢出效应、知识溢出效应和空间溢出

---

① 荣洁. 中国艺术区变迁研究[D]. 南京:南京艺术学院,2021.

效应等,对经济增长产生了深远的影响。这些效应共同构成了文化产业集聚影响经济增长的作用机制。

文化产业集聚对区域经济增长具有多重效应影响。首先,它会产生极化效应,即某个区域的文化资源中心逐渐扩大竞争优势会吸引文化资源的集中,从而推动规模经济的快速发展和扩张。这种集聚现象会促进相关组织机构的产生和发展,形成良好的市场交流环境。然而,文化产业集聚并非无限制地持续。当集聚达到一定规模后,会出现拥挤效应,对区域经济增长产生一定的阻碍。这时,一些企业开始向外围扩散与拓展,带动周边区域的经济增长,形成扩散效应。这种扩散效应不仅促进了创新理论知识的积累,还推动了产业链的完善,加强了市场机会建设,有效激发了区域文化产业的活力。随着扩散效应的发挥,回波效应也随之产生。社会经济发展具有动态性,导致一部分地区得到优先发展,而其他地区的发展则相对滞后。文化产业集聚于某一地区后,虽然为周边地区带来了一定的发展机会,但周边地区仍会受到回波效应的负面影响。例如,文化产业发展中心的竞争优势扩大,资源流入加剧,会对周边地区造成不利影响;同时,信息不对称也可能导致周边地区对市场反应不及时,从而阻碍其经济发展。因此,文化产业集聚对区域经济增长具有极化效应、拥挤效应、扩散效应和回波效应等多重效应影响。这些效应相互作用,共同影响着区域经济的增长。

对于文化产业集聚与区域经济增长的关系的研究主要从两个角度展开:一是单向探讨文化产业集聚对区域经济增长的影响,二是研究文化产业集聚与区域经济增长之间的耦合效应。

在单向研究方面,Allen(2004)以美国的48个州为样本,通过截面数据实证分析了文化产业集聚对区域经济增长的推动作用。他认为,文化产业的发展通过影响企业投资模式和消费结构,对地区经济增长产生了显著影响。刘立云等人(2012)利用解释结构模型法(Interpretative Structural Modeling Method,简称"ISM方法"),分析了文化产业集聚与区域经济增长的关联效应和波及效应,指出文化产业集聚对整体经济具有强大的拉动作用。喻莎莎(2013)则认为文化产业集聚是提升地区就业率、推动区域经济增长的重要方式,并能带动相关产业发展,形成产业间的互补与合作。杨卫武等人(2015)通过构建计量模型,证实了文化产业集聚对区域经济增长的正向促进作用,但指出其经济增长贡献率存在地区差异。赵星等人(2016)利用我国139个大城市的文化产业数据,研究了文化产业集聚对区域经济增长的影响,结果显示文化产业集聚对区域经济增长具有推动作用,且中部地区的文化产业集聚的促进作用最为显著。王京等人(2023)实证分析了文化产业集聚能够明显提升本区域绿色经济效率,并对邻近地区存在正向空间溢出效应。

在耦合效应研究方面,学者们普遍认为文化产业集聚与区域经济增长之间存在互相促进的关系。杨宇等人(2014)通过建立工业总产值与文化产业集聚指数的计量模型,发现文化产业空间集聚EG指数与工业总产值呈高度正相关关系。颜洋明(2015)

从文化产业集聚与城市经济发展方式、区域资源以及城市经济系统的耦合三个方面,探讨了文化产业集聚与区域经济增长之间的耦合关系。李强等人(2016)基于物理学的"容量耦合"概念,深入探讨了文化产业集聚与区域经济增长之间的耦合机理,指出文化产业集聚对区域经济发展具有促进作用,同时区域经济系统也为文化产业集群的发展提供了有利条件。莫海燕(2021)分析了耦合发展的不同阶段。

综上,文化产业集聚对区域经济增长具有显著影响,二者之间存在耦合关系。这种耦合关系不仅体现在文化产业集聚对区域经济增长的推动作用上,还体现在区域经济增长对文化产业集聚的促进作用上。未来的研究可以进一步深入探讨这种耦合关系的内在机制和影响因素,为文化产业和区域经济的协同发展提供理论支持和实践指导。

(三) 文化的数字化

文化的数字化涉及使用数字技术和信息通信技术来保存、传播、展示和创造文化内容。这一过程不仅改变了文化的生产和消费方式,还深刻地影响了我们对文化的理解和体验。首先,文化的数字化使得大量的文化遗产和历史资料得以保存和恢复。通过数字化技术,我们可以将古籍、古画等文化遗产转化为数字形式,使其免受时间侵蚀和物理损坏。同时,数字化还使得这些珍贵的文化遗产更容易被大众所接触和了解,促进了文化的传承和普及。其次,文化的数字化推动了文化产业的创新和发展。数字技术的运用使得文化产品的创作、生产、分发和消费都发生了革命性的变化①。例如,数字音乐、数字电影、数字游戏等新型文化产品层出不穷,丰富了人们的文化生活。同时,数字化还降低了文化产业的成本,提高了生产效率,使得更多的人能够享受到优质的文化产品。此外,文化的数字化还促进了文化的全球化。通过互联网和社交媒体等数字平台,不同国家和地区的文化可以得到迅速传播和交流,增进了人们之间的理解和友谊。这种跨文化的交流不仅有助于提升文化多样性和包容性,还能够促进不同文化之间的融合和创新。

然而,文化的数字化也面临一些挑战和问题。例如,数字化过程中可能存在信息丢失或变形的情况,以及涉及数字版权的保护、数字鸿沟的消除等方面的问题。因此,在推进文化的数字化的过程中,我们需要关注这些问题,并采取相应的措施来加以解决。

总的来说,文化的数字化是一个不可逆转的趋势。它为我们保存和传承文化遗产、推动文化产业创新和发展、促进文化交流和经济增长提供了新的机遇和挑战。我们需要积极应对这些机遇和挑战,推动文化的数字化进程不断向前发展。

---

① 蔡贺.加快构建新时代数字文化经济发展新格局 努力打造国内领先、国际一流的新型传媒产业集团[J]. 电视研究,2023 (7).

三、文化经济增长的制约因素

(一)资源环境因素

资源环境因素主要体现为自然资源的稀缺性和过度开发。地球上的自然资源如水、土壤、矿产等是有限的,人口增长和经济发展对这些资源的需求越来越大,容易导致资源短缺和环境破坏[①]。过度开发会导致资源枯竭,制约文化经济的可持续发展。

(二)环境污染与生态破坏因素

工业化进程中大量废弃物和污染物的排放,导致空气质量恶化、水体污染等,严重影响了人类健康和人类的生存环境。同时,城市化过程中的森林过度砍伐、湿地破坏,进一步影响了生物多样性,使得生态系统的服务功能下降[②],这些也会制约文化经济的增长。

(三)社会文化因素

1. 社会公平问题

经济发展过程中,城乡差距、地区差距、贫富差距等方面的问题日益凸显。如果这些问题得不到有效解决,会导致社会不公,制约文化经济的可持续发展。

2. 文化传承与创新不足

文化是文化经济的核心要素之一,如果文化传承与创新受到诸多限制[③],难以充分发挥文化在经济发展中的独特作用,会影响文化经济的增长。同时,缺乏创新和创意的文化产品难以满足市场需求,这也会影响文化经济的发展。

(四)政治制度因素

在政治制度因素方面,主要体现为制度创新滞后。制度是经济发展的重要保障,但在一些地区和领域,制度创新滞后于经济发展需求。这制约了文化经济的活力和创造力,影响了文化经济的增长。

(五)经济技术因素

在经济技术因素方面,主要体现为高层次文化产业人才奇缺。文化产业是知识密

---

① 郑润萍.文化资源对农村经济发展的价值研究[J].核农学报,2022(12).
② 谭超,徐运保.乡村振兴背景下乡村生态旅游经济发展——评《地域文化特色中新农村生态旅游设计的保护与开发》[J].广东财经大学学报,2020(6).
③ 范建华,李林江.历史文化资源转化为文化旅游产品的几点思考——以广西花山岩画为例[J].理论月刊,2020(10).

集型产业,需要大量高层次的文化产业人才。如果缺乏懂文化、懂市场、懂技术的人才,就很难推动文化经济的发展。

(六)文化产业与其他产业的融通问题

文化产业的发展需要与其他产业进行融通和合作[1][2],如旅游、教育、科技等领域的相关产业。若文化产业与其他产业之间的融合程度不足,将对文化经济的增长产生影响。

综上,文化经济增长的制约因素涉及资源环境、社会文化、政治制度、经济技术等多个方面。要想推动文化经济的可持续发展,需要综合考虑这些因素,制定有效的政策和措施,如加强人才培养、促进产业融合、推进制度创新等。

第二节 市场经济下的文化经济管理体制

要想构建一个高效、充满活力的社会主义文化经济管理体制,就要确保文化经济能够适应社会主义市场经济的发展,同时也要让市场经济规律与文化生产规律在文化经济领域实现有机结合。只有这样,我们才能推动文化经济管理体制的改革向纵深发展,为文化产业的繁荣发展提供坚实的制度保障。

一、完善文化经济管理职能分工

优化文化经济关系,明确各方职责,是新文化经济管理体制的核心。在这一体制中,各级文化团体将形成科学的职能分工,各自承担特定的职责。

政府机构在文化经济管理中的主要任务包括:①设定目标。根据国家的文化经济发展目标和任务,制定并实施相应的方针、政策、法规,以指导各种形式的文化生产经济活动。例如,对于利用外资发展文化产业和设施,政府可给予适度支持;但对利用外资办报纸,应持谨慎态度。②战略规划。根据文化生产和消费的需求与条件,制定文化经济发展的战略和规划,以规范文化企业单位的行为,实现资源的优化配置,提高文化经济的宏观和微观效益。③关系协调。动态调整文化经济生产和再生产的各环节、

---

[1] 李乔杨,王洁,李朋.接续·创新:文化旅游与经济发展——基于"西江模式"的分析[J].贵州民族研究,2021(4).

[2] 周建新,王梁宇.技术正义与文化正义:文化科技融合的历程与本质——基于马尔库塞社会批判理论的分析[J].山东社会科学,2021(10).

各要素,确保文化经济内在结构的稳定和运行的有序。例如,对于高雅文化与通俗文化的格局、电影生产与影视转播的关系等,政府需采取适当的政策和措施进行协调。④服务提供。为文化基层企事业单位提供良好的经营环境。政府制定的文化经济目标、方针、政策和措施,应基于文化企事业单位的实际情况,反映其合理要求,并通过它们来实现。⑤监督监察。与文化经济相关的行政机构和专业部门共同对文化经济活动进行监察和督导,包括经济监督、行政监督和法律监督。例如,对社会给予文化团体的赞助资金,应加强监督,确保其主要用于推动文化艺术再生产。⑥治理管理。对文化艺术再生产的全过程和文化经济的总体运行进行管辖和治理。政府机构通过指导、规划、协调、服务、监督等方式,对文化经济管理的客体施加影响,及时纠正运行过程中的偏差,确保文化经济运行与国家的文化发展战略和目标相符。

总的来说,在社会主义文化经济管理职能体系中,各级文化团体各自承担着不同的职能。它们相互协作,共同推动文化经济的高效运行,促进文化产业的繁荣发展。

二、完善文化经济管理机构设置

完善文化经济管理模式的社会背景主要源于多个方面的变革与需求。

首先,在社会主义市场经济体系中,文化的发展逐渐展现出产业化的经济特点,这主要得益于社会经济的发展对文化生产力和先进文化创新的推动。这一转变要求文化产业按照公司制的法人治理结构进行深化改革,以便在市场经济中找到壮大文化本体的创新支点。

其次,随着政企分开、企事分离的推进,文化事业单位走向市场是大势所趋。这一变革要求文化产业更加灵活且富有创新精神,以应对激烈的市场竞争。

此外,新的科技发展平台、思维方式、生活质量和消费时尚都在推动作为人类精神文明的重要形式的文化进行创新发展。文化产业作为新世纪的"朝阳产业",在全球经济一体化进程中,必须迅速创造有利于其发展的条件,实现从粗放管理向集约管理的转变。因此,国家在文化经济管理方面所扮演的角色也在发生变化,从过去的"办"文化逐渐转向"管"文化。对于侧重于社会效益的文化事业,政府仍须保持掌控;而对于侧重于经济效益的文化产业,政府应鼓励其面向市场,发挥市场机制的作用。文化和旅游部成立产业发展司正是国家在探索建立新型文化经济管理机构方面所采取的实际行动,标志着国家在这一领域迈出了坚实的步伐。

(一)成立适应现代企业制度的文化国有资产公司

文化国有资产公司,是由政府授权、国有资产控股的特殊企业,专注于国有文化资产的管理、配置、资金筹集、特许经营及中介服务。这种公司的建立,基于政企分离、企事分开的原则,目的是实现社会效益、经济效益、艺术效益三者的有机结合,优化资源配置,提升文化产业的规模、效益、实力和竞争力。

文化国有资产公司的核心职责与权限包括:①资本运作与管理。确保国有文化资产的保值、增值,提供债务担保和风险管理,增强资产的再生能力。②资源重组与配置。参与文化产权交易,进行资产和要素重组,支持文化项目招商引资,组建新的经济增长企业。③资金募集与统筹。发行文化债券,上市融资,争取银行信贷,为文化活动和项目筹集资金。④特许经营与管理。开展连锁经营,参与BOT或ABS项目融资。⑤中介服务与管理。代理运作文化发展基金,提供全方位咨询服务,组建文化中介机构。⑥关联渗透与新增长点。利用新科技,开拓文化与科技结合的新领域,拓展与其他行业的经济合作。

文化国有资产公司不仅服务于所属文化企业,还为其拓展新项目、筹集资金、提高经营水平提供支持。它具有以下六大作用:①集聚作用,通过重组和集团化,形成规模效应,增强抗风险能力。②转换作用,将文化产业的经济价值转化为新的经济增长点。③支柱作用,为文化事业提供经费保障和发展基金。④渗透作用,将文化要素辐射到相关领域。⑤示范作用,为其他国有资产领域提供盘活、处置、优化国有资产的示范。⑥服务作用,为文化单位提供多方面的服务。

总之,文化国有资产公司的建立,旨在适应现代企业制度,促进文化事业与文化产业的发展,满足市场需求,确保国有资产的增值。它不仅有助于解决体制性矛盾、结构性矛盾等深层次矛盾,还能改善文化产业的外部环境,增强其发展后劲。

(二)组建与国际接轨的文化产业集团

产业集团是一种经济联合体,由多个企事业法人组织等组成,母子公司之间表现为产权关系,进行生产经营协作。不同于单体的大型企业或中小型企业,产业集团是一个多法人联合体,其核心是具备企业法人地位且经济实力雄厚的企业。这些核心企业通过控股或持股行使控制权和管理权,从而指导紧密层企业、半紧密层企业及松散层企业的投资决策、发展方向等。这种组织形式旨在确保成员企业经营的协调性和一致性,以实现集团的整体发展战略。

随着现代化社会大生产的推进,以先进技术装备为依托,针对广阔市场进行规模化生产和经营变得尤为重要。走集团化发展道路不仅促使企业迅速成长,还显著增强了企业的竞争力,使其能够更好地参与全球竞争。这一现象在当今国际市场上较为普遍。在中国,文化产业集团的组建从20世纪90年代后期开始逐渐加速。自1996年广州日报报业集团(中国首家报业集团)成立以来,羊城晚报报业集团、南方报业传媒集团、光明日报报业集团等一系列文化产业集团相继成立。尽管这些集团的专业领域各异,如深圳出版集团主要聚焦于图书、音像和文具销售,上海世纪出版集团则专注于图书出版业,但它们都从构建集团化机制中获得了巨大的活力。这种机制的核心目的在于通过资源的优化配置,实现低成本、高效益的发展,从而推动文化产业的持续繁荣。

而全球文化产业集团的运作模式多样，并没有唯一的标准。各集团根据自身经营需求灵活调整机制，并随着市场变化不断改革更新。文化产业集团主要有三种运作机制：①专业化发展机制。此机制强调主营业务和核心竞争力的打造。例如，广州日报报业集团，通过聚焦报业核心产品，形成了强大的系列报纸阵容，实现了区域乃至全国的市场覆盖。②多领域拓展的竞争机制。当单一经营面临潜在风险时，文化产业集团会转向竞争较少的领域。例如，亚马逊公司的经营范围从网络书店拓展到多元化文化用品销售，实现了市场的最大化。③复合网络式管理机制。借助网络技术，文化产业集团将虚拟电子网络与实体资源相结合。例如，雅虎公司通过有限的资源整合了大量社会资源，提供全方位的资讯服务，吸引了众多广告用户。

总之，文化产业集团的运作机制展现出高度的灵活性和多样性，其核心目的在于适应瞬息万变的市场环境、增强竞争力，并实现持续稳健的发展。观察中国当前的文化产业集团，其运作机制主要为专业化发展机制。随着经济全球化，其与全球经济的整合步伐正在加快。这不仅涉及产业结构和企业组织结构的调整，还涵盖了文化形态和管理模式的国际化。在此背景下，中国政府的宏观调控政策也逐步与国际标准接轨，促使商品、服务、技术、信息和资本全面融入全球经济体系。因此，中国的文化产业集团必须在全球范围内优化资源配置，充分利用经济全球化的优势，实现结构升级和规模经济效益。中国文化产业集团的发展也受到多方面的影响，具体表现为以下几方面：其一，全球文化消费需求的增长和文化市场范围的扩大为文化产业提供了巨大的发展空间。其二，从计划经济向市场经济的转型过程中，体制和机制的调整与转换至关重要。其三，科技和经济的快速发展对文化产业提出了更高的动态要求。其四，社会的生产、分配结构调整与文化产业的对接条件也至关重要。其五，文化产业内部的生产、规模、品种、布局、价格、质量、层次等要素的配置水平直接决定了文化产业的发展质量和效率。总而言之，中国的文化产业集团在全球化的背景下，必须灵活调整运作机制，充分考虑国内外市场需求、政策调整、科技发展和经济结构变化等方面的因素，以实现持续、健康的发展。

三、完善文化经济管理调控手段

为确保社会主义文化经济的稳定运行，我们需要完善其管理调控手段。这涉及构建一种间接调控模式，该模式与直接调控模式有着根本性的区别。这种新模式结合了国家宏观调节与市场调节。国家宏观调节，主要是基于社会文化经济发展的目标，并遵循价值规律等经济规律，运用经济手段、法律手段和行政手段等多种手段在社会规模上调节文化产业和文化活动。这种调节不仅涵盖国家行政机制的力量，也融入市场机制的力量。如果缺少市场及其机制的调节，那么国家宏观调节也就失去了科学的依据。市场调节则通过价格、供求、竞争等方面的市场机制来影响文化经济的运行和文化经济行为。该调节过程可体现为国家机构对市场机制功能的主动采纳,并将其融入国家调控体系,亦可表现为文化机制的自然调节作用,但即便是自发的文化市场调节,也需要在国家宏观调控的指导和引领下进行。

在社会主义文化经济的间接调控新模式中,国家宏观调节占据主导地位,而市场调节则是其基础。二者共同作用,形成一股合力来调控文化经济。在这个统一的间接调控体系中,国家宏观调节和市场调节是相互依存、相互影响的。政府机构运用市场机制力量,通过文化市场来调节文化经济利益,从而组织和引导文化生产和文化消费,确保文化经济能够稳定、高效、有序地进行。虽然间接调控是主导,但这并不意味着我们排斥适当的直接调控。在现代市场经济广泛发展的背景下,尽管间接调控是社会主义文化经济调控的主体,但在某些情况下,为了统一指挥和确保社会化文化生产的顺利进行,采用直接调控方式仍是有必要的。因此,社会主义文化经济的调控策略以间接调控为主、以直接调控为辅,间接调控是其基本特征。从调控手段来看,我们需要建立一个以文化经济手段和经济立法手段为主、以行政干预为辅的综合调控手段体系,具体包括:①经济手段的基础性调控。文化经济领域中,经济手段是政府宏观调控的基石。通过经济杠杆和参数,如价格、税收、信贷等,政府能够调节不同文化经济主体的利益关系。这种调控方式鼓励文化企事业单位面向市场,根据自身利益进行生产经营活动,从而有效地调整文化经济的运行。例如,对文化产业实施宽松的信贷政策,提供低息、无息甚至贴息的贷款,以促进其发展。②立法手段的规范性调控。要想确保经济手段在文化经济中的有效间接调控,必须构建其法律基础。这意味着将文化经济活动中的政治原则、经济关系、利益关系和组织管理形式,通过立法手段转化为具体的法规和条例。这些法规和条例涉及文化生产、流通、分配和消费的各个环节,构成了一个全面的文化经济法规体系。政府将依靠这一体系规范所有文化生产和文化活动,确保"有法可依,有法必依,执法必严,违法必究"。随着法规体系的不断完善,政府的文化经济管理将更加科学、高效。③行政手段的辅助性调控。在新的文化经济管理体制中,经济手段和立法手段是主导,行政手段扮演着辅助角色。尽管间接调控机制日益完善,但在某些情况下,仍需要行政干预来解决问题。行政手段具有强制性和速效性,可以迅速应对文化经济领域中的紧急问题或重要问题。例如,对于违反政治原则的文化产品,行政机构可以迅速采取措施予以禁止或纠正。

总之,坚持从国情出发,深化改革,是我们走向成功的关键。只要我们持续加大改革的力度和深度,一个具有中国特色、充满活力与生机的社会主义文化经济管理体制必将崭露头角。这一体制不仅能体现我国的独特优势,还将为社会主义文化生产力的进一步解放和发展提供有力支撑。随着这一体制的完善,社会主义文化市场将焕发出更加璀璨的光彩,展现更加繁荣的景象。

复习与思考

一、重点概念

古典经济增长理论；现代经济增长理论；乘数效应

二、思考题

1. 什么是文化经济管理体系？
2. 试论述文化经济增长机制及其制约因素。
3. 请简述我国文化经济管理体系构建的基本任务。

参 考 文 献

[1] 苏国庆.中华文明起源专题学术史研究[D].信阳:信阳师范学院,2023.
[2] 杨永忠,林明华.文化经济学——理论前沿与中国实践[M].北京:经济管理出版社,2015.
[3] 邵汉明.中国文化研究二十年[M].上海:人民出版社,2003.
[4] 戴佳朋.中国特色社会主义文化的哲学智慧及其发展结构[J].社会科学家,2023(9).
[5] 李江帆.文化力、文化生产力与精神生产力[J].中国经济问题,2007(5).
[6] 李庆云.企业形象设计与"CI"精神探析[J].包装工程,2009(11).
[7] 韩树新.大连经济技术开发区的基础设施建设[J].城市规划,1994(5).
[8] 邱长源,王瑛琦.大连经济技术开发区十年建设成绩斐然[J].城市规划,1994(5).
[9] 孙九霞,李菲,王学基."旅游中国":四十年旅游发展与当代社会变迁[J].中国社会科学,2023(11).
[10] 闻媛.文化政策话语的演变:从文化的经济化到经济的文化化[J].学海,2017(4).
[11] 刘韬,黄力群.从文化到资本:民族体育文化资本化的意义与路径考察[J].新疆社会科学,2014(6).
[12] 周正刚.论文化资源的可持续开发[J].求索,2004(11).
[13] 吴圣刚.文化资源及其利用[J].山西师大学报(社会科学版),2005(6).
[14] 吕庆华.文化智能资源产业开发的营运模式研究[J].山西财经大学学报,2006(5).
[15] 何频.随类赋彩色逸笔助人生——欣赏石品的国画作品[J].河南教育(高校版),2007(1).
[16] 丹增.文化生产力及其发展问题[J].求是,2007(9).
[17] 严荔.文化资源产业化开发的区域实现机制研究[J].四川大学学报(哲学社会科学版),2013(2).
[18] 林明华,杨永忠.创意产品:文化、技术与经济的融合物[J].科技进步与对策,2013(7).
[19] 高书生.国家文化数字化战略:技术路线与中心环节[J].人民论坛·学术前沿,2022(23).
[20] 吴炯,黄钧瑶.文化与家族企业跨代创业:代际传承中的文化嵌入[J].中国工业经济,2023(11).
[21] 赵晓敏,王毅杰.文化资本都有用吗?教育市场化下的文化资本投资与学业成绩

[J].贵州社会科学,2023(2).

[22] 王溥,黄丽坤.可供性视角下的文化生产平台化:动因、机制与未来[J].湖南大学学报(社会科学版),2024(1).

[23] 高军,吴欣桐.文化产业的要素投入与发展效应研究[J].西南民族大学学报(人文社科版),2016(12).

[24] 徐海龙.创意不会导致"生产要素拥挤"? 试论文化生产中的创意成本及风险[J].国际新闻界,2023(5).

[25] 罗姣姣.荧屏新主流的可持续推进——文化类节目的生产创新与解困之道[J].中国编辑,2019(1).

[26] 何天平,张榆泽.理念、实践及其文化反思:技术驱动下的剧集生产创新[J].中国电视,2021(3).

[27] Scott A J. Cultural-Products Industries and Urban Economic Development: Prospects for Growth and Market Contestation in Global Context[J]. Urban Affairs Review, 2004(4).

[28] 刘立云,雷宏振.产业集群视角下的文化产业与区域经济增长[J].东岳论丛,2012(3).

[29] 喻莎莎.论文化产业集聚对我国区域经济发展的影响[J].商业时代,2013(20).

[30] 杨卫武,毛润泽.文化产业集聚、经济增长与地区差异——基于省级面板数据的回归分析[J].上海师范大学学报(哲学社会科学版),2015(4).

[31] 赵星,郭宝,祁宇婷.文化产业集聚对经济增长的效应研究——基于我国139个大城市的实证[J].商业经济研究,2016(24).

[32] 王京,潘红玉,资树荣,等.文化产业集聚对绿色经济效率的空间溢出效应[J].科学决策,2023(8).

[33] 杨宇,王子龙,许箫迪.文化产业集聚水平测度的实证研究[J].华东经济管理,2014(2).

[34] 颜洋明.文化产业集聚与城市经济增长的关系研究[J].商场现代化,2015(27).

[35] 李强,李皖玲,张飞霞.我国文化产业集聚效应与区域经济耦合发展研究[J].生产力研究,2016(2).

[36] 莫海燕.区域性文化产业集聚对经济增长的效应实证研究[J].中国集体经济,2021(31).

[37] 马忠新.营商制度环境与民营经济发展——基于营商文化"基因"的历史考察与实证[J].南方经济,2021(2).

[38] 刘旭.科技创新抢占发展先机文化交流推动经济发展——评《"一带一路"建设与全球贸易及文化交流》[J].山西财经大学学报,2021(10).

[39] Williams R. Culture[M]. New York: SchocKen Books, 1981.

[40] Throsby D. Economics and Culture[M]. Cambridge: Cambridge University Press, 2001.

[41] White L A. The Concept of Culture [J]. American Anthropologist, 1959(2).

[42] Dowling R. Planning for Culture in Urban Australia[J]. Australian Geographical Studies, 1997(1).

[43] Scott A J. The Cultural Economy of Cities: Essays on the Geography of Image-producing Industries[J]. The Cultural Economy of Cities, 2000.

[44] Santagata W. Cultural Districts, Property Rights and Sustainable Economic Growth [J]. International Journal of Urban and Regional Research, 2002(1).

教学支持说明

为了改善教学效果,提高教材的使用效率,满足高校授课教师的教学需求,本套教材备有与纸质教材配套的教学课件和拓展资源。

我们将向使用本套教材的高校授课教师赠送教学课件或者相关教学资料,烦请授课教师通过电话、邮件或加入旅游专家俱乐部QQ群等方式与我们联系,获取"电子资源申请表"文档并认真准确填写后发给我们,我们的联系方式如下:

地址:湖北省武汉市东湖新技术开发区华工科技园华工园六路

邮编:430223

电话:027-81321911

E-mail:lyzjjlb@163.com

旅游专家俱乐部QQ群号:758712998

旅游专家俱乐部QQ群二维码:

群名称:旅游专家俱乐部5群
群　号:758712998

电子资源申请表

填表时间：_____年___月___日

1. 以下内容请教师按实际情况填写，★为必填项。
2. 根据个人情况如实填写，相关内容可以酌情调整提交。

★姓名		★性别	□男 □女	出生年月		★职务	
						★职称	□教授 □副教授 □讲师 □助教

★学校		★院/系	
★教研室		★专业	
★办公电话		家庭电话		★移动电话	
★E-mail（请填写清晰）			★QQ号/微信号	
★联系地址			★邮编	

★现在主授课程情况	学生人数	教材所属出版社	教材满意度
课程一			□满意 □一般 □不满意
课程二			□满意 □一般 □不满意
课程三			□满意 □一般 □不满意
其 他			□满意 □一般 □不满意

教 材 出 版 信 息		
方向一		□准备写 □写作中 □已成稿 □已出版待修订 □有讲义
方向二		□准备写 □写作中 □已成稿 □已出版待修订 □有讲义
方向三		□准备写 □写作中 □已成稿 □已出版待修订 □有讲义

请教师认真填写表格下列内容，提供索取课件配套教材的相关信息，我社将根据每位教师填表信息的完整性、授课情况与索取课件的相关性，以及教材使用的情况赠送教材的配套课件及相关教学资源。

ISBN（书号）	书名	作者	索取课件简要说明	学生人数（如选作教材）
			□教学 □参考	
			□教学 □参考	

★您对与课件配套的纸质教材的意见和建议，希望提供哪些配套教学资源：